Introducción a la vida y teología de Juan Calvino

Introducción a la vida y teología de Juan Calvino

Salatiel Palomino López

ABINGDON PRESS / Nashville

INTRODUCCIÓN A LA VIDA Y TEOLOGÍA DE JUAN CALVINO

Derechos reservados © 2008 por Abingdon Press

ISBN-13: 978-0-687-74101-4

08 09 10 11 12 13 14 15 16 17—10 9 8 7 6 5 4 3 2 1
HECHO EN LOS ESTADOS UNIDOS DE NORTEAMÉRICA

ÍNDICE GENERAL

Introducción

$\mathcal{D}$espués de terminar sus estudios de derecho en Orléans, Juan Calvino regresó a París en 1533, y encontró hospedaje en «La Casa del Pelícano» bajo el abrigo de un piadoso comerciante llamado Etienne de la Forge. Este tímido joven intelectual, de escasos 24 años –que apenas un año antes había publicado su primer libro– solamente anhelaba un lugar donde hubiera quietud, libros y la posibilidad de participar en círculos eruditos para entregarse con tranquilidad a sus investigaciones y aficiones literarias. En ese momento Calvino ignoraba que, quizá en unas semanas más, se vería involucrado en una serie de eventos que trastornarían su vida y sus sueños literarios para siempre. Y es que pronto tuvo que aprender a evadir a la policía y los soldados, a escapar descolgándose por las ventanas con sábanas atadas unas a otras, a disfrazarse de campesino, a esconderse entre las sombras de la noche para evitar el ataque de sus enemigos, y cambiar frecuentemente de nombre y domicilio para ocultar su identidad. ¡Calvino había abrazado la Reforma!

A partir de ese entonces, pero ahora iluminado y encendido por la llama del evangelio, Juan Calvino puso su brillante intelecto y su enorme corazón al servicio de su Señor y del pueblo fiel que anhelaba el consuelo y la verdad de la Palabra divina. De inmediato Calvino comenzó a visitar muchos lugares secretos para reunirse clandestinamente con creyentes y simpatizantes de la Reforma, donde los instruía en la Escritura y les predicaba el evangelio. Por invitación del pueblo –primero en casas, sótanos o graneros parisinos, y luego en granjas y cuevas en los campos y aldeas de

Angulema y Poitiers (a donde luego huiría)— Calvino se convirtió en el indiscutible pastor y maestro de los perseguidos protestantes franceses.

Después de otro breve período de quietud académica en Basilea (Suiza), pero ahora ocupado en labores literarias de tipo cristiano, providencialmente quedó «atrapado» en Ginebra. Desde 1536, y por espacio de casi treinta años, Calvino quedó ligado a la reforma de esa ciudad. En la misma Ginebra, y desde allí, este reformador tuvo una gran influencia para la transformación de la sociedad y del mundo de aquel entonces y que ha llegado hasta nuestros días. Su prodigiosa y bien disciplinada capacidad intelectual, aunada a su asombrosa memoria y su inigualable creatividad, le ayudaron a legar algunas de las obras reformistas más notables e influyentes del cristianismo. Sin embargo, su contribución como pensador y teólogo, sólo fue una parte de su dedicada, infatigable y enorme vocación cristiana. Calvino no solamente realizó su papel como pastor, maestro y líder en la iglesia, sino que también –y conforme a la Palabra de Dios– se convirtió en el arquitecto de la reforma más extensa de la sociedad de su tiempo.

Este joven francés, perteneció a la segunda generación de reformadores protestantes y, como tal, fue heredero del gran legado teológico y eclesiástico que ya se había iniciado cuando él apenas comenzaba a conocer el mundo. Es decir, cuando en 1517 Martín Lutero estaba clavando «las noventa y cinco tesis» que marcaron el inicio de la Reforma protestante en Alemania, Calvino apenas tenía ocho años de edad. Así pues, para cuando llegó a su juventud, los escritos de Lutero –aunque de manera clandestina– ya circulaban profusamente por toda Europa y Calvino tuvo oportunidad de leerlos, al igual que las obras de otros reformadores alemanes y suizos. Todas estas enseñanzas cayeron en la fértil tierra del corazón y la mente del joven.

La educación académica formal de Calvino, incluyó estudios de teología, filosofía, jurisprudencia y literatura. A estos, él agregó sus propias investigaciones en los idiomas originales de las Sagradas Escrituras y sus encuentros con numerosos intelectuales y religiosos que ya habían abrazado el espíritu de la Reforma. Así, teniendo un fundamento bien sólido, habiendo sido poderosamente tocado por el Espíritu de Dios y ardiendo en celo evangélico, Calvino estuvo capacitado para llevar el pensamiento reformado a un nuevo nivel.

Así que en el pensamiento de Juan Calvino encontraremos el fruto maduro y escogido del pensamiento reformador del siglo XVI. Cuando sus escritos llegaron a manos de miles de creyentes que estaban deseosos de conocer la Palabra de Dios, éstos encontraron una frescura y originalidad que pronto capturó su simpatía y su lealtad. Y esto ayudó a esparcir la influencia del reformador por toda Europa.

En términos generales, este trabajo seguirá las directrices básicas que caracterizan la serie de obras introductorias preparadas por AETH para quienes se inician en el estudio del pensamiento cristiano a través de algunos de sus más destacados representantes. El libro está dividido en tres grandes partes. La primera de ellas procura dar un panorama general de la vida y obra de Juan Calvino que nos servirá para ubicarlo dentro del marco histórico en que desarrolló su pensamiento y entenderlo mejor. La segunda parte constituye el núcleo central de esta obra, y reúne varios capítulos donde se discuten algunos aspectos de la contribución teológica de este reformador con cierto detalle. Finalmente, en la última parte se trata de hacer una reflexión donde se explora la forma en que el pensamiento de este reformador europeo del siglo XVI, se puede relacionar con la vida, la labor teológica y la misión histórica del cristianismo hispano/latino contemporáneo.

A fin de que cualquier persona que lea esta introducción pueda tener una idea del estilo y la enseñanza de los escritos de Calvino, con frecuencia citaremos párrafos enteros de sus obras. Así se podrá advertir tanto la sencillez como la profundidad del pensamiento de este siervo de Dios.

En la sección sobre su vida y obra (Primera Parte), se recuperan algunos elementos de la experiencia temprana de Calvino que revelan cómo se fue formando y capacitando para la tarea que después habría de desempeñar como pastor y teólogo. Revisaremos la influencia que ejercieron algunos aspectos del mundo cultural, religioso, político y académico de la Edad Media Tardía (el Renacimiento y el Humanismo), para moldear el pensamiento de Calvino. Tendremos en cuenta que este mundo seguía girando alrededor de la religión y de la iglesia, y ello nos ayudará a entender por qué la vida del joven erudito tomó esa dirección. De paso notaremos cuáles fueron las escuelas de pensamiento y los maestros más influyentes de la época, y de qué manera algunos de ellos contribuyeron a la orientación y consolidación de la obra calviniana.

Calvino fue un fecundo escritor. Su obra incluye comentarios y exposiciones sobre casi todos los libros de la Biblia y abundantes sermones, breves tratados para abordar las necesidades de la iglesia y sus controversias doctrinales, y gran cantidad de correspondencia personal con líderes eclesiásticos y amistades que buscaban su consejo, o con estadistas importantes que estaban interesados en la obra de reforma. También redactó pequeñas obras educativas para la instrucción de infantes y jóvenes, y proyectos sobre la vida y organización de la iglesia. Así que, para la segunda parte del libro, de este abundante material solamente seleccionamos unos pocos ejemplos que ilustran los diversos géneros que Calvino usó y nos ayudarán a conocer sus ideas y preocupaciones dominantes. Dedicamos especial atención a su obra principal, la *Institución de la religión cristiana*, de la cual daremos un breve resumen, donde expuso y organizó su contribución como pensador y maestro de la iglesia.

Para satisfacer los fines de la tercera sección del libro, investigaremos el carácter revolucionario de su pensamiento y la práctica ministerial que ejerció en su tiempo y contexto. También examinaremos la pertinencia de su contribución a la situación del cristianismo hispano/latino contemporáneo. Dado que la teología se puede definir como el esfuerzo continuo que realiza la iglesia para discernir la voluntad de Dios para cada momento histórico, y dado que esta tarea se hace desde una tradición histórica que nos liga a la cadena de testigos del evangelio a lo largo de los siglos, en esta parte del libro trataremos de definir los principios que nos pueden ayudar en nuestro esfuerzo para apropiarnos de los elementos que son pertinentes para nuestro tiempo y situación de la gran contribución teológica de Juan Calvino. Esta parte asume un estilo claramente distinto al del resto del libro, porque se hacen comentarios más críticos y con frecuencia se citan los autores y fuentes de estas ideas.

Antes de iniciar esta tarea, es conveniente hacer algunas aclaraciones. Primero, este libro es de carácter introductorio y, principalmente, está dirigido a quienes no están familiarizados con la obra de Calvino. Aunque este reformador ha despertado ardientes controversias y se le ha juzgado desde diferentes perspectivas, no se puede dudar de su fuerte impacto en el desarrollo de la reforma de la iglesia y en la historia del mundo moderno. Ahora bien, la descripción detallada de la tarea de reforma eclesiástica, social, política, económica y cultural del pastor de Ginebra, así como la variedad y riqueza de su producción bíblica y teológica, van mucho más allá de los fines de esta breve introducción. Muchos estudiosos de la historia de la iglesia y la teología continúan explorando las diversas áreas de su gran contribución. Por eso no será posible profundizar en la vasta obra de Calvino ni en la literatura posterior que expone o discute su pensamiento. En realidad, el propósito de este libro es presentar de manera sencilla y breve los rasgos más sobresalientes de su vida y obra. Pero, como lo haremos tomando en cuenta los estudios más autorizados sobre Calvino, los lectores luego se podrán dirigir a otros estudios y discusiones más avanzadas con comodidad y hasta familiaridad.

Segundo, debemos aclarar que, a fin de hacer más ligera la lectura, se ha tratado de limitar el uso de frecuentes referencias y citas bibliográficas. Sin embargo, en casos necesarios, se ofrece la nota bibliográfica respectiva al pie de la página, de manera que se pueda hacer una verificación inmediata de las afirmaciones o citas de los autores.

Tercero, en este libro se ha usado el adjetivo *calviniano* para referirnos al pensamiento personal de Calvino, a diferencia de *calvinista*. Esta distinción se hace para distinguir entre el pensamiento original de Calvino y el que fue resultado del proceso donde participaron los herederos espirituales del reformador de Ginebra (teólogos alemanes, suizos, franceses, holandeses, escoceses e ingleses), durante la última parte del siglo XVI y todo el siglo XVII. Cuando el calvinismo trató de sistematizar la teología reformada, recurrió a formas y métodos de reflexión teológica a los que se aplicó el término de «escolasticismo protestante», por su parecido con el escolasticismo medieval del catolicismo romano.

Finalmente, también es conveniente aclarar que las citas de las obras de Calvino, en la medida de lo posible, se han hecho de las versiones con que contamos en español. Especialmente hemos usado la edición castellana de su obra maestra, la *Institución de la religión cristiana*, en dos volúmenes; traducida y publicada por

Cipriano de Valera en 1597, reeditada por Luis de Usoz y Río en 1858, y la nueva edición revisada en 1967, publicada por la Fundación Editorial de Literatura Reformada de Rijswijk, en los Países Bajos (Holanda).

Quienes deseen explorar más detalladamente la obra literaria de Calvino o de los otros grandes reformadores pueden referirse a la excelente y autorizada edición de sus obras originales llamada *Corpus Reformatorum*. Esta gran colección fue editada por Guilielmus Baum, Eduardus Cunitz y Eduardus Reuss, en Brunsvigae: Apud C.A., y fue impresa por Schwetschke et Filium, 1863-1897. Primera Reimpresión, Nueva York y Londres: Johnson Reprint Corporation, 1964.

La sección dedicada a los escritos de Juan Calvino (en 58 tomos), se conoce bajo el título de *Ioannis Calvini: opera quae supersunt omnia*, brevemente conocida como *Calvini Opera*. Allí se puede encontrar toda la obra conocida del reformador (incluyendo su correspondencia personal), y es la obra fundamental para la investigación del pensamiento calviniano. No hemos hecho uso directo de esta fuente debido a que nuestro enfoque solamente es introductorio y que esas obras están en latín (la lengua académica de la Europa de su tiempo), y en francés (la lengua popular de esa región de Suiza). Así pues, resultan de difícil acceso a quienes desconocen esos idiomas.

Por otro lado, la era de los reformadores se caracteriza por marcados contrastes. Dos mundos colosales se confrontaban en ese momento providencial: la *época medieval* que estaba comenzando a diluirse y el *mundo moderno* que se estaba forjando en esos momentos. Calvino es un magnífico ejemplo viviente de ese momento histórico. Por un lado, fue heredero privilegiado de lo mejor de la alta Edad Media, que había construido el grandioso edificio de la «cristiandad» a lo largo de muchos siglos. Este mundo se centraba en la tradicional grandeza de la iglesia cristiana que operaba en estrecha alianza con el poder y esplendor del imperio presidido por sus «príncipes cristianos».

Por otro lado, Calvino fue parte e impulsor de esos vientos históricos que empujaron al mundo en una dirección distinta. Su visión, también tenía las mismas dimensiones colosales que aprendió del mundo del que formaba parte, pero su proyecto se encaminó en una dirección radicalmente distinta. La contribución de Calvino al mundo de su época fue tal, que se le considera uno de los forjadores de la nueva era que percibió y exhibió públicamente las contradicciones dentro del monolítico edificio de la cristiandad, y que valientemente se levantó en contra de ellas. Y es que la vuelta al cristianismo prístino y sencillo del Nuevo Testamento fue por lo que Calvino abogó.

Hoy, al explorar su contribución, nos acercamos a un rico filón del que el cristianismo contemporáneo todavía puede arrancar riquísimos tesoros e importantes lecciones. Esto será más claro a medida que avancemos en nuestra investigación sobre la vida y teología de Juan Calvino.

PRIMERA PARTE

Instrumento escogido por Dios. Vida y obra de Juan Calvino

Aunque estoy seguro, muy noble Señor mío, que tiene usted por costumbre aprovechar grandemente de los otros escritos de ese grande y realmente excelente siervo de Dios, JUAN CALVINO, y de que también disfrutará plenamente de este su «canto del cisne»; no obstante tampoco dudo que le asaltarán los mismos sentimientos al leerlo, que los que me asaltaron a mí al escribir; es decir, que ante el nombre de semejante varón, ese profundo duelo que tan severamente sentimos a su muerte, brotará de nuevo con el oneroso sentimiento de su pérdida. [...]

Porque, ¿qué cosa no logró ese hombre? ¿Quién habrá de compararse con él en Asambleas, en Enseñanzas y en Escritos? ¿Quién enseñó más brevemente que él y, sin embargo con tanta solidez: más feliz en la solución de las dificultades, más vehemente al reprender, más dulce al consolar, más correcto al refutar los errores? [...]

...dos cosas pueden consolarnos. Una, que no nos veremos en ninguna forma menos asistidos por los más recientes y hermosos ejemplos de sus dichos y hechos... La otra, que no ha existido otra persona dentro del ámbito de nuestra memoria, a quien se le haya permitido legar tantos y tan exactos monumentos de su doctrina...

Teodoro de Beza en su Dedicatoria al Comentario a los primeros 20 capítulos del Libro de Ezequiel (último que Calvino produjo y concluyó en su lecho poco antes de morir). El comentario está dedicado al destacado Almirante Gaspar de Coligny, notable dirigente de los hugonotes franceses.

Teodoro de Beza, fue colega y sucesor de Calvino en el pastorado de Ginebra, y un destacado teólogo y erudito especializado en el Nuevo Testamento.

Hombre del Renacimiento: los años formativos de Calvino

*I*niciaremos nuestro estudio sobre Juan Calvino dando un repaso a los años formativos de su vida. En este primer capítulo procuraremos identificar las experiencias de su vida y educación formal que contribuyeron a integrar su pensamiento y desarrollar los conocimientos, habilidades y recursos que más tarde emplearía para promover la fe, el pensamiento y la teología del movimiento de Reforma de la iglesia que se inició en el siglo XVI.

Tal vez la manera más sencilla sea comenzar reconociendo que los seres humanos crecemos en medio de fuerzas y circunstancias históricas que de manera significativa contribuyen a nuestro desarrollo personal, intelectual y espiritual. Es decir, además de las características individuales que nos distinguen de las otras personas y de las formas en que Dios obra específicamente en nuestras vidas, también recibimos el impacto y la influencia de las circunstancias y los personajes de la época en que nos toca vivir. Esto contribuye a moldear nuestra existencia, nuestro carácter y nuestra manera de pensar. Sin duda, esto también ocurrió en la vida de Juan Calvino. Así pues, investigar el contexto en que él creció y se desarrolló nos ayudará a entender mejor su teología.

El horizonte cultural de Calvino

Como ya lo hemos enunciado en la introducción, Calvino vivió precisamente en la etapa de transición entre dos grandes épocas de la humanidad: la *Medieval o Edad Media,* que se estaba diluyendo en ese momento, y la que comenzaba a surgir y que después sería conocida como *Moderna.* Algunos pensadores del siglo XV comenzaron a llamar Edad Media al período que, según ellos, *mediaba* entre la declinación de la gran cultura de la antigüedad clásica y su recuperación a partir del siglo XIV. Las nuevas fuerzas y movimientos históricos, culturales, sociales, artísticos, religiosos y científicos que contribuyeron a esta transición histórica han sido resumidos con el término *Renacimiento.* Este «renacer de la vida», constituye precisamente el horizonte cultural y espiritual en que se formó Calvino.

Esto significa que el mundo en que vivió el joven francés fue enriquecido por este gran despertar cultural que para siempre transformó el rostro europeo. En este ambiente fue que se formó Calvino y por eso tuvo el privilegio de participar de algunas de las instituciones más preclaras del Renacimiento y de convivir con algunos de los más sobresalientes protagonistas de ese movimiento. Por eso se puede decir que Calvino mismo encarnó el espíritu del Renacimiento. La importancia que tiene este fenómeno cultural para entender el pensamiento del reformador ginebrino, se verá con claridad al final del capítulo. En lo que sigue, vamos a señalar algunos de sus elementos importantes.

En primer lugar, podemos decir que el Renacimiento despertó un *sentido general de la necesidad de cambios históricos.* Los espíritus más ilustrados de la época, al igual que muchas personas sencillas y sin educación formal, sentían que había necesidad de urgentes cambios sociales, políticos, religiosos y culturales. Además, también percibían que esos cambios se estaban dando o estaban a punto de ocurrir y que ellos mismos podían participar en la promoción de esa transformación. Ya desde un siglo antes de Calvino, el término *Renacimiento* se había usado en círculos intelectuales para referirse a esa época en que el pueblo europeo sentía estar re-naciendo o algo así como volviendo a la vida y recuperando la vitalidad que habían perdido después de muchos siglos de letargo.

Ese avivamiento literario, artístico e intelectual apuntó hacia la recuperación de la grandeza y el dinamismo cultural de la antigüedad. Desde el siglo XIII, y especialmente del XIV, con personajes como Dante y Petrarca, se procuró retomar la rica creatividad, la amplia visión y el dinámico espíritu de los modelos clásicos latinos y griegos. El resultado fue que –aunque fundamentados en el rígido y jerárquico esquema filosófico-teológico implantado por la Iglesia Católica y el Santo Imperio Romano– se modificaron los esquemas de pensamiento, los modelos estéticos, y los paradigmas de organización social y política de Europa. Así pues, especialmente entre los intelectuales y artistas, pero también entre la gente común del pueblo, durante ese período se alentó el sentido de participación para lograr esos cambios históricos. Y Calvino fue uno de sus productos más acabados.

Junto a este sentido que se extendía por toda Europa, paralelamente corría la convicción de que *la literatura constituía el instrumento básico para el cambio*. Aunque la pintura, la arquitectura y la escultura contribuyeron enormemente como medios de expresión del Renacimiento, sin duda alguna la palabra escrita fue el principal vehículo de comunicación del nuevo movimiento. Durante esos siglos floreció el estudio y ejercicio de las letras en las universidades y centros intelectuales. Las opulentas e ilustradas cortes reales de Europa lo promovieron apoyando y sosteniendo a los eruditos. Además, la invención de la imprenta de tipos movibles –por Johannes Gutenberg entre 1450 y 1455– complementó y favoreció este vehículo de comunicación del Renacimiento. Así, lo que se decía y enseñaba desde esta perspectiva en algún punto del continente, pronto era difundido y asimilado casi en cualquier parte, incluyendo los pueblos y aldeas pequeñas. Calvino aprendió muy bien la enorme importancia que la comunicación escrita estaba teniendo en el momento histórico que le tocó vivir. Además de que no carecía de talento, también había recibido una excelente formación, y no en balde Calvino aspiró a ser un erudito literato y participar activamente en el influyente gremio de los escritores.

Durante la Edad Media también se originó y desarrolló *una visión que abarcaba toda la vida humana en el mundo conocido y que, de hecho, se extendía al universo completo*. Esta visión integral estaba sustentada por una ideología cohesiva y jerárquica que concentraba todo en la idea de un solo Dios, un solo universo, una sola iglesia, una sola cabeza de la iglesia, un solo emperador, y una sociedad unificada y sometida a estos centros de poder. El llamado *Corpus Christianum* era el ideal de este mundo integral que, aunque establecido en Europa, se extendió hasta cubrir todos los territorios anexados por los «descubrimientos» y conquistas militares del final de la época.

Calvino llegó a ser un fiel exponente de esta grandiosa visión. Y es que el reformador ejerció una gran influencia en su tiempo, debido a que pensaba en grande, tal como su cultura lo había enseñado. Así pues, una vez que abrazó la Reforma, la transformación religiosa que promovió no se redujo a un simple «pleito entre curas» o a una controversia doctrinal para teólogos expertos. No, su proyecto consistió en formular una teología que manifestara la soberanía de Dios y el Señorío de Jesucristo en todas las áreas y aspectos de la vida: espiritual, religiosa, social, política, económica, educativa, cultural, familiar, laboral, científica o de cualquier otra índole.

Un elemento esencial dentro de *la visión medieval fue su eminente carácter teológico*. Esta época fue abiertamente religiosa, en términos de la perspectiva cristiana clásica. Aunque en su vertiente humanista las semillas del Renacimiento habrían de florecer en una tendencia secularizante en siglos posteriores, la Edad Media Tardía todavía retenía su fuerte acento religioso cristiano. Para personas como Martín Lutero, Juan Calvino o el pueblo común de aquel entonces, el mundo estaba lleno de la presencia de Dios, y se podía ver reflejada en las imágenes de los santos, las figuras religiosas, y las costumbres y prácticas de la iglesia cristiana. Cada día, cada hora, cada actividad de la vida privada o pública, estaba marcada por símbolos, categorías, acciones, pensamientos, obligaciones y rituales de orden espiritual establecidos y exigidos vigilantemente por la iglesia católica y sus instancias de supervisión social. En la cultura medieval *todo* hablaba de Dios y de la Iglesia. Lamentablemente, a pesar de esta intensa promoción religiosa, a veces no se podía distinguir entre las expresiones religiosas sanas y lo que pertenecía a la superstición y pensamiento mágico que, a través de los siglos, se había infiltrado en la tradición popular.

Además de ser intensamente teológica, *esta visión también incluía un fuerte sentido de autoridad y orden social*. Esto se mantenía a base de una estructura de orden jerárquico con instituciones de poder y dominio que habían sido legitimadas al concederles un fundamento jurídico sagrado que era indiscutible. En este sistema, el papa aparecía en la cúspide como representante de Dios sobre la tierra y con autoridad sobre el orden espiritual e incluso sobre el temporal. Debajo del papa (aunque esto se debatió enconadamente por siglos), estaba el emperador, cuya esfera de autoridad era la civil (aunque siempre pugnaba para tener injerencia en lo religioso). Más abajo –y en conformidad con el bien determinado orden jerárquico– estaban los reyes, los príncipes y el resto de la nobleza. El orden feudal requería que ese sistema de poder estuviera definido y normado por cortes, juzgados, expertos, abogados y demás profesionales del mundo legal. Por eso, la abogacía no solamente llegó a ser una de las profesiones más remunerativas, sino también una de las más prestigiadas. Y tal vez también por eso el padre de Calvino le ordenó estudiar leyes.

Finalmente, otra característica del Renacimiento que influyó mucho en Calvino, y encontró expresión cabal en su obra, fue *la aguda sensibilidad estética de la época*. Si algo ha llegado a definir históricamente al Renacimiento, es precisamente su enorme contribución al mundo de las bellas artes. Sin duda, el arte es una de las más agudas, extensas y representativas formulaciones del Renacimiento. De hecho, entre los renacentistas el arte no era considerado como un complemento cultural de la educación, más bien era una rama del conocimiento mismo y, por ello, era esencial para la formación de la persona. El florecimiento de las artes –algunas veces patrocinado por las opulentas y extravagantes cortes europeas– sin duda constituye uno de los más grandes logros del Renacimiento, cuyo impacto ha durado hasta nuestros días.

Tanto el afán para promover la belleza, la capacidad para disfrutarla y entenderla, como el refinamiento y la percepción estética, son las marcas distintivas de esta época. Las obras de Calvino revelan esos valores, y el grado en que llegó a dominar las letras. Los principios de *brevitas et simplicitas* (brevedad y simplicidad), no sólo caracterizan el estilo de Calvino, sino también reflejan el ideal estético literario del Renacimiento. En cierto sentido, lo que cautivó a sus lectores y lectoras fue el estilo de Calvino. En sus escritos, la gente pudo reconocer los rasgos, el tono, las cadencias y la tonada del buen hablar y escribir de aquellos días. Por otro lado, también es cierto que, en otras áreas, Calvino –y el movimiento de la

Reforma en general– no consideraron adecuadas otras expresiones del Renacimiento para la vida y culto de la iglesia, como las artes visuales y musicales. Es bien sabido que reformadores como Ulrico Zwinglio eliminaron el uso de la música en la iglesia por completo y que Calvino –aunque introdujo el canto de los salmos en la liturgia– defendió que la voz humana sin acompañamiento instrumental era el mejor vehículo para la alabanza y glorificación de Dios.

Los misteriosos caminos de Dios

La ciudad de Noyón, en la provincia de Picardía, Francia, había sido la sede de un obispado importante de la iglesia desde hacía más o menos quinientos años después de Cristo. Aquí fue coronado Carlomagno, el famoso rey de los Francos en el año 768. Treinta años después, en Roma, Carlomagno también sería ungido por el papa como Emperador del Sacro Imperio Romano de Occidente. De esta forma se revivía y fortalecía la antigua amistad y alianza entre el imperio y la iglesia. En esta misma ciudad francesa, que había sido tan significativa para la historia medieval, nació el cuarto de cinco hijos del matrimonio de Gerardo Calvino y Jean Lefranc, Juan Calvino, el 10 de julio de 1509.

Un hogar con fuertes asociaciones religiosas

Sin duda, el hogar determina las primeras y más importantes influencias formativas de una persona, y el hogar de Calvino contribuyó en gran manera para formar en él un espíritu religioso y devoto en estricto apego a las prácticas y expectativas de la iglesia. Por un lado, a esto ayudó la intensa espiritualidad y consagración de su madre, cuya belleza y piedad (del tipo medieval) eran bien conocidas en Noyon. Por otro lado, el pequeño Juan también debió haber sido influido por el ejercicio profesional de su padre, que lo ligaba íntima y poderosamente a la vida de destacados clérigos del capítulo de la catedral de Noyon, a quienes él servía.

Aunque Calvino habló muy poco de su vida familiar durante su infancia, sí recordaba el vivo impacto que le produjo la ocasión en que –poco tiempo antes de que ella partiera de este mundo cuando él apenas tenía tres años de edad– su madre lo llevó a visitar los santuarios de la localidad, en una corta peregrinación de dos horas. Fueron a la ermita de Santa Ana –según la tradición, Ana fue la abuela materna de nuestro Señor Jesucristo– donde se conservaba una reliquia muy famosa: el cráneo de Santa Ana. Calvino recordaba haber sido levantado por su madre y haber besado la preciada reliquia guardada en su receptáculo de oro rodeado de velas y flores y reverentes rostros de adoradores peregrinos. En la ciudad y sus alrededores había numerosas capillas, templos y santuarios donde podían contemplarse otras muchas reliquias: algunos cabellos de Juan el Bautista, un diente de Jesús, un poco de maná del Antiguo Testamento y algunas migajas de los panes que sobraron de la alimentación de los cinco mil (según el relato en los evangelios). En la catedral de Noyon, tan familiar para Calvino y su familia, se podía adorar un trozo de la corona de espinas que los soldados habían puesto sobre la cabeza del Señor.

Personajes con vestiduras clericales desfilaban constantemente por la casa de Calvino. Con frecuencia podía ver a los clérigos ir y venir al escritorio de su padre en busca de ayuda para conseguir mayores beneficios, o para litigar en busca de mejores cargos. Por necesidad, las conversaciones del padre de Calvino giraban en torno a la iglesia y los sacerdotes con quienes trabajaba, así que el universo simbólico, mental y social de Calvino siempre estuvo poblado de fuertes y constantes imágenes religiosas y eclesiásticas.

Educación privilegiada

Desde su infancia, Calvino se vio favorecido por circunstancias y contactos que le permitieron el acceso a la mejor educación que se pudiera conseguir en esos días. Su padre, Gerardo Calvino, ejerció como notario y consejero legal de la nobleza y del alto clero de la iglesia, además de ser secretario personal del obispo Charles de Hangest (a quien también se le conoció como Charles De Montmor). Así pues, la posición económica de Gerardo Calvino le permitió dar a sus hijos una buena educación, aunque sus contactos con la nobleza y el clero fueron todavía más estratégicos para asegurar esa ventaja. Los sobrinos del obispo eran amigos y compañeros de juego del pequeño Juan, y estableció tan estrecha relación con ellos que prácticamente llegó a ser admitido en esa casa como parte de la familia. Por lo tanto, Calvino fue invitado a recibir la misma instrucción que los niños de Hangest, y fue así como se benefició de la educación privada que impartían algunos de los mejores tutores disponibles en Francia. En ese ambiente tan propicio, su inteligencia natural encontró apoyo y cauce para su desarrollo, y tanto sus mentores, como su mismo padre, advirtieron su temprana inclinación por las letras.

Cuando los niños de Hangest fueron inscritos en el Colegio de los Capetos en Noyon, Juan se trasladó junto con ellos a la misma escuela. Cuando completaron el programa que ofrecía esa institución y ya no había algo más que pudieran aprender ahí, la familia de Hangest —tal vez presionada por la presencia de la plaga que asolaba Noyon por esos días— decidió enviarlos a París y, también en esta ocasión, invitaron a Juan para que fuera a estudiar con ellos. Con gran entusiasmo, Juan Calvino marchó a la ciudad cultural y académicamente más rica de esa época. Ahí se vería envuelto en la atmósfera intelectual de los más famosos colegios y universidades.

A la edad de catorce años Calvino abandonó la ciudad que lo vio nacer para dirigirse a la capital. París ardía en celo religioso en esos días. Aproximadamente, al tiempo que Calvino entraba a la ciudad con sus jóvenes amigos, en agosto de 1523, la Plaza da Grève se convirtió en el escenario de la primera ocasión en que se quemó vivo en la hoguera a un «hereje luterano». Se trataba de un monje agustino convertido a la Reforma, primer mártir de la causa en París y testimonio de los muchos eventos extraordinarios que estaban sucediendo en la iglesia y en las instituciones académicas parisinas durante esos días.

En este contexto, y junto con sus inseparables amigos, Calvino ingresó al prestigioso Colegio de la Marcha, donde al cabo de tres años de intenso estudio obtuvo el Bachillerato en Artes. Durante esos años, el joven se distinguió en las artes liberales, especialmente en el campo de las letras, y atrayendo la atención de su mentor, Mathurin Cordier, conocido en toda Francia por su excelente enseñanza.

Una vez graduado, Calvino asistió al Colegio de Montaigu, donde se concentraría en el estudio de la teología de acuerdo con los planes que su padre había trazado para su educación. En efecto, Juan Calvino había sido consagrado al estudio de la teología desde pequeño. Don Gerardo Calvino sabía muy bien que la profesión religiosa ofrecía muchas ventajas y privilegios a los clérigos que sabían aprovechar bien sus contactos y relaciones amistosas o familiares con los grandes prelados de la iglesia. Por ello, había decidido que sus hijos abrazaran la carrera religiosa y así pudieran asegurarse un futuro ventajoso. Además, Gerardo Calvino estaba en una posición estratégica para garantizarlo debido a su conocimiento íntimo y técnico del sistema de privilegios religiosos y las relaciones que tenía con los altos dirigentes de la iglesia. Él mismo había gestionado muchos beneficios para incontables clérigos, así que ¿por qué no hacerlo para sus propios hijos? Valiéndose de una práctica muy común, aunque no muy ortodoxa según el derecho canónico, el padre de Calvino había conseguido que a su hijo se le asignaran beneficios económicos en virtud de que cuando fuera mayor se dedicaría al sacerdocio. En mayo de 1521 a Juanito se le otorgaron los beneficios de una capilla de La Gesine, así que recibiría tres medidas de maíz provenientes de un pueblo y el trigo de veinte campos de cultivo de otro pueblo. Aunque esto no era mucho, sí era suficiente para que su padre pagara a un cura anciano que realizara el servicio; el resto bastaba para pagar los gastos de estudio del jovencito ya consagrado desde los once años como futuro sacerdote.

El Colegio de Montaigu albergó y educó a famosos contemporáneos del reformador, aunque mayores que él. Allí estudio el famoso erudito Erasmo de Rotterdam y el conocido poeta Rabelais. En 1527, cuando Calvino estaba abandonando París después de obtener su maestría, para ir a Orleans, Ignacio de Loyola (el fundador de la orden de los jesuitas) estaba llegando al colegio. El viaje de Calvino para estudiar en la Universidad de Orleans obedecía a un cambio inesperado en la vida de su padre. Debido a un altercado que sostuvo con los sacerdotes de Noyon (aparentemente respecto a unas propiedades), Gerardo Calvino rompió con los eclesiásticos y decidió separarse del servicio que daba a la iglesia. También decidió que su hijo ya no estudiaría teología, sino leyes, ya que la abogacía permitía a sus practicantes una vida de prestigio y adquisición de riquezas. Además, en Orleans se encontraba la más famosa escuela de jurisprudencia. Juan Calvino estuvo en esta universidad en dos ocasiones: primero, de 1528 a 1529 y, después, de 1532 a 1533, cuando concluyó sus estudios del doctorado en jurisprudencia.

La razón para que Calvino suspendiera temporalmente sus estudios en Orleans fue que, junto con varios amigos suyos, fue a estudiar bajo el famoso profesor italiano de derecho, Andrea Alciati. Margarita de Navarra –hermana del católico rey Francisco I– de convicciones protestantes, había invitado a Alciati para enseñar en la Universidad de Bourges, en un ambiente de moderada simpatía protestante. Después de dos años en Bourges, Calvino se sintió atraído por el nuevo Colegio de los Conferencistas Reales establecido por el rey en París y regresó a la capital. Ahí continuó sus estudios durante un año más en estrecha conversación con eruditos e intelectuales que se veían estimulados por el ambiente académico propiciado por el rey.

Este peregrinaje, durante los años de su formación intelectual, nos muestra cómo una serie de vicisitudes y situaciones personales y familiares aparentemente insignificantes, al igual que acontecimientos de enorme trascendencia histórica en la marcha de los pueblos europeos, se fueron entretejiendo para permitir, e incluso promover, que Calvino recibiera la educación más completa y sólida. Esto lo capacitaría para el destacado trabajo de reforma religiosa, moral y social que llevaría a cabo durante los siguientes años. Como creyentes, además de los acontecimientos históricos, nosotros también percibimos la buena y providencial mano de Dios que dirige la vida de su pueblo y de las naciones todas hacia el cumplimiento de sus planes. Por una parte, Calvino mismo llegó a tener conciencia clara de estos hechos, gracias a la buena educación que obtuvo y al toque especial de Dios que iluminó su mente y encendió su corazón.

Otras dimensiones del Renacimiento

Como ya mencionamos antes, el Renacimiento constituyó el parte-aguas histórico que puso fin a la Edad Media. Sin embargo, la etapa de separación entre estas etapas históricas no es tan clara y, por tanto, no se puede fijar con exactitud absoluta. Y es que entre el Renacimiento y la Edad Media Tardía hay tanta fluidez e interacción, que incluso se considera que el Renacimiento habría comenzado durante el siglo XIV. ¡Calvino todavía era parte de la Edad Media en pleno siglo XVI! Lo asombroso es que, junto con muchos otros, él ya anunciaba y representaba la nueva época que había irrumpido, aunque las estructuras vitales de su existencia social seguían siendo las de la era que terminaba. Esa tensión histórica provee un elemento muy interesante al carácter del pensamiento y la obra del reformador francés.

Dos o tres ejemplos nos pueden ayudar a entender este fenómeno. En conformidad con la época que estaba terminando, Calvino tuvo un gran respeto por la aristocracia, entre la que se movió con comodidad, aunque él mismo se consideró un hombre del pueblo. Es decir, supo guardar la distancia social en estricto apego al concepto jerárquico medieval. Al mismo tiempo, sin embargo, denunció los vicios y exageraciones de los reyes, los príncipes, los cortesanos y los aristócratas; y esto lo acercó más a los nuevos vientos que criticaban el clasismo feudal y sostenían los nuevos ideales de igualdad y democracia que preanunciaba el Renacimiento.

En su notable discusión sobre la potestad civil al final de su *Institución de la religión cristiana,* Juan Calvino se expresó muy loablemente sobre el papel de los reyes y magistrados a quienes llamó «servidores de Dios» e incluso los consideró sus «lugartenientes» y «vicarios». Para Calvino, el poder civil no solamente era una vocación divina, digna y legítima, sino la más «sacrosanta y honrosa entre todas las vocaciones». Cuando nuestro teólogo se pronunció sobre el tipo de gobierno más apropiado, advertimos en él una inclinación hacia la aristocracia; aunque, al mismo tiempo, reconoció que sería «casi un milagro» que los reyes gobernaran con equidad y justicia. Por eso afirmó que, en realidad, la mejor forma es donde «gobiernan muchos». Así pues, en sus opiniones políticas vemos una combinación de elementos tradicionales y, al mismo tiempo, renovadores.

En otras áreas de su pensamiento también existe esa mezcla y balance de lo nuevo con lo antiguo. Por ejemplo, cuando criticó algunos elementos irracionales en la interpretación de la Biblia debido a su apego al método exegético histórico-crítico que aprendió del humanismo secular. A pesar de ello, Calvino siempre mostró una gran reverencia por la Escritura debido a su elevada posición como la Palabra de Dios. Algo semejante ocurrió con la aguda y vehemente crítica que Calvino lanzó contra la iglesia católica y su corrupción; aunque, al mismo tiempo, y en contraste con muchos de los críticos radicales de su época (e incluso del protestantismo posterior a él y hasta nuestros días), no dudó en reconocer que en ella todavía se conservaban elementos de la verdadera iglesia de Cristo. De igual manera, su enérgico rechazo del papado no le impidió participar en la discusión a favor del «conciliarismo», que se esforzó por llevar a cabo una gran asamblea con la presencia de todas las iglesias, incluyendo al Papa (pero sin que él presidiera), con el fin de lograr la unificación de todos los cristianos. Estos detalles nos muestran la manera en que Calvino pudo ser un hombre de dos mundos: conciliador y revolucionario, medieval y renacentista al mismo tiempo.

Como miembro del mundo medieval, Calvino vivió en una época donde no se hacía distinción entre la comunidad civil y la comunidad cristiana. En el esquema medieval el estado y la iglesia eran co-extensivos, es decir, se extendían conjuntamente sobre el mismo espacio social. Así pues, ser ciudadano, al mismo tiempo significaba ser miembro de la iglesia, y viceversa. La gran contribución anabaptista, de la separación entre el estado y la iglesia, todavía no se había establecido. Por esa razón, a cualquier persona que no estuviera de acuerdo con la religión oficial de la ciudad a la que pertenecía (ya fuera católico-romana o protestante), no le quedaba más que aguantarse y vivir calladamente su descontento, o ser desterrada de la ciudad. Esta identificación entre la jurisdicción de la iglesia y la del estado tuvo una influencia decisiva durante el ministerio de Calvino en Ginebra. Y es que, para hacer efectiva la disciplina eclesiástica, el reformador no dudó en apoyarse en el brazo secular. Así, por ejemplo, los miembros que no se presentaban regularmente en la iglesia para participar del sacramento y la predicación, eran denunciados por los pastores o ancianos de la iglesia ante las autoridades, quienes se encargaban de mandar a los alguaciles o policías a buscar a los «delincuentes» para encarcelarlos o imponerles multas por su inaceptable conducta. Este hecho ha provocado críticas justificadas, e incluso severas condenas, al sistema disciplinario de Calvino. Sin embargo, esto se debe entender a la luz del contexto histórico del que Calvino formó parte.

Algo interesante, y en marcado contraste con lo anterior, aunque era una práctica completamente «normal» que las autoridades civiles medievales tomaran decisiones importantes sobre la vida interna de la iglesia, debido a sus convicciones teológicas, Calvino más bien perteneció al mundo de las ideas representadas por el Renacimiento. Así pues, siempre se opuso a que el Concejo de la ciudad, o cualquier otra instancia u órgano de gobierno civil, se entrometieran en asuntos que correspondieran estrictamente a la iglesia. Fue por eso que, en Ginebra, Calvino libró una constante y a veces amarga batalla a lo largo de toda su vida para impedir que el concejo de la ciudad determinara cuándo y cómo se celebraría la Santa Cena o quiénes podrían participar o no del sacramento. En este respecto, Calvino fue más un hombre del Renacimiento que del Medioevo, y con esto anticipó el creciente sentimiento de libertad religiosa que luego llegó a formar parte de las actitudes y valores de la modernidad.

Un importante elemento cultural que vio surgir el pensamiento calviniano fue el hecho de que la sociedad europea estaba experimentando un profundo cambio de colosales dimensiones y que era potencialmente desastroso. El edificio monolítico de la Edad Media se estaba resquebrajando y derrumbando, víctima de los graves males de orden espiritual, moral y social que lo aquejaban. Esta desintegración cultural e histórica pudo haber tenido consecuencias destructivas, de no haber sido por la alternativa espiritual que proveyó la Reforma y, dentro de ésta, el pensamiento de Calvino. Por supuesto que hubo otras muchas fuerzas de tipo cultural, social, filosófico, moral y económico que contribuyeron a aminorar el efecto de tal caída y facilitar la transición hacia un nuevo orden. Pero, por su marcada concentración espiritual y por su clara opción eclesiástica como una sociedad alternativa a la que se estaba desintegrando, la Reforma representó un universo moral sustituto y una comunidad supletoria. Y la teología de Calvino le prestó una estructura coherente, vinculada, articuladora, que le sirvió de eje vital.

En este sentido, es conveniente recordar que el origen del Renacimiento es parte de este complejo fenómeno histórico. Por un lado se estaba dando el desplome del sistema feudal en torno al cual se estructuró la Edad Media y este hecho se vio acelerado por un proceso histórico inevitable y lógico. Ya durante la última parte de la Edad Media mejoraron las técnicas agrícolas, algo que dio como resultado la posibilidad de una mejor alimentación y que condujo a un aumento de la población con sus correspondientes efectos sobre un sistema socio-económico que solamente podía sostener una población limitada. Esto dio lugar a la formación y expansión de los burgos (de donde vienen nuestros términos *burgués* y *burguesía,* con los que describe a la población y organización social de asentamientos humanos, en torno a los castillos, fortalezas o palacios medievales), y luego a las ciudades-estado y, como parte del proceso, a las monarquías nacionales con su nueva y emergente conciencia e ideología particular.

El desarrollo de naciones claramente distintas e independientes como España, Francia e Inglaterra, ya era evidencia de este proceso de gradual separación de los grupos sociales. A este proceso lo acompañó la necesidad de la educación secular, que trajo consigo el interés en la enseñanza y los valores de la antigüedad clásica, y que constituyó el núcleo germinal del Renacimiento. A todo esto se agregó el crecimiento del comercio, el desarrollo de las comunicaciones, la exploración de nuevos mercados y continentes, la invención del papel, la imprenta, la brújula y la pólvora. También fue impactante el espacio que gradualmente fue ganando la ciencia al independizarse de los controles doctrinales de la iglesia. De especial significado fue la sustitución del sistema astronómico ptolemaico (del astrónomo griego Ptolomeo) que tenía a la tierra como el centro del universo, por el copernicano (astrónomo polaco Nicolás Copérnico) que tenía al sol como su centro. Copérnico (1473-1543) fue contemporáneo de Calvino. Veinte años más tarde, Galileo Galilei (1564-1642) continuó con las ideas copernicanas, fue el fundador del método experimental en la ciencia, y por ello fue enjuiciado por la iglesia. Así pues, los debates en torno a este importante descubrimiento se dieron durante la vida de Calvino, y los efectos que tuvieron también fueron devastadores para el prestigio y la autoridad de la iglesia. De hecho, políticamente hablando, el Renacimiento hizo evidente el creciente fracaso tanto de la iglesia como del imperio para proveer un marco estable de unidad que sirviera para la organización de la vida material y espiritual.

En este contexto cultural surgió y se diseminó el pensamiento de Juan Calvino. En la enseñanza de este reformador franco-ginebrino encontramos la contribución de un creyente comprometido, ardiente, intelectualmente capaz de ofrecer una perspectiva global sobre la fe cristiana que resulta espiritualmente convincente, intensamente práctica y estéticamente estimulante. En una época de profundos cambios históricos y de extrema necesidad espiritual, el liderazgo pastoral, la predicación sana y sobria de la Palabra, la amplia y rica visión política y eclesiástica, la teología y el ministerio total de Calvino, proporcionaron a miles y miles de hombres y mujeres una alternativa de vida abundante enraizada en el evangelio de Jesucristo y atrayente para el momento y circunstancia que vivía Europa a mediados del siglo XVI.

Este pensamiento será el objeto de nuestro estudio en la segunda parte de este libro. Por ahora, y para tener un cuadro más completo de su gestación y trascendencia, en los capítulos siguientes exploraremos otros aspectos que ayudaron a la formación de la teología de Calvino.

Capítulo Dos
Hombre de letras:
la influencia del humanismo

A lo largo de toda su obra como pastor y reformador, Juan Calvino actuó como lo que era en su interior: un humanista. Por supuesto, esta afirmación requiere explicación.

Primero, antes de todo, Calvino mismo siempre se consideró como un «ministro de la Palabra de Dios». Es decir, en él predominó un profundo sentido del llamado divino. Su identidad como hombre de fe, consagrado al servicio de su Dios y de la Iglesia de Cristo, constituyó el eje de su labor. Así que, cuando decimos que Calvino era un «humanista», esto no significa que era un mero «intelectual», o un pensador secularizado o un «libre pensador». Segundo, debemos aclarar que, a diferencia de lo que otros humanistas hicieron, Calvino no se dedicó a exaltar la importancia o grandeza del ser humano, ni a promover la autonomía de su espíritu. Aunque estas ideas vienen a nuestra mente cuando hablamos del humanismo, en el caso de Calvino su pensamiento siempre estuvo marcado por la centralidad de su preocupación teológica y por su profunda experiencia de la majestuosa soberanía del Dios Todopoderoso que lo había justificado por gracia en Cristo Jesús. De hecho, y contrario a lo que se podría suponer cuando decimos que Calvino fue un humanista, algunos críticos han enfatizado que Calvino sostuvo una visión muy gris, pobre y pesimista del ser humano.

Tercero, en este contexto el término «humanista» no se refiere exclusivamente, pero sí principalmente, al andamiaje o estructura intelectual y cultural que le proporcionó a Calvino los recursos y las herramientas para su labor como maestro de Biblia, predicador de la Palabra, pastor de almas, reformador religioso, escritor cristiano y hombre de iglesia. Estamos hablando de la vastedad de su formación intelectual y de la disciplina de su pensamiento, que puso al servicio de la causa del evangelio. Es decir, Calvino conoció, manejó y criticó la tradición filosófica de Occidente con extraordinaria familiaridad, citó las obras clásicas de la literatura griega y latina, dominó la literatura patrística con reconocida maestría, entendió y dominó las distintas tradiciones de la teología escolástica como pocos en su época; leyó, interpretó y expuso las Santas Escrituras recurriendo a los idiomas originales y las distintas disciplinas históricas y literarias disponibles en su tiempo; estuvo al día en los adelantos en materia literaria y científica, además de los acontecimientos culturales, políticos, intelectuales, históricos y religiosos de Europa.

Todo esto le sirvió para explicar, defender y proclamar la fe que ardía en su corazón, con belleza, pasión, sencillez, disciplina e integridad. En resumen, el humanismo de Calvino se refleja en su vasta sabiduría incorporada principalmente como método, forma y preocupación constante de su ministerio evangélico. Sobre esto hablaremos en el resto de este capítulo.

Algunas distinciones necesarias

En el capítulo anterior hablamos del Renacimiento, y aquí haremos unos comentarios sobre el Humanismo. Estos términos se usan para referirse a dos fenómenos culturales íntimamente relacionados, pero distintos. El Renacimiento constituyó el movimiento más extenso o general, en tanto que el Humanismo se refiere a un elemento más concreto y reducido, aunque esencial para el despertar cultural de ese tiempo. Es decir, el Renacimiento se usa para caracterizar a toda esa época histórica donde se dio un florecimiento cultural, artístico, filosófico, político, literario y religioso; mientras que Humanismo, casi se usa de manera restringida para referirse al *espíritu* que alentó al Renacimiento, y, por otro, al *instrumento* principal y originario de ese avivamiento cultural.

Como *espíritu* del Renacimiento, El Humanismo consistió en el rescate de la importancia del ser humano y de sus posibilidades dentro de los acontecimientos históricos. De hecho, el Humanismo constituyó la expresión primitiva del Renacimiento que, a principios del siglo XIV, principalmente propusieron hombres de letras seculares italianos. Este pensamiento contrastaba con el de los eruditos religiosos escolásticos de la Edad Media, cuya idea era que la penitencia era la actividad más noble del ser humano. Por supuesto, la penitencia fue criticada por el Humanismo debido al efecto destructivo que tenía sobre las personas; y es que, en aras de una religiosidad dogmática, quebrantaba y sometía el espíritu humano inhibiendo su potencial creador y liberador. Se considera a Dante Alighieri (1265-1321) y Francesco Petrarca (1304-1374) como los iniciadores del movimiento que después sería abrazado por muchos otros destacados escritores y eruditos como Gianozzo Manetti, Leonardo Bruni, Marsilio Ficino, Pico della Mirandola, Lorenzo Valla, Coluccio Salutati, y otros más.

Así pues, el Humanismo al principio exaltó la relación del ser humano con Dios, su libre albedrío y su superioridad sobre la naturaleza. Luego, colocó a la naturaleza humana misma, en sus varias manifestaciones y logros, como su materia, sujeto y foco de interés. Finalmente, llegó a afirmar la idea de que el ser humano era la medida de todas las cosas. Al enfatizar la unidad y compatibilidad de la verdad que encontraba en todas las escuelas filosóficas y teológicas, el Humanismo funcionó como una especie de sincretismo cultural, que generó una corriente de pensamiento filosófico que tendría una larga influencia en la historia moderna. Además, estableció la ruptura con los moldes y limitaciones mentales que la ortodoxia religiosa medieval había impuesto, e hizo prevalecer el espíritu del libre examen y la criticidad inspirada por la confianza en las posibilidades y creaciones del pensamiento humano.

En Alemania, el Humanismo desarrolló un carácter más literario y académico. Por ejemplo, Johann von Neumarkt, canciller del emperador Carlos IV, introdujo un enriquecimiento en el buen estilo de los documentos públicos tanto en latín como en alemán. Poetas y eruditos como Rudolf Agrícola, Rudolf von Langen, Peter

Luder, Ulrich von Hutten, Crotus Rubianus y Johann Reuchlin (este último quizá el más célebre humanista alemán, comparable con el holandés Erasmo de Rotterdam), promovieron las letras renacentistas en las cortes y universidades, estimulando la celebración de concilios reformadores en Basilea y Constanza. Junto con otros humanistas, estos eruditos viajaron de una universidad a otra ofreciendo conferencias y cursos sobre Terencio, Séneca, Cicerón y Horacio, alentando en los estudiantes la afición por el estudio de la literatura y filosofía griega. En muchas ciudades se formaron círculos y cofradías donde compartían su interés en los nuevos programas educativos, al igual que sus descubrimientos, ideas y opiniones.

Como resultado del movimiento humanista, se originó un fuerte desafío a los valores tradicionales de la educación académica dominada por el escolasticismo, se elevaron las normas y exigencias de la erudición, se reconoció la importancia de la literatura, se publicaron las obras de la literatura clásica griega, latina y hebrea y se hicieron traducciones de ella; por ejemplo, Erasmo de Rotterdam publicó el Nuevo Testamento en griego en 1516 y, pocos años después, en España el Cardenal Ximénez de Cisneros publicó la Biblia completa en hebreo, arameo y griego. Además, se publicaron numerosos comentarios sobre estas obras clásicas en las lenguas vernáculas que contribuyeron a esparcir y popularizar la erudición, poniendo la cultura al alcance de mucha gente. La teología también se retomó con nuevo interés al plantear nuevas cuestiones y, sobre todo, al hacer severas críticas a los abusos del clero, la corrupción de la jerarquía eclesiástica y la enseñanza tradicional de los dogmas de la iglesia. Todo esto propició un ambiente crítico que ya llevaba elementos reformadores y que se extendió por toda Europa, incluso entre la jerarquía de la iglesia. Por ejemplo, en Inglaterra están More y Colet; en España Vives y Ximénez; en Italia, Contarini, Sadoleto (a quien encontraremos más adelante debatiendo con Calvino), Giberti y Vergerio. Incluso algunas grandes mujeres participaron en este movimiento. Entre ellas se puede mencionar a Vittoria Colonna, Catarina Cibo, Julia Gonzaga y Margarita de Navarra (también conocida como Margarita de Angulema), que, como ya vimos en el capítulo anterior, patrocinó y acogió a Calvino por algún tiempo.

Este movimiento produjo un gran acervo literario y de conocimientos culturales y científicos, pero también colocó los fundamentos epistemológicos (principios lógicos de su filosofía y racionalidad), los recursos de investigación y las herramientas metodológicas de que se sirvieron todos estos eruditos, investigadores y creadores de la cultura humanista del Renacimiento. Precisamente estos recursos constituyeron el *instrumento* con que los reformadores evangélicos llevaron a cabo su labor. Es decir, el Humanismo proporcionó las condiciones espirituales y las herramientas intelectuales que sirvieron a Lutero, Zwinglio, Calvino, Melanchton, Beza y otros, para su ministerio reformador. De ahí que un historiador haya dicho que la Reforma protestante fue un renacimiento y que el Renacimiento fue una reforma. Ambos movimientos –uno intelectual y el otro religioso– buscaron en el remoto pasado el modelo para reformar a la sociedad e iglesia de su tiempo. Ambos fueron «a las fuentes» de su origen para encontrar el modelo que debían seguir. Y ambos encontraron un terreno común en la literatura de la antigüedad y esto les permitió entrelazarse y acompañarse para lograr la transformación de la vida y las estructuras caducas y corruptas de su momento histórico.

Ahora bien, ¿cómo se ubica Juan Calvino dentro del marco histórico-cultural del Humanismo? La respuesta al menos tiene que incluir dos vertientes: Calvino es tanto un beneficiario privilegiado de este fermento intelectual y espiritual, como un sujeto o agente activo prominente que contribuyó al enriquecimiento y orientación del Humanismo en bien de la fe cristiana.

Eruditio et persuasio

Como vimos en el capítulo anterior, y gracias a los contactos políticos y religiosos de su padre, Juan Calvino tuvo el privilegio de recibir una educación de gran calidad desde muy temprano en su vida. Pero hay que señalar que –según el testimonio de su colega y sucesor en Ginebra, Teodoro de Beza– Calvino se ganó el reconocimiento de sus tutores debido a la brillantez, precocidad y dedicación disciplinada de su mente infantil. Con un hijo así, y viendo cómo destacaba en el estudio de las letras, fue natural que su padre se preocupara por asegurarle una carrera universitaria.

En 1523, a los catorce años, Calvino ingreso al Colegio de la Marcha –parte de la prestigiosa Universidad de París– para dedicarse al estudio de las artes. Ahí, Mathurin Cordier –un destacado monje erudito que se había dedicado a la enseñanza y que fue reconocido como uno de los más famosos pedagogos franceses– pronto advirtió el talento del jovencito y lo tomó bajo su dirección. Fue él quien indujo a Calvino al deleite de las buenas letras, lo ayudó a desarrollar el gran sentido de estilo y la dicción que llegaron a caracterizar sus obras, y puso las bases de su destacada labor literaria. Bajo Cordier, Calvino aprendió gramática, latín y francés; pero, sobre todo, bebió del espíritu Humanista en su mejor expresión. A pesar de que el período de instrucción formal no fue muy extenso (concluyó su bachillerato en 1526), la relación de Calvino con el destacado pedagogo y hombre de letras se prolongó durante muchos años. En reconocimiento y gratitud por la dirección recibida del eminente humanista, Calvino le dedicaría su *Comentario a la Primera Carta a los Tesalonicenses*. (Cuando se estableció en Ginebra, el reformador invitó a Cordier a enseñar en la Academia que fundó, y en esta institución Calvino logró reunir algunos de los más notables eruditos y maestros de la época, que dieron brillo y solidez a ese gran centro de enseñanza que hoy es la Universidad de Ginebra. Ahí, Cordier pasó sus últimos años realizando una fructífera labor educativa).

Al concluir sus estudios en el campo de las artes, Calvino fue al célebre Colegio de Montaigu para estudiar teología de 1526 a 1527. Estos estudios no solamente pusieron a Calvino en contacto con la teología escolástica oficial, sino también con los clásicos latinos y los padres de la iglesia. Además, estudió lógica, retórica y el arte de debatir en público, que eran materias importantes en el plan de estudios. Noel Beda (o Bedier), su profesor de debate –un conocido y criticado guardián de la ortodoxia escolástica y ex-director del colegio– se interesó en hacer de la universidad un bastión de resistencia a todo espíritu innovador. Aunque a causa de este celo, más tarde Erasmo criticó al colegio no sólo por su comida aborrecible, sino también por su «teología podrida», el joven Calvino aprovechó al máximo su estancia en esta institución.

Según se sabe, durante esa época Calvino comía poco y dormía menos, pero devoraba libros. Su madurez y su disciplina, así como su timidez y su innato e insaciable afán por aprender, le ayudaron a sacar ventaja de la oportunidad de estudiar. Calvino crítico la mediocridad y los vicios de sus compañeros (y por eso no participó de sus juegos y distracciones), y en su lugar cultivó amistades y ocupaciones edificantes durante estos años. Mantuvo buenas relaciones con sus antiguos amigos de la familia de Hangest, con quienes se reunía con frecuencia para conversar sobre asuntos académicos y eruditos; y con su primo Roberto Olivier (u Olivetán), un joven intelectual de convicciones protestantes. Juan Calvino también perteneció al círculo de dos destacados académicos: el investigador y médico del rey, Guillermo Cop, y el más culto helenista de Francia y más efectivo opositor de Noel Beda, Guillermo Budé. Así, pues, durante este período el joven Calvino recibió la educación formal más disciplinada y tradicional, pero amplió sus horizontes al participar en círculos de intelectuales cuyas ideas no solamente eran más avanzadas, sino que le parecían peligrosamente protestantes a la jerarquía eclesiástica.

En Montaigu, Calvino pudo continuar sus estudios de latín bajo la dirección del erudito español Antonio Coronel. Además, es muy posible que también haya estudiado con el escocés Juan Major (Mayer o Mair), famoso filósofo escolástico de orientación occamista (Occam, teólogo franciscano de corte nominalista que se opuso al racionalismo de Tomás de Aquino), quien regresó a enseñar en París en 1525. De esta forma, la fértil mente del jovencito Calvino se alimentó de lo mejor de las fuentes medievales y humanistas.

A la enseñanza lógico-filosófica escolástica (representada por la «dialéctica», que incluía el entrenamiento práctico en la argumentación y el debate público), se agregaron las aportaciones creativas y críticas del movimiento humanista. Así se conjugaron las vertientes académicas e intelectuales clásicas que constituían el resumen de la educación humanista, y que se puede identificar por los términos latinos *eruditio* y *persuasio*. El Humanismo aspiraba a crear una educación que, recurriendo a los grandes logros del espíritu humano, dotara a la gente con los mejores instrumentos críticos para analizar minuciosa y ordenadamente la riqueza literaria de la humanidad y, además, la capacitara para comunicar esa riqueza con el efecto persuasivo de la belleza y el poder de la palabra a fin de generar nuevas posibilidades de vida y liberación humanas.

El Humanismo renacentista, rechazando la educación escolástica que dependía principalmente de la lógica (arte de organizar la verdad en un sistema de pensamiento racionalmente inteligible), redescubrió el valor práctico de la retórica y se inclinó por ese arte de la persuasión. Es decir, el humanista buscó explotar la energía del lenguaje persuasivo para reformar al mundo. Para los humanistas el lenguaje significaba poder. Pero un poder para diferenciar lo que era temporal y pasajero, y separarlo de lo imperecedero y permanente en la literatura antigua. El fin era rescatar esto último, traerlo al presente y hacerlo vigente. Para lograrlo el Humanismo elaboró todo un aparato de recursos auxiliares que constituyeron la *eruditio*.

Por ejemplo, para estudiar la antigüedad, se desarrolló el "andamiaje" que se requería para investigar y dominar los idiomas de los textos originales: el griego, el latín y el hebreo. Para esta tarea se perfeccionaron los recursos de la filología, y los humanistas debían estar versados en este campo para lograr la competencia necesaria en el mundo de las letras tanto profanas como cristianas. El humanista debía dominar el análisis lingüístico y literario, la crítica textual e histórica, los métodos y recursos de la exégesis y las teorías de la interpretación de textos, y luego comunicar su mensaje con tal belleza y poder de convencimiento que el corazón fuera inflamado y la voluntad movida a la acción transformadora de la historia. En un mundo de notables sabios altamente ilustrados el joven Calvino destacó por su dominio pleno de los recursos de la erudición y la persuasión humanista. Pocos han llegado a manejar con destreza los instrumentos del Humanismo como lo hizo Calvino. De manera magistral, el reformador unciría el caudal humanista al carro de la causa evangélica que impulsaría más adelante con vigor y eficacia indiscutibles.

El interludio jurídico

En el primer capítulo repasamos la jornada académica de Calvino y vimos que en vez de continuar los estudios teológicos y religiosos propios del sacerdocio, al concluir su estancia en el Colegio de Montaigu su padre le dio instrucciones de dirigirse a Orleans para estudiar leyes. Juan obedeció, y de 1528 a 1533 se dedicó a completar el doctorado en jurisprudencia como discípulo del más renombrado jurista y profesor de derecho de Francia, Pedro de l'Etoile. A pesar de ello, Calvino no abandonó su inclinación por las letras y la erudición. De hecho, durante ese período suspendió sus estudios de leyes para asistir al Colegio de los Conferencistas Reales en París, donde participó en los cursos de griego dictados por Pedro Danés y de hebreo dictados por Francisco Vatable, además de tomar otras clases en otros colegios para perfeccionar sus conocimientos de griego, latín, hebreo y las letras clásicas. También se mantuvo activo en los círculos humanistas que se reunían en la casa de Guillermo Cop y la de Guillermo Budé y aprovechó sus estudios de derecho en Orleans para llevar a cabo sus investigaciones literarias. Para ello le ayudo el hecho de que de l'Etoile, además de jurista, era un humanista bíblico. En Orleans aprovechó para estudiar griego y exégesis con el famoso erudito alemán Melchor Wolmar, un luterano que era especialista en la obra de Homero, y con quien entabló una gran amistad que los llevó a ir juntos a Bourges para estudiar con el famoso humanista italiano Andrea Alciati. El impacto que le causó Wolmar fue suficiente para que, años más tarde, Calvino le dedicara su *Comentario a la Segunda Carta a los Corintios,* a este querido profesor.

A pesar de que la abogacía no constituía su primer amor, el hecho de que, además de sus estudios regulares de leyes, Calvino también participó activamente en círculos de especialistas con otros legistas y expertos en jurisprudencia durante estos años, demuestra que nunca tomó a la ligera sus estudios de derecho. Aunque, al parecer, lo hizo por obediencia a su padre, es posible detectar que su vocación de humanista le permitió ubicar esa experiencia dentro del marco de sus aficiones literarias, y esto le ayudó a obtener una perspectiva y un horizonte más amplio de la vida y del universo. Aunque nunca ejerció formalmente la abogacía (al parecer solamente actuó como representante de los estudiantes picardos en el senado de la Universidad de Orleans durante un año), todo esto obró providencialmente para la formación de Calvino, pues su oficio de predicador y pastor lo colocaron en situaciones donde sus estudios legales fueron excelentes recursos para la defensa y promoción del evangelio proclamado por la Reforma.

Por otro lado, su visión y diseño del ministerio de la iglesia en Ginebra, su constante labor de consulta y liderazgo con los síndicos y magistrados ginebrinos, su continua confrontación con los partidos y grupos opositores libertinos de la ciudad, sus múltiples contactos y consultas con muchos príncipes y gobernantes europeos, su participación activa en la reforma de las leyes de Ginebra en 1543, solamente fue posible gracias a la sabiduría, los conocimientos, las estrategias, los recursos y las destrezas que le proporcionaron su estudio de jurisprudencia.

¿Humanista secular . . . o cristiano? De Séneca a la Institución

Después de la muerte de su padre el 26 de mayo de 1531, Juan se vio libre para proseguir sus propios intereses, y decidió darse a conocer a través de una obra cien por ciento de corte humanista. Ese primer libro fue su *Comentario sobre los dos libros* De Clemencia de *Lucio Eneas Séneca*, que publicó en París, el 4 de abril de 1532. Esta obra revela que, a la edad de 23 años, Calvino ya era un consumado humanista, que se atrevía a conversar de tú a tú con los grandes y respetados eruditos de su tiempo (a quienes evidentemente se dirige la obra). Esto no le ganó muchas simpatías pues, en opinión de sus críticos, si bien la obra no era mala, lamentablemente carecía de modestia ya que su neófito autor, en lugar de solicitar la indulgencia benévola de sus mayores a las limitaciones de su juventud e inexperiencia, ¡en el prefacio se atrevió a decir que había encontrado en Séneca cosas que ni el mismo Erasmo había advertido! No obstante, es necesario decir que la obra es brillante, evidencia indiscutible del gran talento del joven autor y, por cierto, madura, de pensamiento independiente, elaborada con una metodología meticulosa y de excelente calidad literaria. Esta obra fue escrita en un latín tan terso y rico, que de inmediato colocó a Calvino como uno de los mejores latinistas del siglo XVI, y muy cercano a Erasmo en refinamiento y gusto.

Todo parece indicar que Calvino encontró la motivación para su obra en las mismas palabras del gran Erasmo, quien había trabajado extensamente en las obras de Séneca y las había publicado ya en dos ocasiones. En su segunda edición (1529), tal vez sin estar completamente satisfecho con su labor o quizá por modestia, Erasmo invitaba a otros a hacerlo mejor. Parece ser que ésta fue la oportunidad que aprovechó el ambicioso joven Calvino para responder al reto del venerable humanista. Si bien lo hizo magistralmente, su atrevimiento juvenil despertó el docto enfado de sus mayores. Este primer y último libro del Calvino humanista puro, muestra cuán profundamente estaba el joven enraizado en ese movimiento cultural renacentista y el grado de perfección con que había llegado a asimilarlo y expresarlo. Con esta obra, Calvino se puso al lado de los destacados sabios que no solamente habían contribuido al avance de las letras, sino a la formación del pensamiento ético y político que caracterizó al Humanismo. Sin embargo, la obra no tuvo el éxito que Calvino esperaba, ni logró que se vendiera o leyera extensamente, y eso afectó su situación económica porque la había publicado por cuenta propia.

Muchos teólogos cristianos de la antigüedad, y muchos humanistas contemporáneos de Calvino, habían encontrado en la filosofía del estoico Séneca (consejero de Nerón) una gran fuente de inspiración debido a su oposición al hedonismo insultante de los príncipes decadentes de todas las épocas. De acuerdo con ciertos valores morales y, sobre todo, en sumisión a una providencia sobrenatural que sobrepasaba el poder de los reyes, Séneca trató de infundir una medida de tolerancia y «clemencia» a las funciones del soberano para impedir los abusos y excesos del poder de los gobernantes. Los pensadores humanistas encontraron esto muy adecuado para su lucha en contra del despotismo y la arbitrariedad criminal de los poderosos. La filosofía política de Calvino, que por primera vez se expresa en este libro (y luego incluye de forma resumida en el último capítulo de su *Institución de la religión cristiana* titulado «sobre la potestad civil»), es parecida a la de Erasmo en su *Príncipe cristiano* y tal vez haya sido influida por la *Educación del príncipe* de Budé (cuyo manuscrito Calvino pudo haber conocido por ser amigo de la familia Budé y su círculo de intelectuales). En esa obra, a pesar de que exalta grandemente la posición de los reyes y magistrados, también critica sus exageraciones y abusos. Sin embargo, lo que más destaca en este trabajo de Calvino es su erudición y su método literario. Calvino incluyó no menos de cincuenta y seis citas originales de autores clásicos latinos, veintidós de griegos, de siete padres de la iglesia (especialmente de San Agustín en *La ciudad de Dios*), numerosos autores de su época y tres citas de la Biblia. Esto último revela que el público al que se dirigía el comentario era el humanista en general, y que había trabajado en términos estrictamente humanistas.

Siguiendo la metodología practicada por eruditos en el oficio de las letras humanistas (especialmente Budé, Erasmo y Valla), Calvino la refinó e incorporó al arte del comentario expositivo. De esta manera la convirtió en el fundamento de lo que hoy conocemos como la ciencia de la exégesis y que luego encontró su máxima expresión en sus monumentales comentarios bíblicos. Al trabajar con *De Clementia*, Calvino comenzó con prolongadas explicaciones filológicas, apeló a la gramática y la lógica, señaló las figuras retóricas, incluyó numerosas y pertinentes citas de la literatura antigua y del mismo Séneca, ensayó su propia interpretación y objetó cuando difirió personalmente del gran estoico o cuando las ideas del filósofo entraban en conflicto con la fe cristiana.

Algunos han querido ver en esta temprana obra de Calvino una sutil defensa de los protestantes perseguidos y martirizados en Francia por causa de su fe. Ahí claramente se sugiere al rey Francisco I que un príncipe digno se caracteriza por la magnanimidad y tolerancia hacia sus súbditos, y que la innecesaria e injusta violencia contra ellos deja mucho que desear de la calidad de un monarca cristiano. Hasta donde se sabe, Calvino mismo nunca se pronunció claramente en ese sentido respecto a esa obra, pero tal vez eso pudo haber estado en su mente y corazón. El hecho es que el comentario a la obra de Séneca fue dedicado a Claude de Hangest, su aristócrata amigo de la infancia (para entonces abad del convento de San Eloy en Noyon), a diferencia de la *Institución*, que fue expresamente dedicada al rey de Francia.

Calvino nunca volvió a escribir otro libro de carácter estrictamente humanista. ¿Acaso se sentiría descorazonado por el aparente fracaso de la obra cumbre de sus sueños juveniles? ¿Se perdería para siempre el talentoso escritor derrotado por la amargura del fracaso de su libro? Pensar de esta manera es juzgar mal a Calvino, porque ahora estaba más listo que nunca para redoblar sus esfuerzos y hacerse un lugar entre los grandes humanistas. Aunque «algo extraño» sucedió en su vida que le impidió continuar en esa línea.

El siguiente libro completo de Juan Calvino no apareció sino hasta 1536 (aunque en 1535 aparecieron los prefacios que escribió para el Antiguo y Nuevo Testamento de la traducción de la Biblia que hizo su primo Olivetán). Algo raro, pues era de esperarse que el ambicioso erudito, tan lleno de ideas, pronto publicara alguna otra de sus investigaciones literarias. Es verdad que durante 1534 Calvino había escrito su *Psychopannychia* en respuesta a la enseñanza anabaptista sobre el «sueño del alma» después de la muerte, pero su amigo Wolfgang Capito lo convenció para no publicarla por ser de carácter meramente periférico. Por ello apareció hasta 1542. Lo cierto es que en esa coyuntura se agolparon sobre su vida varios años turbulentos que le robaron la quietud, la estabilidad y el tiempo necesarios para las aficiones literarias.

Como ya vimos en la introducción a este estudio, Calvino había abrazado –o, mejor dicho– había sido capturado por el viento poderoso de la Reforma protestante, que no era sino el poder de Jesucristo una vez más desatado mediante la proclamación del evangelio de la gracia de Dios. Jesucristo tenía otros planes para los dones y la preparación de su siervo. A partir de su llegada a Ginebra en 1536, y hasta 1564 cuando murió, los libros de Calvino aparecieron en rápida sucesión y estuvieron consagrados tanto a la proclamación seria y exposición ordenada y concienzuda de la Palabra de Dios, así como a la edificación, instrucción y defensa de la fe cristiana y de la iglesia evangélica. Como dijimos en la introducción a este libro, las obras de Calvino llenan 58 apretados tomos de la magnífica colección *Corpus Reformatorum*. Sin embargo, lo sobresaliente no es la masiva magnitud de su obra, sino la alta calidad y trascendencia de dichos escritos, su riqueza, su solidez, su erudición, su utilidad práctica, su poderosa inspiración y su belleza de estilo. Hoy día, estas obras clásicas de la literatura evangélica siguen manteniendo un brillo y una profundidad que las hace una lectura valiosísima y obligada para quienes buscan un modelo de excelencia expositiva y teológica para el ministerio cristiano. Así pues, el joven humanista cuya primera publicación erudita no tuvo mayor trascendencia, halló en la causa de la reforma protestante un público que ávidamente agotó las diferentes ediciones de sus queridos libros.

De entre sus excelentes obras, aquí vale la pena destacar la que recibió un esmerado y continuo mejoramiento a lo largo de los años en la vida de Calvino. La *Institución de la religión cristiana* inauguró una nueva etapa y una nueva orientación para los escritos del joven humanista, ahora convertido en pastor protestante. En efecto, la obra maestra del reformador también fue su primera publicación cristiana. Este libro fue tan bien recibido por el pueblo creyente de la Reforma, que tuvo que ser revisado y publicado en múltiples ocasiones. La primera edición en latín apareció en Basilea en 1536 bajo el título de *Christianae religionis institutio*.

Esta obra era un resumen de la doctrina evangélica integrada por seis capítulos precedidos por una elocuente dedicatoria de la obra al rey Francisco I. Un total de 540 pequeñas (octavo) páginas constituían el modesto volumen. Al año de haberse publicado, los editores ya le estaban solicitando al autor una nueva edición porque la primera se había agotado. Así que produjo una segunda edición latina «corregida y aumentada» esta vez publicada en Estrasburgo hasta 1539 debido a ciertas demoras y deficiencias del editor. En ésta se invirtió el título: *Institutio christianae religionis*, y creció de seis a diecisiete capítulos (tres veces más extensa que la primera edición). De esta segunda edición se sirvió Calvino para hacer la primera traducción al francés, que apareció en Ginebra en 1541, y que fue todo un acontecimiento en la historia de las letras francesas debido a su sobriedad y su fino estilo literario. Su impacto se puede medir porque en 1544 fue quemada públicamente en la catedral de Notre Dame en París, y luego fue prohibida oficialmente por la iglesia. La tercera edición en latín se hizo en 1543, y tras ligeras revisiones se reimprimió en 1550, 1553 y 1554. Las traducciones al francés se publicaron en 1545 y 1551 y fueron reimpresas en numerosas ocasiones. La edición con la que Calvino se sintió satisfecho, y la final, llegó en 1559 cuando ya se había convertido en un completo y magnífico texto clásico de doctrina cristiana. Así fue como este gran humanista puso su pluma, su corazón y su mente a la disposición de la Palabra divina. Calvino organizó la *Institutio* en veinte capítulos divididos en cuatro libros, y con numerosas divisiones para su mejor efecto educativo, y así ofreció al pueblo evangélico el fruto maduro, serio, elegante, profundo, erudito, y apto para la enseñanza teológica de candidatos al ministerio.

Ante los sacerdotes que lo habían visto crecer, en mayo de 1534 este tímido y enfermizo muchacho regresó a la catedral de su natal Noyon para renunciar a los votos sacerdotales y los beneficios económicos eclesiásticos que su padre le había conseguido. De esa forma simbólica, Calvino se separó tanto de su pasado religioso como de sus aspiraciones de humanista secular. Ahora dedicaría sus talentos al mundo de las letras cristianas desde la perspectiva de la Reforma. Aunque realmente nunca renunció a la cofradía literaria humanista, ahora más bien estos serían sus aliados, y ya no sus héroes, en la nueva dirección que su vida había tomado. Con esa nueva convicción, Calvino pudo declarar firmemente:

> Leed a Demóstenes o a Cicerón; leed a Platón o a Aristóteles, o cualesquiera otros autores profanos. Confieso que nos atraerán grandemente, que nos deleitarán, nos moverán y transportarán; pero si de ellos pasamos a leer la Santa Escritura, queramos o no, de tal manera nos conmoverá y penetrará en nuestros corazones, de tal suerte se aposentará en la médula misma, que toda la fuerza de los retóricos y filósofos, en comparación de la eficacia del sentimiento de la Escritura, no es más que humo de pajas. De lo cual es fácil concluir que la Sagrada Escritura tiene en sí cierta virtud divina, pues tanto y con tan gran ventaja supera toda la gracia del arte humano[1].

Aunque siempre conservó la reputación académica de un brillante humanista, el espíritu clásico de este joven humanista gradualmente se desvaneció para dar lugar al espíritu cristiano.

---

[1] Juan Calvino, *Institución de la religión cristiana*, 2 Tomos, traducida y editada por Cipriano de Valera en 1597, reeditada por Luis de Usoz y Río en 1858, nueva edición revisada en 1967 (Rijswijk, Z.H., Países Bajos: Fundación Editorial de Literatura Reformada, 1968), I, p. 36 (o también: I, viii, 2 según la nomenclatura convencional). En lo sucesivo, las referencias a esta obra se indicarán en el texto mismo entre paréntesis siguiendo la nomenclatura convencional.

Capítulo Tres
Hombre de fe:
su encuentro con la Reforma

Sobre todas las cosas, este destacado francés-ginebrino llamado Juan Calvino, fue un verdadero hombre de fe, un indiscutible varón de Dios. Y aunque su misión se desarrolló concretamente dentro del campo de la reforma protestante del siglo XVI y como su impulsor en Suiza, en realidad es un cristiano de carácter universal, cuya importancia supera las barreras del tiempo y lugar donde vivió y sirvió. Su ministerio ha fructificado –como el de los grandes siervos y siervas de Dios– en todas las ramas y esferas de la iglesia universal. Debido a ello, su valioso testimonio teológico, pastoral y eclesiástico ha sido reclamado y reapropiado por creyentes en las diferentes partes del mundo.

Como ya vimos en los capítulos anteriores, desde su adolescencia, Juan Calvino fue consagrado por su padre al sacerdocio dentro del catolicismo romano. También advertimos que las experiencias religiosas de su más tierna infancia al lado de su piadosa madre, tuvieron un impacto imborrable en su conciencia de creyente cristiano. Así pues, el mundo que envolvió y alimentó la experiencia espiritual de Calvino desde su infancia, fue intensamente religioso de acuerdo con la tradición de la iglesia cristiana medieval. En cierto sentido, y si se toma en cuenta el carácter de dicha época, era de esperarse ese rumbo para su vida ya que toda la existencia humana estaba marcada, presidida y estructurada por las normas, ritmos y tradiciones establecidas por la iglesia. En eso consistía precisamente la «cristiandad», el formidable edificio de toda una civilización diseñada, constituida y gobernada por los valores cristianos de acuerdo a como los interpretaba y hacía ejecutar la jerarquía eclesiástica que estaba apoyada por el brazo del poder civil. ¡Todos tenían que ser cristianos! Por eso era prácticamente imposible evadir la cuestión religiosa en la cultura medieval europea. Como miembro de una familia típica de buena posición en esa época, Calvino absorbió y expresó ese espíritu profundamente. Sin embargo, ese hecho básico solamente llegó a su expresión plena una vez que Calvino se encontró frente a frente con el Dios del evangelio de la gracia proclamado de manera novedosa y potente por el movimiento de Reforma.

La conversión de Calvino

Ya hemos dicho que ese joven erudito, recién graduado por la Universidad de Orleans en 1533 como doctor en jurisprudencia, fue a París y se hospedó en casa del piadoso Etienne de la Forge (hombre de convicciones luteranas). En esta ocasión Calvino no volvía a «la ciudad de las luces» con el fin de ejercer la abogacía, y mucho menos para servir como pastor clandestino de hugonotes perseguidos. Más bien iba en calidad de erudito humanista que perseguía fines puramente literarios, ajenos, aunque no hostiles, a la institución religiosa. Así pues, ¿cómo sucedió que a los pocos meses el joven se hallaba activamente involucrado en el riesgoso e ilegal liderazgo de la causa hugonote, es decir, precisamente como pastor clandestino de los sufridos protestantes franceses severamente reprimidos por las autoridades tanto religiosas como civiles? Este dramático y radical viraje en la vida del brillante pero tímido aspirante a hombre de letras, solamente se puede explicar como resultado de una profunda e impactante conversión religiosa que alteraría para siempre el rumbo y la misión de su vida.

Sin embargo, esta es un área bastante gris en la vida de Calvino debido a la escasez de datos históricos al respecto. El reformador no solía hablar mucho de sí mismo, ya fuera por la naturaleza de su temperamento introvertido o por la modestia debida a su convicción espiritual de dar toda la gloria a Dios, sin querer la atención para sí mismo. No obstante, en el prefacio a su *Comentario al Libro de los Salmos*, Calvino nos permite vislumbrar algo del trascendental momento de su conversión. Al experimentar muchas de las situaciones que vivió el rey David y que lo movieron a escribir salmos, Calvino no pudo dejar de verse retratado en las emociones del salmista. Aunque el reformador reconocía la superioridad espiritual del antiguo rey de Israel, cuya fe, paciencia, fervor, celo e integridad excedían inmensamente a su propia experiencia personal, no vaciló en compararse con el salmista porque identificó en él tanto el comienzo de su propio llamamiento, como el curso subsiguiente de su función ministerial. En un pasaje que merece ser citado en su totalidad, Calvino dice:

> Mi condición, sin duda alguna, es harto inferior a la suya [de David], y no es necesario que me detenga mucho en ello. Pero, de la misma forma en que él fue tomado de entre el rebaño y exaltado al rango de suprema autoridad, así Dios, habiéndome sacado de mi condición, originalmente oscura y humilde, me tuvo por digno de ser investido con el honorable oficio de predicador y ministro del evangelio. Cuando yo era todavía prácticamente un niño, mi padre ya me había destinado al estudio de la teología. Pero más tarde, cuando él consideró que la profesión legal comúnmente ha elevado a la riqueza a aquellos que la practican, esta posibilidad le indujo de pronto a cambiar su propósito. Así pues, sucedió que yo fui retirado del estudio de la filosofía y dedicado al estudio del derecho. En este empeño me esforcé, pues, fielmente, dedicándome a obedecer la voluntad de mi padre; pero Dios, por medio de la secreta guía de su providencia, a la larga le dio una dirección diferente al curso de mi vida. Y primeramente, puesto que yo estaba tan obstinadamente dedicado a las superticiones papistas como para poder ser rescatado fácilmente de tan profundo abismo de inmundicia, Dios, mediante una súbita conversión, subyugó mi mente y la condujo a un punto en que fue susceptible de ser enseñada, ya que estaba más endurecida en tales prácticas de lo que era de esperarse de una persona de mi temprana edad. Habiendo así recibido un cierto gusto y conocimiento de la verdadera piedad, fui de inmediato inflamado con tan intenso deseo de progresar en ella que, aunque no abandoné totalmente mis otros estudios, no obstante los proseguí con mucho menos ardor.

Me vi sorprendido mucho por el hecho de que todavía no había transcurrido un año, cuando me encontré asediado por todos los que anhelaban la pura doctrina, quienes venían de continuo a mí con el fin de aprender, aunque yo mismo era apenas un novicio y principiante. Siendo yo de condición un tanto retraída y tímida, lo cual me inducía siempre a desear más la anonimidad y la soledad, comencé entonces a buscar un rincón oscuro a donde pudiera yo retirarme de la vista pública; pero, lejos de lograr el objetivo de mi deseo, todos mis retiros resultaban ser como escuelas públicas. En pocas palabras, mientras que mi gran objetivo era vivir recluido sin que se me reconociera públicamente, Dios me condujo de tal forma a través de muchos giros y cambios, que nunca me permitió hallar el descanso en ningún lugar, hasta que, a pesar de mi natural predisposición, Él me sacó a la luz pública[1].

Ésta es la referencia más directa que nos ha dejado Calvino respecto a la manera en que cambió el rumbo de su vida. En el contexto de este testimonio tenemos, sin mayor descripción de detalle, la única mención de esta «súbita conversión» que «subyugó» su mente y creó las condiciones en que se tornó más dócil luego de estar «endurecida» en las prácticas supersticiosas del catolicismo medieval. Según algunos biógrafos de Juan Calvino, es muy posible que este singular acontecimiento ocurrió durante su estadía en casa de Etienne de La Forge, en un momento no precisado durante el año de 1533.

En ningún momento de su vida Calvino fue un hombre irreligioso o impío. Todo lo contrario, siempre estuvo voluntaria, inteligente y profundamente involucrado en las prácticas de su fe con serio conocimiento de causa. Sin embargo, la forma en que aquí refiere su experiencia religiosa, nos muestra que esta poderosa persuasión más bien procedió de lo alto que de simple argumento o mera constatación intelectual. Es decir, Juan Calvino no cambió su filiación religiosa del catolicismo a la fe reformada, como si fuera una sencilla decisión entre dos opciones religiosas. Más bien, podemos decir que fue soberana e irresistiblemente capturado por la gracia divina en un encuentro vivo y contundente con el Señor mismo. Es decir, que la suya fue una genuina y radical conversión del corazón en el sentido más profundamente evangélico del término. Aparentemente fue alcanzado con el fulminante poder del Espíritu Santo en medio de la quietud de sus estudios de la Santa

Escritura. Nada más puede explicar el extraordinario vigor, la firme vocación y la inquebrantable determinación del introvertido humanista, que ahora se desplegaban en el ejercicio de su convulsionado y heroico ministerio como indiscutible líder y exponente de la Reforma.

Otros factores e influencias providenciales

Calvino comenta que una de las formas en que Dios lo obligó a salir a la luz pública tuvo que ver con los trágicos acontecimientos sufridos por los hugonotes en Francia luego de que tuvo que huir del país en busca de refugio y para dedicarse a sus planes y propósitos literarios. El 1º de noviembre de 1533, Nicolás Cop –amigo personal de Calvino y rector de la Universidad de París– como era costumbre, presentó el discurso oficial de apertura del ciclo académico. A los pocos días, los profesores de la Sorbona (la Facultad de Teología) que eran celosos defensores de la ortodoxia conservadora y furiosos enemigos del espíritu reformista que ya prevalecía en los círculos académicos e incluso populares de Francia, presentaron una queja acusando de herejía a Cop. François Parliament entabló un juicio formal en su contra y, para fines del mes, la policía ya había arrestado a varios sacerdotes de ideas reformistas. Cop huyó a Basilea en Suiza. Por su amistad con Cop, y porque tuvo acceso al discurso antes de que Cop lo presentara a la universidad entera, Calvino también se encontraba entre los sospechosos. La policía allanó su habitación y confiscó sus papeles y su correspondencia; pero ya había sido prevenido y también había huido. Por supuesto que los líderes del ala conservadora aprovecharon esa oportunidad para convencer al rey –quien hasta ese momento tenía cierta simpatía hacia los reformistas, o cuando menos deseaba mantener la paz entre los dos bandos– de la necesidad de erradicar la herejía que amenazaba con cundir por toda Francia. Así pues, desde su estancia en Lyon, Francisco I dirigió una misiva real a Parliament el 10 de diciembre de 1533, dándole instrucciones de «acabar con la detestable secta luterana».

Es muy posible que, luego de una breve estancia en Angulema, donde secretamente lo acogió Margarita de Navarra, y de otra visita a Noyon –su ciudad natal y donde renunció a sus beneficios eclesiásticos en mayo de 1534– Calvino haya estado en París para el 18 de junio cuando el predicador evangélico Canus de la Croix fue quemado vivo en la Plaza de Maubert después de dar un heroico testimonio de su fe. Meses más tarde, un temerario –tal vez un fanático– predicador de Neuchatel, llamado Antoine Marcourt, hizo colocar carteles por todo París y en algunas otras ciudades, donde atacaba cruda y torpemente el sacrificio de la misa. Entre la noche del 17 y la madrugada del 18 de octubre de 1534, se colocaron esos desplegados en lugares públicos, que provocaron la reacción del partido anti-reformista, la ira del rey, y pusieron en peligro la causa reformista[2]. El resultado fue una ola de nuevos arrestos y ejecuciones. Cuando por fin Calvino llegó a refugiarse en Basilea, en compañía de otros amigos humanistas del partido que buscaban una reforma leal dentro de la iglesia, recibió la dolorosísima noticia de que Etienne de la Forge, su piadoso y querido amigo, protector y hospedador durante sus estancias parisinas, había sido martirizado en la hoguera por causa de su firme fe luterana el 16 de febrero de 1535.

Estos lamentables y horrorosos acontecimientos fueron determinantes para su decisión de salir a la luz pública y defender a estos mártires de la fe evangélica. Mientras él se ocultó en Basilea, muchas personas fieles y santas fueron quemadas vivas en Francia, y las nuevas de esta atroz acción provocaron la indignación de otras naciones contra los autores de tal atrocidad. Para añadir insulto al agravio, la corte hizo circular panfletos donde acusaban falsamente a las víctimas de ser anabaptistas sediciosos que no sólo alteraban la religión, sino también el orden público. El silencioso joven de Noyon ya no pudo permanecer callado, pues conocía de primera mano la fidelidad y la calidad humana de esos «santos mártires». Por eso determinó que, a menos que usara sus más altas habilidades para oponerse a la monstruosa persecución de los cristianos fieles, su silencio «no podría ser vindicado contra la acusación de cobardía y traición»[3].

Así fue como Juan Calvino se vio empujado a escribir y publicar una apología. Primero, para probar que esos informes eran falsos y calumniosos, y así reivindicar a sus hermanos, cuya muerte era preciosa ante los ojos del Señor. Segundo, para evitar que las mismas crueldades se ejercieran en contra de muchos otros desventurados cristianos, por lo que apelaba a la conciencia de otras naciones para que tuvieran compasión hacia los creyentes evangélicos e interpusieran un recurso de solicitud para con ellos. Esta apología no fue otra que su *Institución de la religión cristiana*.

Aunque el manuscrito original estuvo listo desde septiembre de 1535, esta sencilla obra no fue publicada en Basilea hasta marzo de 1536 debido a retrasos del impresor. En ella, Calvino muestra su resolución y prontitud para salir en defensa de sus hermanos. En la dedicatoria, dirigida al Rey de Francia, Calvino le recuerda que el buen monarca cristiano ha de ejercer la clemencia para con los fieles súbditos que simplemente anhelan vivir el evangelio puro. Con el cuerpo del escrito, reivindicaba la legitimidad, verdad y profundidad de la auténtica fe evangélica de estos creyentes. Pero ahora la publicación y distribución de esa obra ya tenía como objetivo buscar el prestigio literario entre los grandes eruditos. Más bien, ahora su autor era un nuevo hombre, alguien que había surgido de los tormentosos e inciertos meses de peregrinaje por los extraños y providenciales caminos de Dios, pero andados a la luz de sus intensos estudios de la Escritura. Ahora, la pluma y talento de Calvino para las letras, servirían a la causa del evangelio de Jesucristo. El autor de esta apología era a todas luces un hombre de fe.

Marcas en el camino

Calvino no desconocía la fe protestante. Hay indicios de que ya había leído algunas de las obras de Lutero y de otros reformadores protestantes. Por otro lado, la atmósfera cultural, religiosa e intelectual de la mayor parte de la vida de Calvino, había estado fuertemente impregnada de un celo anti-luterano que transmitía los contenidos de la reforma protestante, aunque desfigurados por la controversia. Así pues, Calvino había tenido una dosis más que suficiente de protestantismo en las discusiones de cada día y en las preocupaciones espirituales, intelectuales y académicas de su formación. Además, en la tendencia humanista de Calvino se advierte una cierta inclinación natural por las ideas emancipatorias y progresistas de la época. Así pues, su formación intelectual y literaria, tanto como su disposición natural, lo inclinaban hacia los ideales nobles y cristianos de quienes abogaban por una transformación verdadera en el seno de la iglesia. Este espíritu «reformista», sin duda era afín al espíritu «reformador» del protestantismo luterano, aunque aquel siguiera creyendo en las posibilidades de lograr los cambios dentro del marco institucional oficial. Por el contrario, el protestantismo ya había rebasado esa esperanza. Sin embargo, esa afinidad espiritual entre ambos movimientos estaba ahí y sin duda facilitó el tránsito del Calvino reformista al Calvino reformador.

Sin duda, las importantes experiencias educativas del joven Calvino fueron un factor determinante para el rumbo que tomó su vida. La floreciente nueva pedagogía, el apasionante espíritu humanista, la atmósfera renacentista, los nuevos vientos culturales e intelectuales, el cultivo de los círculos académicos patrocinado por los monarcas y la nobleza, los movimientos campesinos y populares de la época, los nuevos descubrimientos científicos y el instrumental metodológico de las universidades, influyeron directa y poderosamente en la conformación de los ideales, valores y recursos de trabajo de Calvino. Sin embargo, como siempre ha sucedido en la historia, fue el carácter santo, erudito y ejemplar de sus mentores, hombres y mujeres, lo que dejó una huella imborrable en su espíritu. Como ya hemos visto, Calvino mantuvo cordiales relaciones con sus profesores a lo largo de su vida, y dedicó muchas de sus obras a estos inolvidables siervos de Dios que tanto contribuyeron a su vida y desarrollo. Años más tarde, algunos de ellos buscaron el abrigo de la hospitalaria Ginebra durante el pastorado de Calvino, y otros fueron expresamente invitados por él para enseñar en la institución universitaria que fundó en esa ciudad. Sin duda alguna, un rasgo común que identificaba a la mayoría de estos eruditos fue su espíritu favorable a una reforma más o menos sustancial en la vida de la iglesia de su época. Esto significa que, durante sus años formativos, Calvino no solamente recibió una esmerada educación de altísima calidad, sino que de manera constante fue expuesto al pensamiento reformista de sus más admirados maestros, cuyo saber y autoridad intelectual, tanto como su fe, estaban fuera de toda duda en la mente del joven picardo.

Debemos recordar que el campo específico de estos eruditos fue precisamente el estudio de las letras clásicas en sus lenguas originales y, por lo tanto, esto conducía directamente al estudio histórico, filológico y exegético de las Sagradas Escrituras. Habiendo escogido este campo, Calvino casi fue llevado de la mano, y providencialmente, para beber directamente de la verdadera fuente de toda reforma. La semilla del evangelio halló tierra fértil en el corazón ardiente y en la mente ágil de Calvino, y su fe fue iluminada, robustecida, purificada, perfeccionada e incendiada. Los estudios literarios, legales, humanistas, filosóficos y teológicos que habían constituido el grueso de la formación intelectual y espiritual de Calvino, encontraron su centro y eje en los estudios bíblicos. Esto proporcionaría la riqueza, frescura y balance que se advierten en las obras de su pluma evangélica, así como en el ministerio laborioso, fecundo y consagrado de toda su vida. El largo proceso por medio del cual su fe fue acrisolada le permitió discernir cómo la lucha por una verdadera reforma –sin importar cuán radical pareciera– en verdad era parte de un esfuerzo por permanecer fiel a la iglesia que lo albergó y nutrió. Calvino no estaba abandonando ni traicionando su fe. Más bien la estaba purificando. Liberar a su querida iglesia de las creencias supersticiosas y las prácticas corruptas que el paso de los siglos de descuido pastoral le habían agregado, no significaba romper con ella; al contrario, significaba amarla y defenderla de verdad. Esto resultó claro para Calvino a partir de su lectura erudita, y a la vez piadosa, de la Biblia.

Por supuesto que hubo otras influencias que contribuyeron a la final conformación protestante de su fe. Por ejemplo, las múltiples conversaciones que sostuvo de manera íntima con compañeros, profesores y familiares suyos que ya abiertamente habían optado por el camino de la Reforma. Entre sus profesores podemos mencionar a Melchor Wolmar, a quien Calvino conoció durante sus estudios en Orleans. Este erudito alemán, originario de Rothwell en Wurtemburg, inició a Juan en el conocimiento profundo de la lengua griega. De hecho, las convicciones luteranas que sustentaba Wolmar eran el resultado de sus estudios en el Nuevo Testamento, y fue precisamente en esta importantísima área de estudios que introdujo a Calvino. De seguro, una gran parte de las convicciones evangélicas de Calvino fueron fruto de la influencia y dirección de este sacerdote alemán.

Mucho antes de conocer a Wolmar, y cuando prácticamente todavía era un niño, Mathurin Cordier lo instruyó en el latín. Por esos tiempos, parece ser que Cordier al menos tenía inclinaciones reformadas cuando instruyó a Calvino en el Colegio de La Marcha, en París. Esas inclinaciones parecen confirmarse por el hecho de que este destacado latinista, y por invitación expresa del reformador, pasó los últimos años de su fecunda labor educativa al lado de Calvino en la protestante Ginebra.

Entre los familiares de Juan Calvino figura otro notable erudito, Pedro Roberto Olivier (también conocido como Olivetán), su primo. Olivetán era tres años mayor que Calvino, y pasaron su infancia juntos en Noyon. Luego se volvieron a encontrar como participantes de los círculos humanistas de la universidad en París. Ambos pertenecieron tanto al grupo de Guillermo Cop (un erudito y médico personal del rey el padre de Nicolás), que llegó a ser rector de la universidad (y después tuvo que huir cuando lo acusaron de herejía), como al círculo que se reunía en torno a Guillermo Budé, el más ilustrado helenista de Francia y el más efectivo opositor del teólogo escolástico Noel Bedier (o Beda) director de la Facultad de Teología. En estos círculos de intelectuales, es muy probable que Olivetán compartiera íntima y vigorosamente sus creencias reformadas con su primo. Algunos historiadores piensan que la vehemencia y el celo de Olivetán fue lo que finalmente ganó a Calvino para la Reforma. Esto podría respaldarse por el hecho de que los primeros escritos de Calvino, claramente reformados y abiertamente hostiles hacia el «papismo», fueron los dos prefacios que escribió para la Biblia que Olivetán publicó en francés en 1535.

Teodoro de Beza fue otro compañero en las lides intelectuales humanistas de Calvino. Beza también fue educado por Melchor Colmar, tanto en Orleans como en Bourges. La casa de Wolmar en Bourges, se convirtió tanto en centro de divulgación del protestantismo como de estudios humanistas y bíblicos. Calvino era uno de sus frecuentes visitantes. Tal vez de ahí data la amistad y el intercambio de ideas religiosas entre Calvino y Beza. Esa relación se consolidó en 1558, cuando Calvino invitó a Beza para que enseñara en la Academia de Ginebra, que recientemente había fundado. Al igual que Calvino, Beza también se graduó en leyes, pero su inclinación personal era la poesía y, especialmente, la investigación erudita. En este campo, Beza completó la bella edición de los Salmos iniciada por el poeta Clemente Marot, fue profesor de griego en Lausana, y en 1556 publicó una traducción anotada del Nuevo Testamento en latín. Después publicó la primera edición crítica del Nuevo Testamento en griego cotejado con múltiples manuscritos y versiones, a los que, en su segunda edición, añadió el famoso *Codex*

Bezae que él mismo había descubierto en Lyons. Aunque era diez años más joven que Calvino, este destacado erudito fue su sucesor en el pastorado de Ginebra y en el liderazgo de la Reforma en Suiza.

Rodeado por tantas y tan gratas influencias evangélicas, Calvino abrazó valientemente la Reforma cuando vio que la santidad personal, la solidez moral e intelectual y el genuino celo y conocimiento evangélico de algunos de sus queridos instructores y amigos, fue sellado con el martirio en la hoguera de la intolerancia religiosa. Tal vez el testimonio de su querido amigo Etienne de la Forge fue el que más taladró su conciencia y le hizo saltar a la arena en defensa de la fe reformada. Durante esos meses, sus intensos estudios exegéticos y teológicos ya no fueron un simple ejercicio intelectual de erudición humanista, sino una exigente y urgente búsqueda de soluciones para los problemas generados por la discordia religiosa de su tiempo y de su patria. Probablemente, durante ese tiempo sus reflexiones estuvieron salpicadas con los recuerdos infantiles de figuras religiosas entrando y saliendo de la oficina de su padre, así como de los ejercicios y peregrinaciones piadosas en que lo dirigió su madre. Tal vez también estuvieron presentes los recuerdos de sus estudios en diferentes ciudades (París, Orleáns, Bourges, Angulema), las discusiones literarias, intelectuales y eruditas de los círculos ilustrados, las luchas entre la Sorbona y Lefèvre (quien parece haber sido el ejemplo de erudición y doctrina que Calvino más admiró en su primera juventud). Por otro lado, es probable que Calvino también recordara las visitas clandestinas a los cultos de los hugonotes en los sótanos de París, el valiente discurso de su amigo Nicolás Cop, la huida de París, su peregrinaje por Angulema enseñando la Palabra a los aldeanos, sus lecturas de Erasmo, Lefèvre y Lutero. Parece ser que estos recuerdos constituyeron el contexto donde gradualmente surgió en Juan Calvino la convicción de que la solución a los problemas de su iglesia solamente sería posible a través de una reforma radical. De esta manera se estaba formando la persona, la fe y la vocación del hombre que Dios usaría para proclamar el evangelio de la gracia, para apacentar al pueblo sediento de la Palabra viva y pura, y para fortalecer y orientar la dirección de la Reforma en Ginebra.

Los frutos de la fe

En julio de 1536, Calvino estaba viajando de París a Estraburgo (Alemania en ese tiempo), adonde esperaba refugiarse para escribir sosegadamente. Un «desafortunado» contratiempo le impidió viajar directamente, y lo obligó a desviarse hacia Ginebra donde se hospedaría por una sola noche. Se trataba de la guerra entre el emperador Carlos V y el rey Francisco I, quienes por tercera vez medían fuerzas en el campo de batalla. Los ejércitos se habían apoderado de los caminos y mantenían retenes militares que impedían el paso a los viajeros. Esa noche, Guillermo Farel –un fogoso predicador de la fe reformada en Ginebra y quien había conocido a Juan Calvino en Basilea– halló al joven en su cuarto de la posada y, mediante airadas amenazas de maldición si no permanecía allí para ayudar a la Reforma, Farel logró retener al asustado muchachillo que se resistía a abandonar su proyecto literario que tanta quietud requería.

Así comenzarían veintiocho turbulentos años en la vida de Calvino, aunque también serían años ricos en frutos. Es decir, desde ese entonces su vida estuvo totalmente entregada al servicio del Señor Jesucristo, quien ahora había tomado poderosamente de su mano al tímido genio.

---

[1] Juan Calvino, *Calvin´s Commentaries*; Vol. IV: *Commentaries on the Book of Joshua and Commentary on the Book of Psalms,* traducido por James Anderson (Grand Rapids: Baker Book House, Reimpreso, 1979, originalmente impreso para la Calvin Translation Society, Edimburgo, Escocia), pp. xl, xli.

[2] En este contexto, los términos «reformista» y «anti-reformista» no se refieren a la Reforma protestante propiamente dicha, sino a dos partidos o tendencias dentro del catolicismo romano. Una de estas ramas propugnaba por una reforma dentro del marco de la iglesia oficial y sin romper con ella. A este movimiento pertenecían la mayor parte de los humanistas y eruditos progresistas, entre ellos Calvino (antes de abrazar la reforma protestante), Lefèvre, Erasmo y muchos otros. Aunque por razones de la virulencia del ala conservadora contra este partido a veces se lo llamaba «luterano», la verdad es que muchos de estos reformistas permanecieron leales al Papa aun después de la final ruptura protestante.

[3] Juan Calvino, "Author's Preface", en *Commentary on the Book of Psalms*; Tomo IV de *Calvin's Commentaries* (Edimburgo: Calvin Translation Society, reimpreso por Baker Book House: Grand Rapids, 1979), pp. xli-xlii.

CAPÍTULO CUATRO

Hombre de Dios: el ministerio pastoral y teológico de Calvino

La noche en que Guillermo Farel «convenció» a Juan Calvino para que permaneciera en Ginebra y ayudara a la Reforma marcó un cambio radical y definitivo en la vida del joven literato. Desde ese momento, Calvino pasaría de ser un mero intelectual escondidizo, a ser el indiscutible y visible dirigente espiritual de la reforma protestante en Suiza. Sin embargo, su liderazgo no fue muy prolongado, pues murió relativamente joven a la edad de cincuenta y cinco años. Aunque breve, su ministerio resultó fructífero y trascendental para la vida e historia del cristianismo universal. A partir de cuando aceptó la responsabilidad pastoral de la iglesia en Ginebra, y la publicación de la primera edición de su *Institución de la religión cristiana* (en 1536), Calvino no cesó de laborar ardua, con gran celo y total dedicación a las múltiples diferentes tareas que le demandaba su nuevo oficio de *ministro de la Palabra de Dios*.

A pesar de sus muchas desventajas físicas, Calvino sirvió con fidelidad y unción a lo largo de sus veintiocho años de ministerio. El reformador siempre fue un hombre frágil y enfermizo: padeció de fuertes y constantes dolores de cabeza que lo afligieron durante toda su vida, tuvo padecimientos crónicos estomacales y del hígado, sufrió de intensas dolencias de cálculos renales y de gota (que afectó su capacidad para moverse libremente), el asma le provocaba numerosos y molestos episodios de asfixia y la artritis atacó sus manos. Prácticamente toda su vida fue una serie de permanentes dolencias corporales. Calvino comía poco y dormía menos. Con todo, sus biógrafos comentan que comenzaba el día a las cuatro de la mañana escribiendo y dictando sus conferencias del día, los sermones para la semana, los comentarios bíblicos en que trabajaba por esos días y su correspondencia personal con amigos, con líderes de la Reforma en otros países, con numerosas personas que solicitaban su consejo espiritual o con gobernantes y autoridades que requerían de su guía y su sabiduría. Cuando salía de su cuarto, a eso de las once de la mañana, para atender sus varios compromisos de predicación, enseñanza, visitación pastoral, asambleas eclesiásticas o audiencias con los diferentes concilios de la ciudad, ya había dado suficiente trabajo y hasta cansado a sus asistentes y amanuenses.

Se dice que su memoria y su inteligencia eran tan prodigiosas que podía dictar a dos y hasta tres secretarios al mismo tiempo y sin perder el hilo de sus ideas en cada caso. Su pasmosa productividad literaria y teológica no asombra simplemente por su magnitud, sino por la sólida madurez teológica que la caracteriza, por su gran calidad literaria, por la erudición bíblica y literaria que revela, por la profundidad de su pensamiento y por la belleza e inspiración espiritual que contiene. Y, por si todo esto no fuera suficiente para mantener ocupado a un ministro durante muchísimos años, el reformador se mantuvo activamente involucrado en una gran variedad de funciones y responsabilidades pastorales. Cada minuto de su apasionante e intensa vida ministerial Calvino lo pasó enteramente dedicado a las tareas propias de un disciplinado, santo, industrioso y fructífero siervo de Dios.

Por ejemplo, dedicó largas horas de estudio y planeación para organizar la estructura de trabajo de la iglesia de Ginebra. Hizo largos viajes a otras ciudades, a veces enfermo o convaleciente, para participar en alguna discusión teológica con otros reformadores o representantes del Emperador y del Papa. Por años estuvo enfrascado en constantes controversias con el partido de los libertinos en Ginebra. Dedicó mucho tiempo a discusiones y estudios con los concilios de la ciudad para promover un sinnúmero de proyectos municipales, sociales y comerciales de importancia vital para la ciudad (por ejemplo: un sistema de drenaje para ayudar al saneamiento de la población, creación de empresas fabriles e industriales con el fin de dar empleo a los pobres y a los numerosos inmigrantes y refugiados que mes tras mes llegaban a Ginebra). Además, participó activamente en la revisión y reformulación del sistema jurídico y legal de Ginebra y rediseñó y revitalizó el sistema de servicios comunitarios centrado en una institución ejemplar dirigida por los diáconos de la iglesia: el Hospital de Ginebra (que proveía alojamiento, alimentación, asistencia médica, capacitación para el trabajo y otros servicios a miles de ciudadanos pobres e inmigrantes empobrecidos). También fundó la Academia de Ginebra y enseñó regularmente en ella. Esta institución fue una pieza educativa vital en la obra reformadora (hoy se conoce como la Universidad de Ginebra). Estas, y muchas tareas más, absorbieron el tiempo, la mente y las energías del joven pastor. En fin, que el ministerio de Calvino en Ginebra nunca fue aburrido, y ni siquiera tuvo momentos de ocio o tranquilidad.

Aunque su vida fue una constante sucesión de labores educativas, teológicas y pastorales, es posible identificar las siguientes etapas en el desarrollo de la vida de Calvino una vez en Ginebra:

1. Primera estancia en Ginebra (1536-1538)
2. Expulsión de Ginebra y estancia en Estrasburgo (1538-1541)
3. Regreso a Ginebra y período de lucha (1541-1559)
4. Triunfo definitivo de la Reforma calviniana en Ginebra (1559-1664)

Calvino y la ciudad de Ginebra

Con excepción de los tres años que Calvino vivió en Estrasburgo (abril de 1538 a septiembre de 1541) después de haber sido injusta e ingratamente expulsado de Ginebra, posteriormente todo su ministerio se llevó a cabo en esta última ciudad suiza. Ginebra fue el escenario donde el joven ministro francés realizó la mayor parte de su ministerio. Sin embargo, después de haberse esforzado para ayudar a cientos de refugiados de todas partes de Europa para alcanzar el *status* y la ciudadanía ginebrina, y después de haber servido leal, entusiasta y provechosamente a la ciudad por más de veinte años, Calvino solamente recibió su ciudadanía cinco años (1559) antes de su muerte.

De hecho, Calvino se dedicó sin descanso a llevar a cabo el ambicioso plan de transformar a Ginebra en una auténtica expresión del cristianismo reformado. Para él, así como para todos los reformadores, la reforma protestante significaba «la reforma de todas las cosas bajo la Palabra de Dios». No se trataba de hacer que el pueblo abrazara un simple cambio de opiniones religiosas, de que pasara de un credo a otro, de que cambiara una institución religiosa por otra diferente, o de una modificación más o menos teórica de doctrinas y definiciones teológicas. Más bien se trataba de comprometerse en serio con el reino de Dios y, por lo tanto, con la transformación radical de la iglesia, el mundo personal y social de cada ciudadano, y de la sociedad en general. Esto solamente se lograría mediante la fidelidad a la Palabra de Dios y la adopción de estilos y estructuras de vida comunitaria que fueran adecuados para dar expresión a las demandas prácticas del evangelio. Junto con el conocimiento profundo y experimental de la verdadera fe bíblica revelada por Dios en Jesucristo y, con la práctica sincera, piadosa y disciplinada de las obligaciones específicamente religiosas, la reforma implicaba la adopción de un estilo de vida, conducta y hábitos cotidianos que encarnaran la justicia humana exigida por la Palabra de Dios. Desde la perspectiva reformada –basada en la justificación por la gracia mediante la fe en Jesucristo– la vida cristiana consistía en poner en práctica la santificación de los creyentes (hombres y mujeres) en todas las áreas y esferas de la vida (personal, familiar, social y colectiva) de la comunidad que ha sido impactada por el poder regenerador de Jesucristo. «Justificados para la justicia» podría ser un buen resumen doctrinal de la perspectiva cristiana práctica que Calvino desarrolló en Ginebra.

En ese tiempo, la pequeña pero bella ciudad que se convertiría en el centro vital y expresión ejemplar de la Reforma en toda Europa, más o menos tenía doce mil habitantes. Aunque Ginebra estaba formalmente bajo el dominio de la casa de los duques de Savoya, en la práctica había sido dejada en mano del obispo local debido a la oposición vigorosa y beligerante de los ciudadanos. Sin embargo, incluso se rebelaron en contra del obispo hasta prácticamente alcanzar su independencia junto con otros trece cantones suizos. Desde las «Franquicias» logradas frente a los duques de Savoya en 1387, los ginebrinos habían obtenido una cierta medida de independencia y habían adoptado un régimen democrático donde cuatro síndicos, elegidos por el pueblo, se encargaban de juzgar los asuntos laicos. Después de sangrientas batallas, a partir de 1519 gradualmente se liberaron del régimen feudal. Con sus ejércitos, el duque Carlos III retomó la ciudad por la fuerza en 1525, pero ese mismo año tuvo que abandonarla. Luego vino la liberación del poder episcopal, pues el Obispo Pedro de la Baume, de mala reputación, huyó de la ciudad en 1527. Con ayuda militar proporcionada por el Duque, el Obispo volvió en 1533, pero se vio obligado a retirarse una vez más a los pocos meses. A partir de octubre de 1534, los síndicos declararon vacante el obispado.

Una vez libre, la ciudad de Ginebra, fue gobernada democráticamente por una serie de concejos. Los cuatro síndicos, con sus cuatro antecesores inmediatos, el tesorero de la ciudad, y otros dieciséis ciudadanos constituían el Pequeño Concejo, encargado de los asuntos rutinarios normales. Luego venía el Concejo de los Sesenta que apoyaba al anterior. En 1527 se instituyó el Concejo de los Doscientos, que gradualmente fue adquiriendo más importancia y más poder. Finalmente estaba el Concejo General o Comuna, que era la asamblea de todos los ciudadanos, que era convocada cuando debían tomarse decisiones que afectarían a todo el pueblo. Estos órganos de gobierno, de manera gradual y ascendente, finalmente fueron los que se encargaron de establecer la Reforma en Ginebra como fruto del trabajo de predicación –a veces clandestina, pero siempre agresiva y eficaz– que desde 1532 venían llevando a cabo Guillermo Farel, Antonio Saunier, Pedro Viret y Antonio Fromment.

Luego de una serie de violentas confrontaciones de los patriotas ginebrinos con las fuerzas armadas del Obispo, se convocó a un debate público para resolver la cuestión. Los predicadores protestantes prevalecieron sobre dos frailes católicos que respondieron a la invitación. Tras la abrumadora victoria de los predicadores protestantes, con gran entusiasmo todo el pueblo llevó a Farel hasta la Iglesia de San Pedro, donde el domingo 8 de agosto de 1535 predicó el primer sermón protestante que se escuchó en esa gran iglesia. A este hecho le siguió un edicto oficial, del 27 del mismo mes, donde se estableció que la religión de Roma dejaba de ser la de Ginebra y se prohibía la celebración de la misa. Se removieron las estatuas y altares del templo, un monasterio se dedicó para albergar la escuela pública a la que todos los niños y las niñas debían de asistir, y otro convento se dedicó a alojar las dependencias y servicios del hospital. Fue cuando el duque Carlos III decidió retomar el poder por la fuerza y sitió la ciudad para atacarla una vez más. Pero, aprovechando la campaña del Duque en Ginebra, el rey Francisco I de Francia atacó y tomó las principales fortalezas y territorios Carlos. La ciudad de Berna, aliada protestante de Ginebra en la lucha por la libertad, también envió a sus ejércitos en auxilio de Ginebra, obligando al duque a retirarse para siempre.

En opinión de Farel, a la decisión del Pequeño Concejo y del Concejo de los Doscientos para adoptar la fe reformada, le faltaba la decisión del Concejo General. Así que se convocó a la asamblea el domingo 21 de mayo de 1536. Ese día, en la Iglesia de San Pedro, levantando en alto sus manos los ciudadanos de Ginebra solemnemente prometieron vivir de acuerdo con la Palabra de Dios y abandonar la idolatría. Así fue como se introdujo la Reforma en Ginebra que acompañó a la lucha del pueblo por una sociedad libre del yugo impuesto por la nobleza y la alta jerarquía eclesiástica. Ahora, el desafío consistía en implantar práctica y efectivamente ese nuevo régimen de vida anunciado por el evangelio. Sin embargo, el valiente y vigoroso evangelista-polemista Guillermo Farel no se creía capaz de tan formidable tarea. Por eso fue a buscar al delgado jovencito de penetrante mirada, mente lúcida, ideales humanistas y personalidad introvertida que se albergaba por una sola noche en una posada ginebrina.

Cuando Calvino asumió sus primeras labores a principios de septiembre de 1536 como «Profesor de Letras Sagradas», se encontró con unos pocos oyentes que acudieron a San Pedro para escuchar sus primeras conferencias sobre las Epístolas de San Pablo. El Concejo de la ciudad lo había nombrado para este oficio, aunque se olvidaron de proveerle un salario durante los primeros seis meses de su labor. Si bien la fama del predicador empezó a atraer a un auditorio cada vez mayor, Calvino estaba triste y enfadado porque los ginebrinos muy pronto se olvidaron del solemne juramento que habían hecho al abrazar la Reforma, y habían vuelto a los antiguos vicios que había abandonado durante sus días de lucha contra el duque. Una vez más, las tabernas estaban repletas de parroquianos; por las calles se podía ver a los borrachines tambaleándose al caminar; por doquier se oía el ruidoso vocerío de los antros de vicio donde los apostadores jugaban a los dados y las cartas; los hombres se jactaban de sus adulterios y presumían de sus amantes o de sus encuentros con prostitutas; la vestimenta tanto de hombres como de mujeres, a Calvino le parecía inmoral y ofensiva; en las plazas se alzaban tablados donde el baile público se extendía por largas temporadas; la mendicidad y la miseria volvieron a ser parte del espectáculo ginebrino tal como acontecía en plena era medieval. ¡Y quienes practicaban este estilo de vida eran los mismos habitantes de una ciudad que había levantado sus manos para declararse en favor del protestantismo! ¿Acaso esto era vivir de acuerdo con la Palabra de Dios? No para Calvino y Farel.

El nuevo centro vital de la Ginebra reformada

Como lo veremos con más detalle, para Juan Calvino la vida de la iglesia gira en torno de la presencia de Cristo que se expresa eficazmente mediante la fiel predicación de la Palabra y la recta administración de los Sacramentos, y que ocurren en el contexto de la vida disciplinada de la comunidad de fe. Con este sencillo, pero importante principio, Calvino y sus colegas reformadores se entregaron al desafío de hacerlo una realidad práctica en la vida de la bella pero desordenada ciudad. Ya con anterioridad, Farel había promovido varias iniciativas para la transformación de la ciudad y, junto con el Concejo, había procedido a implementar algunas normas y prácticas tendientes a mejorar el ambiente moral del pueblo. Sin embargo, y no obstante su buena intención, Ginebra ya tenía un largo historial de intentos legislativos y reglamentaciones jurídicas que habían resultado ineficaces para disciplinar a la población. El problema parecía estar en el hecho de que los miembros del Concejo no estaban muy dispuestos a hacer obedecer las normas que ellos mismos aprobaban. Una tras otra, las medidas habían fracasado debido a la indolencia de las autoridades, al carácter rebelde e indisciplinado de los ginebrinos, al poder de los mercaderes que se beneficiaban directamente de la situación y al clima general de decadencia en la vida urbana que, a finales de la Edad Media, prevalecía en todas partes como resultado de la negligencia civil y la corrupción al interior de la iglesia y la aristocracia.

Contando ahora con Calvino –quien fue plenamente admitido a la Compañía de los Pastores de Ginebra a principios de 1537– los ministros de la iglesia se dedicaron a una predicación y enseñanza constante de la Palabra de Dios en las tres iglesias de la ciudad. Juan atendería la predicación dominical en San Pedro, Farel en San Gervasio y Ellie Corault (el santo anciano que ministraba con ellos a pesar de estar ciego) en la iglesia de La Riva. Además, se rotarían para la predicación diaria en cada una de las iglesias, de modo que los tres ministros predicarían en todas ellas. A fin de hacer más efectivo el fruto de la predicación, y bajo la convicción de que para contrarrestar el pecado no eran suficientes las leyes y los reglamentos civiles, presentaron al Pequeño Concejo de la Ciudad su plan para llevar a cabo la reforma evangélica. Es decir, era necesario establecer efectivamente el señorío de Cristo y su Palabra. Para ello había que dar forma concreta y práctica a la mera decisión abstracta del Concejo General de Ciudadanos de vivir de acuerdo con la Palabra de Dios y abandonar la idolatría. Así pues, los pastores propusieron los «Artículos Relativos a la Organización de la Iglesia y la Adoración en Ginebra», que muy probablemente fueron redactados por Calvino. En su parte inicial el documento decía:

> Muy honorables señores: es bien cierto que ninguna iglesia puede considerarse bien ordenada y regulada a menos que en ella el pueblo asista a menudo a la celebración de la Santa Cena de nuestro Señor —y esto con tan buena disciplina que ninguna persona se atreva a tomarla sino santamente y con singular reverencia. Y por esta razón se hace necesario implantar la disciplina de la excomunión a fin de mantener a la Iglesia en su integridad, ya que por medio de ella puede corregirse a aquellas personas que no están dispuestas a gobernarse amorosamente por sí mismas y en obediencia a la Santa Palabra de Dios.

Este fue el elemento principal para la radical transformación que experimentó la ingobernable ciudad a lo largo de las dos siguientes décadas bajo el impulso de Calvino y sus compañeros de ministerio. El centro vital de la ciudad lo constituiría la reverente participación en los beneficios de Jesucristo comunicados mediante la Palabra proclamada (recibida con humildad y obediencia), y la frecuente y santa participación en el Sacramento de la Comunión. Esto significaba colocar a Jesucristo como Señor soberano en el corazón de una piadosa comunidad entregada a la glorificación del nombre de Dios en el poder del Espíritu Santo. Pero Calvino sabía muy bien que –como la carne es débil aun en el caso de creyentes sinceros– se requería de ciertos apoyos, incentivos y estímulos (incluso negativos) que debían incorporarse a la disciplina de la vida cristiana para auxiliar a los hombres y mujeres creyentes en su camino de fe.

Por lo tanto, y como la administración de la Cena del Señor debía protegerse contra toda profanación y contaminación, Calvino no vaciló en demandar que la iglesia tuviera la autoridad para excomulgar a las personas visiblemente obstinadas en el pecado, escandalosas, rebeldes e impías y que pretendían ser cristianas sin comprometerse en serio con Jesucristo. Dado que la población entera de la ciudad era parte de la iglesia, entonces automáticamente todos los habitantes de Ginebra quedaban bajo la ministración pastoral que les ayudaría a corregir sus vidas y crecer en la gracia del Señor Jesucristo. Así pues, de cierta manera la motivación para la disciplina calviniana no se debe descubrir en las premisas de cierto legalismo ético y bíblico, sino en el sentido de «lo Santo», y en la reverencia hacia el sacramento como lugar de encuentro con Cristo y con su pueblo, y del pueblo como un cuerpo unido en el Señor.

Para practicar este tipo de disciplina, Calvino recomendó nombrar a «ciertas personas de buena vida y reputación entre los fieles» (es decir, personas maduras, estables e incorruptibles) que pudieran vigilar la conducta de la gente en cada barrio o sector de la ciudad. Estos supervisores podrían informar a los ministros de los casos que ameritaban admonición pastoral, y para que se procurara el arrepentimiento y la corrección de estos ofensores. A pesar de esto, la iglesia podría excluir de la comunión de creyentes a quienes permanecieran en su desobediencia y pecado. Asimismo, se hizo necesario exigir un compromiso concreto de parte de cada miembro, y esto se lograría mediante una confesión de fe que serviría de vínculo entre los fieles quienes debían formar una sola iglesia. Por lo tanto, de entre sus miembros, la iglesia debería nombrar a personas que, junto con los ministros, examinarían doctrinalmente a cada habitante/feligrés.

Calvino también reintrodujo el canto congregacional de los salmos en la iglesia, después de muchos siglos de destierro. Esto, con el fin de que, como dice el apóstol Pablo, los cristianos y cristianas pudieran edificarse y elevar sus corazones a Dios mediante el poder de la alabanza. La educación de los niños y niñas también recibió especial atención. Para ello se usó un catecismo que sería utilizado para la instrucción en los hogares y los pastores hicieran el examen. También se elaborarían algunas instrucciones y reglas respecto al matrimonio de acuerdo a la Palabra de Dios. Con todo esto se esperaba establecer las bases para la reforma del corazón de una ciudad que anhelaba pasar de las tinieblas a la clara luz del evangelio.

Pero las cosas no resultarían tan fáciles. Establecer el señorío de Jesucristo en la ciudad tomaría muchos años, enormes esfuerzos, fuertes luchas, apasionadas controversias y aun violentas confrontaciones. El Pequeño Concejo y el Consejo de los Doscientos autorizaron el documento, pero en el fondo no mostraron mayor interés o determinación para hacerlo cumplir. Aunque, más al fondo, los motivaba una cierta renuencia a dejar en manos de los pastores la decisión sobre quiénes podrían participar de la comunión y quiénes no. Tradicionalmente, los asuntos respecto a la reglamentación de la moral pública y la decisión de castigar e incluso excomulgar a los ofensores había estado en manos del Concejo, así que los síndicos no estaban dispuestos a perder su incuestionable autoridad en este aspecto. Desde el punto de vista de los pastores, más bien con esto se trataba de hacer más eficaz el ejercicio pastoral para bien de la iglesia y la ciudad. El elemento aparentemente nuevo en esta propuesta consistió en asociar la restricción de la extravagancia privada y la inmoralidad con la dignidad para acercarse a la mesa del Señor, y en mantener esta función bajo la custodia y discernimiento de los ministros para así hacer efectiva la reforma del pueblo. Pero los magistrados tenían temor de que los pastores asumieran un poder que ya había probado ser muy peligroso en las manos del Papa. Aunque ahora bajo el manto e influencia de los pastores, los concejales no estaban dispuestos a permitir que el mismo tipo de opresión papal resurgiera en Ginebra e interfiriera con las libertades que tanto les habían costado ganar.

El asunto de la excomunión fue creando más y más controversia y oposición. Sin embargo, Calvino ya estaba trabajando en los aspectos educativos y doctrinales entre el pueblo. Así, a principios de 1537 publicó su *Instrucción en la fe*, pequeño pero magistral resumen de las principales enseñanzas de la *Institución* adaptado a los lectores laicos. Junto con esta obra también publicó su *Confesión de fe de la Iglesia de Ginebra* a la que todos los habitantes debían adherirse con lealtad y entendimiento. El propósito de estas obras fue servir a la instrucción doctrinal del pueblo ginebrino y para que hubiera una base para la unidad de la fe en la iglesia y la corrección moral de la población. Con estos dos breves recursos el pueblo recibió un tesoro de instrucción acerca tanto de la fe como de la vida cristiana.

Fundamentadas en la afirmación de que la fe se sustentaría exclusivamente en las Escrituras, estas obras exponen lo que la Palabra enseña respecto a Dios, Jesucristo, la ley, la salvación, la gracia, la oración, los sacramentos, la Iglesia, la excomunión, el ministerio, el gobierno y otros asuntos doctrinales. Mientras que en la iglesia medieval la membresía en la iglesia se basaba en el hecho de que la persona había sido bautizada en su infancia, Calvino pretendió hacer de la iglesia una comunidad confesional, es decir, que la membresía se basara en un examen de la fe y las creencias confesadas de todo corazón en obediencia a Dios y su Palabra. Incluso el reformador estuvo inclinado a invocar la pena de la pérdida de la ciudadanía para quienes no pasaran por esta prueba ante los pastores y ancianos de la iglesia.

Tras ejercer fuerte presión sobre el Pequeño Concejo para lograr que se pusiera en marcha el plan, y la presión del Pequeño Concejo hacia los ciudadanos (que se negaron a seguir la línea confesional), finalmente el 4 de enero de 1538, el Concejo de los Doscientos prohibió a los ministros excluir a cualquier persona de la Comunión. En las elecciones de febrero de ese año, los síndicos favorables a Calvino fueron expulsados del Pequeño Concejo bajo pretextos elegítimos. En su lugar fueron instalados síndicos que se oponían a Calvino, y de esta forma el Pequeño Concejo impuso a los pastores algunas ceremonias que demandaba el Concejo de la Ciudad de Berna (su aliada protestante), que seguía realizando algunas celebraciones tradicionales. Los pastores protestaron contra esta intromisión del gobierno civil en los asuntos de la iglesia y solicitaron que se llevara a cabo un sínodo de todas las iglesias evangélicas para decidir estos asuntos. Como los magistrados rechazaron esa solicitud, los pastores también se negaron a obedecer las instrucciones que les habían girado, y la tensión creció.

El sábado anterior al Domingo de Resurrección, el predicador ciego Corault fue arrestado y puesto en prisión por predicar en contra de las medidas tomadas por el concejo. Esa misma noche, Calvino y Farel cruzaron entre la multitud enardecida que los escupía y los acosaba a la entrada de la cámara del concejo para exigir la inmediata liberación del siervo de Dios. Los dos ministros rechazaron firmemente el arreglo indigno que les ofrecieron los síndicos y salieron del recinto para enfrentar una vez más a la multitud que los agredía y amenazaba con ahogarlos en el río. Esa noche fue horrible para los dos pastores, porque fueron acosados por un numeroso grupo de enemigos armados que entonaba canciones burlescas y sacrílegas en alta voz, golpeaba a su puerta a cada momento y lanzaba disparos bajo la ventana del cuarto donde Calvino se hospedaba. Más noche un emisario oficial llegó hasta ellos para comunicarles la decisión del concejo: deberían aceptar las ceremonias solicitadas por Berna o abstenerse de predicar al día siguiente. El domingo, ante una multitud hostil, los dos pastores se presentaron en sus respectivas iglesias para condenar valiente y ardientemente la horrenda conducta del pueblo y sus dirigentes, y se negaron a administrar la Cena del Señor para no profanarla debido a esas indignas condiciones. Una vez más los síndicos se reunieron, y el Concejo de los Doscientos sesionó el lunes temprano, y tomaron una decisión: los predicadores tendrían tres días para abandonar la ciudad.

Calvino en Estrasburgo

Tras la larga e infructuosa lucha de más de veinte meses para implantar efectivamente la Reforma, el 25 de abril de 1538 los tres pastores abandonaron Ginebra. Dos de ellos nunca regresarían. Luego de varios incidentes Calvino y Farel llegaron a Basilea a fines de mayo. Corault había decidido permanecer con amigos en un pequeño pueblo llamado Orbe. En julio, Calvino visitó brevemente la ciudad de Estrasburgo que lo invitó para ser pastor de los refugiados franceses. Sin embargo, esta vez el joven ministro albergaba profundas y bien fundadas dudas sobre la conveniencia de volver a tomar otro pastorado. No estaba listo para ello. De vuelta en Basilea, y ya sin la compañía de sus compañeros de lucha (Farel había aceptado la invitación para ir a ministrar a Neuchâtel), Calvino dedicó tiempo a esperar que Dios le mostrara su voluntad, aunque él anhelaba, y quizá más ahora que antes, dedicarse al estudio.

Martín Bucero, el reformador de Estrasburgo (ciudad libre alemana considerada como la Antioquía de la Reforma), continuó haciendo esfuerzos para convencer a Calvino de ir a esa ciudad. Luego, a sus súplicas agregó amenazadoras palabras, llamando a Calvino «siervo rebelde» a quien Dios sabría encontrar como encontró a Jonás. La represión surtió efecto. A principios de septiembre Calvino estaba de regreso en Estrasburgo, humilde, listo para servir. Si algo lo caracterizaba era su absoluta obediencia al llamado de Dios, cuya gloria estaba antes que sus preferencias personales. Además, en las admoniciones de sus consiervos había aprendido a escuchar la voz de Dios mismo. Así pues, el domingo 8 de septiembre estaba en el púlpito en la Iglesia de San Nicolás, cerca de la muralla sur de la ciudad de Estrasburgo, frente a una congregación de entusiastas refugiados franceses que anhelaban adorar a Dios fielmente conforme a su conciencia evangélica y que eran conocedores del rigor de la persecución religiosa en su país.

¡Qué diferencia! El predicador despreciado por Ginebra ahora sería el pastor de una iglesia ordenada, gozosa, santa, en una ciudad pacífica donde él podía transitar tranquilamente para llevar a cabo su ministerio sin temor de ser asaltado por una turba incivilizada y enfurecida. Calvino sirvió con gozo a esta congregación que estimaba y apreciaba su predicación, sus visitas a los hogares, su enseñanza, la administración de los sacramentos y su liderazgo en general. Los refugiados franceses se gozaban en la alabanza y habían estado cantando entusiastamente los Salmos por más de diez años. Esto animo bastante a Calvino, quien en 1539 publicó un pequeño himnario con dieciocho Salmos y el Credo Apostólico musicalizados. Él mismo había escrito el texto de algunos de estos Salmos. El resto era obra de Clemente Marot, el poeta que Calvino había conocido en la Corte de Ferrara en 1536. En la primavera de 1539, la ordenada congregación votó a favor de poner en uso un sistema de disciplina similar al de las otras iglesias de Estrasburgo, pero diseñado por Calvino.

El ministerio de Juan Calvino en estos años incluyó su nombramiento como «conferencista en Sagrada Escritura» en el Gimnasio o Colegio General de Estrasburgo, y la responsabilidad de dar «conferencias públicas sobre la Biblia», como lo había hecho en Ginebra. Así que diariamente enseñaba, daba conferencias o predicaba sobre la Biblia. También se dedicó a escribir, y en ese mismo año publicó una segunda edición en latín, y mucho más extensa que la primera, de la *Institución*. También la tradujo y publicó en francés con tan gran éxito y calidad, que le ha ganado a Calvino la reputación de ser el padre del idioma francés moderno (tal como se considera a Lutero el padre del alemán moderno por su traducción de la Biblia a esa lengua). En octubre de 1539 apareció su *Comentario a la Carta a los Romanos*, que contenía las conferencias públicas que había dado sobre este libro. Esta también ha sido considerada como una de las mejores obras de Calvino. A estas obras, le siguió un pequeño libro sobre el significado y la forma del culto, que incluía liturgias para la celebración de la Santa Cena y una forma sencilla para el matrimonio.

Además de esas obras, durante este período Calvino también publicó un valioso recurso sobre liturgia: *La forma de las oraciones y la manera de ministrar el sacramento de acuerdo a la usanza de la iglesia antigua*. En este manual recogió y comentó el orden de culto que Calvino seguía dominicalmente en su congregación de refugiados franceses en Estrasburgo. También incluyó el orden del culto para la celebración de matrimonios preparado por Farel, y algunas instrucciones para la visitación de los enfermos. En 1540 publicó su *Pequeño tratado sobre la Santa Cena de nuestro Señor*, de carácter instructivo y donde lúcida y sencillamente se expone la doctrina de la Eucaristía. Al final de esa obra, Calvino discute de manera conciliatoria las diferencias entre los zwinglianos y los luteranos tratando de lograr un entendimiento entre ellos. Cuando, años más tarde Lutero leyó la traducción de este librito al latín, se dice que comentó: «Yo debí haberle encargado [a Calvino] todo el asunto de esta controversia desde el principio. Si mis opositores hubieran hecho lo mismo, nos hubiéramos reconciliado bien pronto.»[1]

Otra importante obra que Calvino escribió en Estrasburgo fue la *Respuesta al cardenal Sadoleto*, que comentaremos en la segunda parte de este libro. Por ahora baste relatar las circunstancias que le dieron origen. Aprovechando que Calvino, Farel y Corault fueron expulsados de Ginebra, la Iglesia Católica trató de recuperar a los ginebrinos y volverlos a su rebaño. El papa Pablo III deseaba ver al obispo Pierre de la Baume restaurado en su sede. Para ello encargó al cardenal Jacobo Sadoleto, un destacado líder del partido reformista entre la jerarquía romana, que escribiera una carta a los magistrados de Ginebra conminándolos a buscar la unidad con Roma. Para responder a la misiva del cardenal, irónicamente los magistrados ginebrinos recurrieron, aunque por recomendación de los magistrados de Berna, ¡nada menos que al pastor que habían rechazado apenas un año atrás! Inesperadamente para Sadoleto, Calvino respondió con este brillante y magistral documento que solamente le tomó seis días escribir, el 1 de septiembre de 1539.

Así como fue feliz y fructífero su ministerio en Estrasburgo, también estuvo lleno de tristezas y limitaciones. Calvino se vio constantemente sumido en una gran pobreza. Aunque fue nombrado como ministro y conferenciante en Sagrada Escritura por parte del concejo de la ciudad, este cuerpo, al igual que el de Ginebra, se había olvidado de fijarle y proporcionarle un salario. Cuando después de muchos meses lo hizo, le ofreció un florín mensual, cantidad ridículamente insuficiente para las necesidades más elementales del atareado ministro y profesor. Por ello, Calvino estaba constantemente endeudado para solventar sus necesidades básicas y las de muchas personas, especialmente refugiados sin sustento, que solicitaban su ayuda material. Tenía deudas pendientes con el dueño de la posada donde se había hospedado en Basilea, con Farel, con el impresor de sus libros y con Luis de Tillet, su querido amigo y compañero de viajes. Para sobrevivir, había tenido que eliminar la compra de medicamentos para sus constantes enfermedades, limitar al mínimo sus alimentos, gastos básicos y, además, se vio forzado a vender poco a poco su biblioteca personal. Después de residir unos meses en casa de Bucero, Calvino rentó una casa donde, para ayudarse en su sostén, hospedaba a jóvenes estudiantes a cambio de modestas sumas de dinero. Lamentablemente, en muchas ocasiones los estudiantes desaparecían sin pagar sus cuentas; y para colmo de males, la dama encargada del servicio tenía un genio imposible y hacía de la vida de los que ahí moraban un verdadero tormento que irritaba constantemente al joven ministro.

Durante estos años, lo que más afectó el espíritu del reformador fueron las noticias de la muerte de su estimado compañero, el ciego y anciano ministro Corault. Los rumores decían que fue envenenado cuando ejercía como ministro de la iglesia reformada en el pueblito de Orbe. A estas desagradables nuevas se agregaron las de la muerte de Roberto Olivetán, el querido primo de quien Calvino había oído las verdades de la Reforma durante sus días de humanista en París. Sobre la muerte de Olivetán también corrían rumores de un envenenamiento criminal. Todo esto sumió a Juan en un período de profunda aflicción que revelaba el lado tierno y sensible de su personalidad. No obstante estos quebrantamientos, Calvino mantuvo su ritmo de fiel labor pastoral entre los refugiados franceses, así como su fructífero ejercicio teológico produciendo valiosísima literatura para la explicación, defensa y celebración de la fe evangélica en la que encontró consuelo y fortaleza.

En esos años, igual de consolador fue su matrimonio con Idelette de Bure, una viuda de su congregación con la que contrajo nupcias en agosto de 1540. Lamentablemente, el gozo y la bienaventuranza de esta unión se vieron afectados por el hecho de que, tanto Idelette como Juan, sufrían de mala salud. Finalmente, un poco antes de cumplir nueve años de matrimonio, ella sucumbió a sus males y fue llamada a la presencia de Dios en abril de 1549.

Mientras Calvino llevaba a cabo su feliz ministerio en Estrasburgo, la situación social, política y religiosa de Ginebra había empeorado gravemente. Incapaces de resolver los problemas, los magistrados optaron por invitar a Calvino para que regresara a Ginebra. Se enviaron varias comunicaciones con este propósito y en dos ocasiones enviaron comitivas para entrevistarse con él (incluso lo siguieron hasta Worms, en Alemania, donde Calvino asistía a una de las conferencias convocadas por el Emperador para pacificar a los diferentes bandos religiosos). La idea de retornar a Ginebra era algo menos que aborrecible para Calvino. Le provocaba un gran terror, y por largo tiempo se mostró indispuesto a aceptar la invitación.

No obstante, también lo acosaba el temor de desobedecer a Dios que iba aparejado a un sentido de obligación para con esa ciudad e iglesia. Y si bien los miembros de la iglesia en Estrasburgo insistían en retenerlo, Calvino siempre estaba dispuesto a someterse al señorío de Cristo. Los principales líderes de la Reforma coincidían en que era muy importante que Calvino volviera a Ginebra, y así llegaron a manos del reformador múltiples recomendaciones y aun ruegos de comunidades y amigos en Suiza que le urgían a regresar. Incluso Martín Bucero, el veterano pastor de Estrasburgo bajo cuya supervisión Calvino ministraba, estuvo dispuesto a dejarlo ir, aunque sólo fuera por un corto tiempo. El 13 de septiembre de 1541 una vez más Calvino fue recibido con gran aclamación en Ginebra, y para ya nunca abandonar esa ciudad.

Confrontando la oposición

Sin embargo, la tarea que le esperaba al reformador no sería ni fácil ni atractiva. Y, francamente, Calvino la enfrentó con gran zozobra, en medio de muchas lágrimas y sin grandes esperanzas. Sólo lo impulsaban una inquebrantable determinación de hacer la voluntad de su Señor a toda costa, y el anhelo de ver brillar la gloria de Dios entre los rudos y licenciosos ginebrinos. Esa férrea valentía, venida desde fuera de su débil y tímida apariencia, lo mantuvo firme y resuelto en las numerosas iniciativas ministeriales y en el disciplinado régimen pastoral fundamental que, a lo largo de los últimos dieciocho años de su labor terrena, harían de Ginebra una ciudad completamente diferente. En efecto, cuando el vigoroso predicador Juan Knox vino de Escocia para estudiar con Calvino, quedó maravillado por la transformación que vio en la ciudad. A finales de 1556, envió este testimonio sobre la Reforma en Ginebra a una amiga suya en Inglaterra:

> Ni temo ni me avergüenzo al afirmar que es la más perfecta escuela de Cristo que ha existido sobre la tierra desde los días de los apóstoles. Confieso que en otros lugares Cristo es predicado verdaderamente; pero costumbres y religión tan sinceramente reformadas no he visto jamás en parte alguna[2].

Existen muchos testimonios semejantes, de personas de diversos países, sobre la tremenda influencia que tuvo la Reforma en Ginebra. La tarea, sin embargo, requirió una lucha prolongada y dolorosa. Una descripción como la de Knox sólo pudo haberse hecho después de 1555. Antes de esa fecha, los conflictos fueron innumerables, severos, continuos, e incluso vergonzosos. La batalla por la Reforma en Ginebra no concluyó en 1536 los ciudadanos prometieron adorar a Dios a la manera protestante. En realidad apenas había comenzado. Ahora, cinco años más tarde (1541) y después de la expulsión de Calvino, así como de su ahora necesario regreso, apenas se comenzaban a entender las verdaderas implicaciones y demandas de la Reforma.

El nuevo estilo de vida y los sacrificios que se exigirían para establecerlo, no serían aceptados dócilmente por miles de personas superficialmente contentas con el status quo. Sólo los espíritus más sensibles percibían el verdadero sentido de la Reforma y estaban dispuestos a proceder para su plena instauración. Calvino tuvo que confrontar una recia oposición y recibiría constantes insultos, amenazas, juicios y acusaciones desgastantes que hubo de resolver en medio de un apretado horario de trabajo y de otras muchas e importantes responsabilidades pastorales, literarias y teológicas. Entre 1541 y 1555 Calvino no conoció un momento de paz y sosiego. Tan pronto como inició sus acciones reformadoras no sólo surgió la oposición de los enemigos declarados, evidentes ya desde antes de su expulsión, y cuyos intereses económicos afectaría de lleno la Reforma; sino hasta de personas neutrales o síndicos indolentes sin celo por ver el Reino de Dios activo en su comunidad. Así que lo que más destaca en estos catorce años iniciales de su ministerio son las interminables contiendas con toda suerte de personas, y fuerzas sociales, políticas y morales adversas a la reforma evangélica.

Su plan fundamental de acción lo plasmó en un documento que tituló: *Ordenanzas eclesiásticas de la Iglesia de Ginebra,* que elaboró en compañía de sus compañeros ministros y algunos representantes del Concejo, y presentó ante las autoridades de los diferentes cuerpos gobernantes. Este documento fue adoptado por el Concejo General el 20 de noviembre de 1541. En esta obra fundamental de organización religiosa (que estudiaremos con más detalle), se trazan las pautas de la estructura misionera de la iglesia de acuerdo con la enseñanza del Nuevo Testamento. Lo que destacaremos aquí –y que constituyó el inicio de las hostilidades– es el patrón de disciplina que se esperaba establecer para toda la población con la ayuda de las autoridades civiles. Para entender esto es necesario recordar lo que dijimos antes respecto a la co-extensión entre la comunidad cristiana y la comunidad civil, así pues, todo habitante ginebrino era, *ipso facto,* parte de la iglesia y, por tanto, sujeto a la disciplina eclesiástica. Para Calvino, la Reforma incluía la transformación total de la vida en conformidad con el patrón divino estipulado en las Escrituras y experimentado sobre la base de la sumisión agradecida, gozosa y obediente a los reclamos soberanos de Dios sobre la vida de su pueblo.

Sin embargo, tratar de promover y establecer una vida ordenada, recta, santa, disciplinada en una población sin educación religiosa ni moral, esencialmente paganizada e indisciplinada, no fue tarea grata ni para el pueblo al que se pretendía corregir ni para la persona o personas que tratarían de implementarla. Catorce largos años costó a Calvino y al consistorio de la iglesia, así como a los distintos concejos civiles, derribar los obstáculos que se oponían vehementemente a la «reforma» de la ciudad para ajustarla a las demandas de la Palabra de Dios. Entre las propuestas de las *Ordenanzas*, los ancianos de la iglesia, especialmente quienes también formaban parte del Pequeño Concejo, realizarían el papel de supervisores de la conducta del pueblo. Animados por el celo calviniano, estos austeros oficiales vigilarían cada aspecto de la vida moral de los habitantes. Los «delincuentes» que faltaran a la disciplina eclesiástica serían llevados a juicio y corrección por los magistrados a petición de los ancianos. Así que el brazo civil con su poder coercitivo se encargaría de implantar el orden moral decretado por el brazo religioso. Entre las ofensas perseguidas se encontraban: la falta de asistencia a los cultos dominicales, el comportamiento irreverente durante los servicios religiosos, evitar participar en la Santa Cena, el uso de lenguaje obsceno, la vagancia, la ociosidad, las riñas, la violencia conyugal, el adulterio, la embriaguez, los juegos de azar, las apuestas, el baile considerado como lascivo, los excesos de lujo en el vestido, etc., etc. Los castigos incluidos en la «corrección fraternal» iban desde la simple «admonición» hasta la imposición de multas y encarcelamientos y otros actos de humillación pública.

Por supuesto, este tipo de disciplina se ganó el repudio del populacho rebelde y de ciudadanos pudientes que lucraban con el negocio de las tabernas, los prostíbulos, los lugares de apuestas, los juegos de azar o los centros de diversión y espectáculos frívolos, porque sus negocios fueron estrictamente reglamentados y limitados o totalmente eliminados. El llamado «partido libertino», que atrajo y agremió a muchos de los afectados por estas medidas, capitalizó este descontento y dirigió su influencia y su poder político en contra de Calvino durante estos tormentosos años de lucha sin cuartel contra las medidas prácticas de la Reforma. Por ejemplo, entre quienes se levantaron contra Calvino estaba Pierre Ameaux, un fabricante de barajas para juegos de azar, que fue disciplinado por impugnar las enseñanzas del pastor. Ameaux buscaba divorciarse de su esposa, quien abiertamente defendía y practicaba el amor libre. Calvino vaciló sobre ese divorcio y el asunto se convirtió en ocasión de agitación política contra su ministerio. En otra ocasión, un acaudalado ciudadano llamado François Favre fue acusado de inmoralidad y excluido de la Comunión, algo que, volvió a encender el fuego de los ataques políticos. Franchequine, la hija de Favre, estaba casada con un destacado ciudadano y principal y permanente enemigo de Calvino, Ami Perrin. La pareja fue procesada por haber bailado en una boda, fue encarcelada y luego puesta en libertad. Otros dos miembros de la familia fueron igualmente sometidos a disciplina.

Situaciones como estas generaban reacciones que fácilmente enardecían los ánimos de ciertos sectores encumbrados que usaban su influencia política para oponerse al reformador y su labor moralizadora. Pero, de la misma forma, también provocaba reacciones populares de enconada oposición contra Calvino, los otros pastores y contra el consistorio de la iglesia, de modo que la permanencia del estricto predicador en Ginebra nunca fue enteramente segura durante ese tiempo. Cada nuevo caso se trataba de aprovechar para debilitar el apoyo de los síndicos a Calvino. E incluso se llegó a extremos, como en el caso de Jacques Gruet, otro miembro del partido de los libertinos, que fue procesado por blasfemia al hacer escarnio de las leyes humanas y de la divina, y defender un estilo licencioso de vida y conducta. Cuando el Concejo lo encontró culpable de blasfemia, lo condenó a muerte y Calvino estuvo de acuerdo.

Otro incidente que avivó la oposición a la política eclesiástica ginebrina surgió cuando la Venerable Compañía de los Pastores de Ginebra se negó a admitir la solicitud de Sebastián Castelio para ejercer el ministerio en 1542. Castelio era un notable humanista católico que profesó el protestantismo por algún tiempo y dirigió la escuela pública de Ginebra. Molesto por el rechazo, que se debió a diferencias doctrinales, este caballero desató una campaña de oposición contra de Calvino. La fundamentación intelectual de su campaña quedó plasmada en su interesante libro *Si han de ser perseguidos los herejes,* que fue dirigido contra el reformador y publicado hasta 1554.

El mismo Concejo de los Doscientos se vio en dificultades para seguir apoyando a Calvino cuando una turba organizó un amenazador tumulto contra sus miembros reunidos en sesión en 1547. Más tarde, en julio de 1548, Philibert Berthelier y Pierre Vandel organizaron un partido de oposición que abiertamente combatía las leyes y normas que había implantado el nuevo régimen en la ciudad y buscaba la remoción de Calvino del pastorado de la iglesia. Para entonces, la seguridad personal del reformador estaba fuertemente amenazada, pues ya no contaba con un bloque compacto de apoyo. Así pues, era dudosa su permanencia en el ministerio en la ciudad, ya que el partido de los libertinos y demás opositores habían venido obteniendo más puestos en los diferentes cuerpos de gobierno, incluyendo el Pequeño Concejo que supervisaba los nombramientos pastorales.

Este fue el tiempo del famoso caso del español Miguel Servet (o Serveto), que en 1531 había escrito una obra titulada *Sobre los errores de la Trinidad* en que propalaba ideas heréticas, vino a determinar el futuro político de Ginebra y su proyecto de reforma. Servet proporcionó el pretexto perfecto para la agitación política ya que se había refugiado en Ginebra huyendo de la persecución y pena de muerte dictada en su contra por la Iglesia Católica. Una vez allí, intentó diseminar sus ideas y atacó públicamente a Calvino escribiendo una obra en su contra (*Christianisimi restitutio, 1553,* título que iba en contra de la *Institutio* de Calvino). Los enemigos locales del reformador no tenían el menor interés en la ortodoxia de Servet o de Calvino, ni en la discusión teológica acerca de la doctrina de la Trinidad, que era el foco del debate. Lo que querían era aprovechar la ocasión para socavar la autoridad y posición del pastor y eliminarlo de la escena ginebrina.

Sin embargo, la condena de Server, seguida de su espantosa y reprochable ejecución el 27 de octubre de 1553, irónicamente terminó reforzando y consolidando la posición y la obra de Calvino. El Concejo de Ginebra, aunque originalmente dividido por la labor de Ami Perrin, por la evidencia del caso y por la urgencia de seguir el consejo de los magistrados de Zurich, Berna, Basilea y Schaffhausen, y de otros reformadores y líderes protestantes importantes, se vio forzado a proclamar la condena de Serveto. Así pues, y en contra de la interposición de la moción de inocencia solicitada por Perrin, el Concejo sentenció a Serveto. Como resultado colateral de todo este proceso se dio un giro de proporciones históricas en la política interna de la ciudad que terminó definitivamente con la influencia y el programa del partido libertino (porque se expulsó a los perrinistas que permanecieron luego que su líder huyera de la ciudad para refugiarse en Berna).

A lo largo de esta agobiadora serie de luchas políticas y eclesiásticas, Calvino no cedió en el ritmo de su disciplinada labor pastoral y literaria. En medio de pleitos, amenazas y tensiones destructivas continuó predicando regularmente con extraordinaria elocuencia y erudición, mantuvo su apretada agenda de conferencias, clases y cursos bíblicos diarios, sostuvo el indispensable ministerio de visitación a sus feligreses y los enfermos, dirigió a los pastores de Ginebra en la intensa labor de administración y cuidado pastoral de una membresía de más de 12 mil almas, se mantuvo activo compartiendo en las conferencias teológicas internacionales y en las controversias doctrinales de la época, persistió en su programa de reforma con iniciativas pastorales (que iban desde la promoción de apoyos financieros para crear industrias productivas a fin de proveer empleo a los ciudadanos y la creciente población de inmigrantes y refugiados protestantes de todas partes de Europa, hasta las propuestas para construir sistemas de drenaje y recursos de sanidad para la población). Tampoco disminuyó el caudal de su correspondencia personal. Además, continuó escribiendo y publicando los libros que han edificado, iluminado, inspirado e instruido en el conocimiento de la Palabra de Dios y la fe de la iglesia cristiana. Para 1551, Calvino ya había publicado sus influyentes comentarios sobre todos los libros del Nuevo Testamento con la excepción del Apocalipsis (y que nunca llegó a comentar). Para todo esto sacó fuerzas de debilidad, se mantuvo firme en batallas y se sostuvo como viendo al Invisible, de quien recibió la gracia y la energía que requiere un siervo de Dios.

Una rica y bella cosecha

Después de la derrota del partido libertino y del éxodo de los perrinistas, las luchas y tensiones políticas contra Calvino terminaron. Aunque no faltaron escaramuzas ocasionales y casos discutidos que despertaban las pasiones populares contra las medidas del Concilio y los pastores, Ginebra entró en un período de paz y transformación definitiva bajo la influencia y el liderazgo espiritual de Calvino. La ciudad vio florecer el fruto de la Reforma en su mejor expresión. La predicación del evangelio en toda su pureza y poder regenerador, acompañada de la disciplina eclesiástica efectiva, fueron fuente de abundantes iniciativas pastorales que hicieron de Ginebra la ciudad modelo de toda Europa. En ella se plasmó el caso típico de lo que significaba conocer, adorar y servir a Dios de acuerdo con su Palabra al estilo promovido por la Reforma. Todas las esferas de la vida pública y privada de la comunidad ginebrina quedaron sujetas al Señorío de Cristo.

Claro está que los procesos de transformación y promoción humanas en la historia no pueden llegar a ser perfectos dentro de un mundo caído. El mismo Calvino experimentó muy de cercana la fuerza desmoralizante del pecado, ya que tanto la esposa de su hermano Roberto como su propia hija adoptiva fueron juzgadas acusadas de adulterio. Sin embargo, una vez que la reforma protestante plantó su pie firmemente en territorio ginebrino, se inició uno de los más exitosos momentos de cambio histórico para un pueblo en busca de identidad, liberación, transformación y proyecto de vida.

La virtud del liderazgo y el ministerio calviniano consiste en el establecimiento claro del sentido y dirección del cambio histórico que más convenía a una ciudad cristiana que se había pronunciado por la Reforma. El sentido estaba determinado por la Palabra divina revelada en la Escritura, y consistía en reformar todas las cosas conforme a esta Palabra. La dirección consistía en reclamar cada área de la experiencia humana para someterla a la soberanía divina. La implantación de estos principios rectores en una ciudad medieval de tamaño limitado (con una población de doce mil habitantes originales al tiempo de adoptar la Reforma), incrementada luego por el arribo de otros cinco mil refugiados de otros países europeos, resultó ser una misión lenta y complicada que, aunque nunca llegó a ser perfecta, sí dejó bien claro el sentido de su dirección y sus dimensiones. Este perfil general de una vida armoniosa, constructiva y ordenada, vivida en el temor de Dios y consagrada a su gloria y alabanza, fue el que le valió a Ginebra la reputación como la más perfecta escuela de Cristo, y que llegó a tener hacia la última parte del ministerio de Calvino. La construcción de este tipo de ciudad constituyó el objeto de su ministerio como siervo de Dios.

Hasta el fin de sus días, Calvino continuó su apretado horario de predicación, enseñanza, pastoreo, establecimiento y administración de la Academia de Ginebra, escritura de sus numerosos y excelentes libros, supervisión de la educación pública, promoción de la salud del pueblo, revisión y recopilación de las leyes y normas jurídicas de Ginebra, promoción de industrias y empleos, entrevistas, audiencias y conferencias con síndicos y concilios de la ciudad para sugerir, proponer, y promover proyectos de utilidad para la comunidad, abogar en favor de causas y personas que requerían su patrocinio y su respetada voz ante las autoridades (por ejemplo, la promoción de los extranjeros refugiados a la ciudadanía). En fin, que su ministerio no conoció límites a la creatividad en respuesta a las múltiples necesidades de todos los estratos de la población y en todas las áreas de los servicios municipales. Para Calvino, la totalidad de la existencia tenía dimensiones teológicas y, por tanto, también implicaciones pastorales que la iglesia debía promover, defender o facilitar. Como resultado de su ministerio, todos los habitantes de Ginebra escuchaban la predicación de la Biblia tres veces a la semana, eran instruidos en la Palabra mediante una instrucción que antecedió a lo que ahora es la «Escuela Dominical», desde la infancia aprendieron a conocer la doctrina y recitar de memoria el catecismo, cantar los salmos con regocijo y leer las Escrituras con entendimiento, participar regular y provechosamente del sacramento de la eucaristía no sin antes ser examinados y aprobados para ello por los ancianos, y a esforzarse en vivir vidas rectas de trabajo productivo y disciplinado, honradez, fe y santidad como individuos, familias y comunidad en las diversas vocaciones diarias para la gloria de Dios. En su carácter colectivo, surgió una nueva generación de personas instruidas en la fe como posiblemente ninguna otra comunidad antes de ella.

La vida pública de la ciudad experimentó un cambio trascendental. Los antes incivilizados y alborotadores ginebrinos aprendieron a vivir ordenada y respetuosamente. Personas de diferentes nacionalidades, condiciones, cultura, ideología, idioma y posición social o económica aprendieron a convivir en armonía y aceptación mutua. Se formaron varias congregaciones para refugiados que no hablaban el francés, de modo que todas las personas pudieran adorar en su propio idioma, ministradas por dedicados pastores de su misma nacionalidad e idioma. Desapareció la mendicidad y la vagancia. Los pobres recibían servicios y alojamiento a través del «hospital» de Ginebra que proveía alojamiento, atención médica, alimentación, capacitación para el trabajo y empleos. La prostitución fue totalmente desterrada. Las tabernas y lugares de juego fueron severamente reducidos y reglamentados en sus horarios. Los trasnochadores y parranderos eran fuertemente amonestados o penalizados de modo que casi desapareció el vicio. Los padres tenían la obligación de llevar a sus hijas e hijos menores a la escuela pública donde eran instruidos por algunos de los más destacados educadores procedentes de toda Europa en un ambiente de orden, buena conducta y disciplina amorosa y firme. Las niñas y niños asistían diariamente para recibir instrucción en gramática francesa y latina y en ciencias, desde las seis de la mañana —siete en invierno— hasta las cuatro de la tarde. Fuertes dosis de lectura y composición capacitarían a esos niños y niñas para ser buenos creyentes y ciudadanos. Por ejemplo, en el tercer grado ya eran capaces de leer, entender e imitar a Virgilio, Ovidio y Cicerón, y estaban listos para iniciar la gramática griega, que incluía por lo menos dos horas de lectura pública de porciones del Nuevo Testamento en griego todos los sábados. La dialéctica y la retórica completaban los cursos más avanzados en el séptimo grado, junto con el arte de debatir y disputar en público en grupos de diez estudiantes.

Bajo iniciativa y planeamiento de Calvino, la Academia de Ginebra fue inaugurada formalmente en 1559 para canalizar a los más capaces. Con este paso se consolidó un programa que de hecho ya funcionaba desde antes, pero que a partir de esta fecha recibió todo el apoyo de síndicos, ciudadanos y pueblo en general. Aquí se continuaba la enseñanza con el fin de impulsar las disciplinas avanzadas principalmente en preparación para el ministerio, pero también para el ejercicio de las leyes, la medicina y otras profesiones. Teodoro de Beza, notable erudito en el Nuevo Testamento, fue nombrado rector de la Academia, donde enseñaba el mismo Calvino y otros eruditos de fama internacional, todo en un ambiente de sincera piedad y disciplina. Los ciudadanos más acaudalados, así como el pueblo menos favorecido, orgullosamente contribuyeron con entusiasmo, aunque en distinta proporción, para la construcción y mantenimiento de la Academia. El pueblo en general, se convirtió en un pueblo educado que, en todos los sectores, respondió al desafío e inspiración de los esfuerzos docentes impulsados por la Reforma. Un historiador ha sostenido que, con la Academia, Calvino aseguró el futuro de Ginebra, haciendo de ella una iglesia, una escuela y una fortaleza, todo al mismo tiempo.

El ingenio calviniano conjugó los esfuerzos de la iglesia y el estado en este monumental proyecto de transformación histórica. La iniciativa y el tesón del sabio y dedicado pastor lograron aglutinar y canalizar fuerzas, recursos y voluntades procedentes tanto del campo eclesiástico como del estatal en un intento para construir una sociedad sobre los ideales y principios del reino de Dios, una nación santa al servicio del soberano Dios que reveló su gracia redentora en Jesucristo. Entronizado como Señor de la ciudad y del corazón de sus habitantes, el poder de Jesucristo produjo este caudal de bendiciones celestiales teniendo como instrumento las formas y estructuras de vida cristiana planeadas por Calvino y los pastores y síndicos de Ginebra.

Una de esas estructuras fue la institución del diaconado de la iglesia, que se convirtió en promotora de un proyecto en el que los recursos económicos provenientes de las ofrendas del pueblo fueron agregados a las recaudaciones provenientes del estado, y así surgió un sistema de producción y distribución de riqueza que canalizó los recursos de acuerdo a un plan de privilegio para las gentes más pobres y necesitadas. Las personas indigentes, refugiadas, extranjeras e insolventes fueron quienes recibieron especial protección en la hospitalaria Ginebra de Calvino. La compasión diaconal y el amor pastoral dieron como resultado una sociedad que eliminó la miseria y los privilegios de clase que profundizaban las distancia socioeconómica. El proyecto se basó en una distribución más justa de los beneficios del trabajo y la producción de riqueza.

Lejos de ser el paraíso financiero de acaudalados banqueros, refugio de los inversionistas especuladores, los políticos corruptos, los lavadores de dinero, el sistema bancario de las mafias narcotraficantes, como ahora lo es, la Ginebra de mediados del siglo XVI fue un esfuerzo de gente principalmente pobre que no buscaba la riqueza material, sino el reino de Dios y su justicia, y que, como resultado de su mayordomía evangélica, superó la pobreza y generó un estilo superior de vida en una comunidad con gran sentido de solidaridad social. La reforma protestante en su versión calviniana constituyó el programa de un siervo de Dios que se consagró con todas sus fuerzas y talentos a la transformación evangélica total y radical de la sociedad para hacerla productora de vida, paz y esperanza para un pueblo sencillo, honesto, trabajador, industrioso, frugal y, sobre todo, creyente sincero y disciplinado del evangelio de la justificación para justicia. Para esa labor, Calvino vivió y murió pobre, dependiendo siempre de la gracia y el poder de su Señor a quien había ofrecido en sacrificio su corazón alegre y prontamente.

Cuando Calvino decidió volver a Ginebra en 1541, le confió por carta a su colega Farel que lo hacía más por un sentido de obligación que con alegría, así anticipando que sería una tarea ardua y desagradable. No obstante sus copiosas lágrimas, en aquella ocasión escribió algunas palabras que llegaron a ser la marca de su extraordinario ministerio y que de hecho fueron, con ligeras modificaciones, inscritas luego en su sello personal: «Cuando considero que me encuentro fuera de cuanto está bajo mi poder de decisión, ofrezco mi corazón en calidad de víctima inmolada como sacrificio al Señor . . . y entrego mi alma encadenada y sujeta en obediencia a Dios». Encerrada en estas palabras se encuentra la fuerza que motivó y caracterizó la gesta ministerial de este siervo de Dios.

---

[1]Citado por McNeil, *History and Character*, p. 153.
[2]Juan Knox, "Carta a Anna Locke", Diciembre, 1556. Citado por John T. McNeil, *The History and Character of Calvinism* (Oxford: Oxford University Press, Rústica, 1967), p. 178.

SEGUNDA PARTE

Un hombre con mentalidad teológica.
El pensamiento de Juan Calvino

. . . estoy persuadido de que la vocación de Calvino como reformador tuvo un significado positivo para la historia de la Iglesia. Primero que todo, en la medida en que representó un recordatorio y un testimonio viviente de la trascendencia de Dios, de la absoluta soberanía de la Palabra, del sacerdocio singular de Jesucristo y su lugar como el único Mediador, de la naturaleza del ministerio en cuanto servicio, de su relación cristocéntrica con los demás y del papel del laicado que se encuentra en el corazón de la idea del sacerdocio de todo el pueblo de Dios (para mencionar unos pocos de los más importantes ejemplos), introdujo y aun mantiene en el cristianismo un fermento alimentado por el Evangelio completo. En principio, nada impide que la Iglesia Católica Romana de hoy en día reconozca y asimile este fermento a fin de aprovecharlo en su propia, perpetua, y contemporánea reforma interna.

Finalmente, creo que incluso los aspectos del pensamiento de sus obras más tempranas que difieren más claramente de la tradición católica, son capaces de estimular la reflexión teológica cuya meta es lograr la mejor formulación posible de la verdad revelada.

Alexandre Ganoczy, *The Young Calvin*, trad. David Foxgrover y Wade Provo (Filadelfia: Westminster Press, 1987), pp. 311-312. Alexandre Ganoczy es un sacerdote católico que ha investigado con gran seriedad y simpatía críticas la obra de Calvino. Es profesor de teología sistemática en la Facultad Católica de la Universidad Julius-Maximillian de Würzburg, Alemania.

CAPÍTULO CINCO

La centralidad de la Escritura: Calvino como expositor bíblico[1]

Uno de los rasgos que han distinguido a los gigantes de la fe que hoy conocemos como los «padres de la Iglesia», es que su misma obra los presenta como serios conocedores y expositores de la Biblia. Esto no solamente incluye su fiel y efectiva predicación del evangelio de viva voz, sino también su contribución sustancial a la edificación del pueblo de Dios mediante la exposición de la Biblia en documentos que han vencido las limitaciones del tiempo y trascendido a su propia época.

Desde este punto de vista, Juan Calvino sobresale entre los grandes de la Iglesia de todos los tiempos. La pasión con que se consagró al estudio, obediencia y predicación de la Palabra ha sido pocas veces igualada. La excelencia, profundidad, seriedad y poder de su interpretación de las Sagradas Escrituras lo ubican como uno de los más destacados expositores que ha dado la iglesia. Los comentarios bíblicos del reformador francés se encuentran entre las obras clásicas cristianas más sobresalientes que todavía hoy permanecen como joyas magníficas de la exposición bíblica. Su monumental logro al comentar y publicar, con erudición inigualable, todos los libros del Nuevo Testamento, con excepción del Apocalipsis, y 1 y 2 Juan, además de un total de veintiocho libros del Antiguo Testamento, ha sido igualmente reconocido y celebrado por destacados historiadores, eruditos, exegetas y predicadores de nuestros tiempos. Por su magnitud, la labor exegética de Calvino sobresale entre toda su producción literaria y teológica. A ella dedicó su brillante talento, su elocuente pluma y su ardiente corazón con disciplinado empeño. Aunque es necesario decir que sus escritos de teología, controversia, liturgia o administración eclesiástica no brillan menos que sus comentarios. En el presente capítulo haremos un repaso muy ligero de su obra exegética.

«Había en mi corazón como un fuego ardiente metido en mis huesos»

La experiencia de Juan Calvino ilustra elocuentemente lo que aconteció en ese gran capítulo de la historia cristiana de la reforma del siglo dieciséis. Las palabras de Jeremías sobre la forma en que fue cautivado y seducido poderosa y contundentemente por el llamado divino («no obstante, había en mi corazón como un fuego ardiente metido en mis huesos; traté de sufrirlo, y no pude» Jer. 20:7-9), muy bien pueden caracterizar lo que sucedió durante toda esa época en el corazón de miles de creyentes. La Reforma se puede explicar como el momento en que la ardiente y portentosa Palabra divina conquistó el corazón de toda una generación de hambrientas almas que encontraron satisfacción, deleite y un sentido de vocación al alimentarse directamente de la Palabra de Dios.

Al igual que los caminantes de Emaús, Calvino y miles de peregrinos más en esa época, también marchaban hacia el crepúsculo de la Edad Media tardía que ya había perdido el lustre, la dirección, la ilusión, la esperanza y el vigor de su andar. Pero ,a su lado, iba ese anónimo Caminante que «abría las Escrituras» en los círculos humanistas que se reunían en los palacios, o en las conversaciones de la gente común en las plazas europeas, en las discusiones académicas universitarias con los eruditos más sobresalientes, en las conversaciones con humildes campesinos junto al fuego, o en las devociones y pasatiempos literarios de encumbrados aristócratas. El joven intelectual de Noyon, atraído por el brillo de las letras, también sintió arder su corazón mientras andaba ese trayecto del camino, aunque sus ojos todavía no habían sido abiertos. Pero, al igual que Lutero, Zwinglio, Melancton, Bullinger, Ecolampadio y muchos más, también Calvino lo llegó a conocer, y su corazón quedó atado para siempre al poder vivificante de la Escritura

Sagrada donde lo encontró. De ahí en adelante, su principal empeño consistió en proclamar, vivir y arrojar más luz sobre la Palabra divina mediante su infatigable y poderosa pluma.

Como ya hemos visto, el gusto por las letras y la vida intelectual llevó a Juan Calvino al estudio de las Escrituras cristianas como parte de esa gran corriente Humanista que por todos lados floreció en Europa. Sin embargo, el poder distintivo de la Palabra de Dios resonó en su alma mucho más poderosamente que las otras letras humanas. Cuando finalmente la luz del evangelio resplandeció en todo su esplendor ante sus ojos, entonces su corazón, su alma, su intelecto y hasta su pluma, quedaron cautivas por y consagradas a la apasionada tarea de exponer su mensaje de vida y salvación al mundo entero. Esta pasión ardiente metida en sus huesos lo ocuparían por el resto de su vida, le robaría cuantiosas horas a su sueño, le daría un punto de concentración a su empeño pastoral y le proporcionaría el vigor necesario para resistir toda suerte de tormentas ministeriales a lo largo de su tortuosa experiencia como «ministro de la Palabra de Dios».

Pasión, centro e inspiración de su vida multi-facética

Si consideramos las fechas en que Calvino publicó sus comentarios, notaremos que esta labor le llevó toda su vida de ministro activo. Al igual que el Esdras del Antiguo Testamento, Calvino también se «había dedicado por completo a estudiar la ley de Jehová, a ponerla por obra y a enseñar sus preceptos y normas» (Esd. 7:10). Esta misión, que le proporcionó el eje central a su carrera ministerial y le ayudó a mantener el rumbo de su vida, al mismo tiempo le sirvió como motor y timón que lo impulsó y sostuvo firme a través de las muchas tormentas de su tempestuoso ministerio y atribulada alma.

En el prefacio a su comentario sobre los Salmos, Calvino dio testimonio de cómo esta misión estuvo inseparablemente ligada a su experiencia como creyente: «Si la lectura de estos Comentarios míos confiere tanto beneficio a la Iglesia de Dios como el que yo mismo he cosechado para mi provecho de la composición de los mismos, no tendré ninguna razón para lamentar el haber emprendido esta labor». Esta confesión, en julio de 1557, la hizo durante los últimos años de su agobiante y angustiosa lucha contra los enemigos de la Reforma entre su propio rebaño de Ginebra. La exposición original de los Salmos a su congregación la hizo tres años antes de su publicación, es decir, cuando las aguas le habían llegado hasta el alma y sus pies no encontraban terreno firme que lo sostuvieran.

Su primer comentario bíblico –a la Carta a los Romanos– se publicó en 1539. Aunque fue el resultado de sus primeras conferencias y labores educativas en Ginebra, lo publicó estando en Estrasburgo. Esta obra vio la luz precisamente en medio de una de las primeras, más punzantes y dolorosas crisis de su vida: su expulsión de Ginebra, que fue el resultado de la oposición del partido libertino a su predicación y ministerio. ¿Cómo enfrentó, este afligido principiante en el ministerio, el tremendo fracaso en su primer llamamiento pastoral? Aunque sin siquiera insinuar que sea de carácter autobiográfico, algo se puede deducir por la forma en que comenta la enseñanza del apóstol en Romanos 5:3ss:

> Al decir que los santos se glorían en las tribulaciones, no debe entenderse como si ellos no temieran o no evitaran las adversidades, ni tampoco como si no experimentaran aflicción debido a la amargura que producen cuando suceden (pues no existe la paciencia cuando no hay un sentido de amargura); pero como en su dolencia y sufrimiento no permanecen sin gran consolación, ya que consideran que cualesquiera que sean sus penas éstas les son dispensadas para su bien por la mano de su amorosísimo Padre, se dice muy correctamente que ellos se glorían; porque siempre que se promueve la salvación, no se carece de razón para gloriarse.
>
> Aquí se nos enseña, entonces, cuál es el designio de nuestras tribulaciones, si es que hemos de probar que somos verdaderos hijos de Dios. Éstas deben ejercitarnos para la paciencia, y si no responden a este fin, la obra del Señor resulta en vano y sin fruto debido a nuestra corrupción; pues ¿cómo demuestra Él que las adversidades no pueden impedir que los fieles se gloríen, si no es que por medio de su paciencia al soportarlas ellos experimentan el auxilio de Dios que les nutre y confirma su esperanza? Así pues, quienes no aprenden paciencia, ciertamente no alcanzan un buen crecimiento. [. . . .]

Este no es el efecto natural de la tribulación, pues vemos que una gran proporción de la humanidad se ve instigada por ella a murmurar contra Dios y aun a maldecir su nombre. Pero cuando esa docilidad interior que nos es infundida por el Espíritu de Dios y la consolación que nos es conferida por el mismo Espíritu triunfan sobre nuestra terquedad, entonces las tribulaciones se convierten en medios para generar paciencia, ¡sí! esas mismas tribulaciones que en los obstinados no pueden producir otra cosa que indignación y rabioso descontento[2].

Más tarde, Calvino vuelve al mismo tema cuando comenta Romanos 8:28ss, aunque aquí lo hace mezclando explicaciones de carácter lingüístico:

El apóstol ahora llega a esta conclusión basado en lo que ha dicho anteriormente, que los problemas de esta vida están tan lejos de impedir nuestra salvación, que, por el contrario, son ayudas para ella. Y no es objeción el señalar que emplea una partícula ilativa, ya que no es cosa rara para el apóstol hacer uso un tanto indiscriminado de los adverbios; y sin embargo esta conclusión incluye lo que podría anticipar una objeción. Porque el juicio de la carne en este caso exclama que no parece de ninguna manera que Dios escucha nuestras plegarias, ya que nuestras aflicciones continúan torturándonos. De ahí que el apóstol se anticipe a esto y diga que, aunque Dios no socorra a su pueblo de inmediato, no obstante no lo abandona jamás, pues por medio de un maravilloso artificio él transforma esas cosas que parecen ser males, de tal manera que promueven su salvación.

Su comentario al libro de Josué, que salió en 1565, fue publicado por sus amigos y estudiantes casi un año después de su muerte (quienes temían que algún plagiario lo fuera a publicar bajo su nombre, según corrían rumores). Así pues, hasta en su mismo lecho de muerte Calvino enfrentó problemas y adversarios gratuitos. Incluso durante los meses finales que lo mantuvieron recluido por la enfermedad que lo llevó a la muerte el 27 de mayo de 1564, Calvino continuó trabajando en la publicación de sus comentarios auxiliado por su secretario, Nicholas des Gallards, el impresor Jean Crispin y otros tres jóvenes colegas del reformador. Entre todos habían desarrollado un método para escribir, comparar, revisar y corregir los sermones y conferencias de Calvino en la iglesia de San

Pedro y en la Academia, que constituyeron la base de sus últimos comentarios.

De 1560 a 1563, Calvino dictó sus conferencias en la Academia sobre Jeremías y Lamentaciones; y de 1563 a 1564, hasta que ya no tuvo otro remedio que permanecer en cama, sobre los primeros veinte capítulos de Ezequiel. Entre febrero de 1561 y febrero de 1563, sus predicaciones a la iglesia en general se basaron en Jueces y en los dos libros de Samuel, y poco antes de morir sobre 1 Reyes de febrero de 1563 hasta febrero de 1564. Como conocedor y practicante de las bellas letras, Calvino se exigió altos niveles de calidad literaria y por eso prefirió no publicar sus conferencias o sermones, que eran más bien espontáneos, aunque fruto de un estudio serio y riguroso. Los muchos compromisos que tenía, y sus crecientes dolencias, le impedieron tomar el tiempo necesario para dedicarse a escribir con calma y precisión. Con todo y esto, sus comentarios eran ansiosamente esperados por impresores y lectores que de inmediato los publicaban, los distribuían extensamente y los usaban para su edificación y la predicación de la Palabra al pueblo.

Características de la exposición bíblica de Calvino

Los comentarios bíblicos del reformador constituyen joyas de instrucción para la vida de la iglesia. Todavía hoy permanecen como obras de gran valor para una mejor comprensión de las Escrituras a pesar de que fueron escritos cuando las ciencias bíblicas modernas apenas se estaban comenzando a desarrollar. Una de las ediciones de sus comentarios en inglés ocupa cuarenta y cinco volúmenes, treinta de ellos dedicados al Antiguo Testamento y quince al Nuevo (lamentablemente, en español yo solamente conozco tres de ellos: Romanos, Hebreos y las Cartas Pastorales).

Este notable varón de Dios dedicó su vasta educación de humanista, su extenso conocimiento de la obra de otros intérpretes de la Biblia, su erudición clásica y patrística, su intuición y experiencia de pastor, reformador y hombre de iglesia, su dominio de la exégesis y su sensibilidad espiritual para profundizar en la mentalidad bíblica y extraer e iluminar el significado de la Palabra de Dios para la edificación de la iglesia. En este sentido, tanto sus comentarios como sus sermones y de igual manera sus conferencias en la Academia de Ginebra mantienen un mismo propósito y un mismo estilo en general: son exposiciones continuas del texto bíblico versículo por versículo para exponer su verdad e instruir, consolar, exhortar y edificar a los creyentes con el mensaje de toda la Escritura.

Cuando Calvino exponía estos comentarios de viva voz en Ginebra, comenzaba con una breve oración que casi siempre era la misma. Luego, leía el texto en el idioma original y lo traducía al latín comparando su traducción con la Vulgata o con la traducción de Leo Jud. Para el Antiguo Testamento posiblemente contó con varias ediciones del texto hebreo además de la de Brescia (que también usó Lucero), como las de Soncino, Bomberg y las tres de Münster. Con frecuencia se refería a las controversias entre expertos respecto al origen de las raíces de los términos y sus significados, así como a las diferentes construcciones gramaticales.

Calvino mostró una gran sensibilidad para el estilo hebreo y lo usó con frecuencia como guía para la interpretación. Reconoció la importancia estructural del «paralelismo sinónimo» así como la superioridad –debido a su antigüedad y precisión– del texto masorético respecto al de la Vulgata o la Septuaginta. También usó el Tárgum, la obra de Teodocio y la de los padres de la iglesia. Para el Nuevo Testamento contó con el texto griego editado por Erasmo, pero también mencionó otros manuscritos tanto antiguos como recientes en su tiempo (a veces hace referencia a la traducción de Budé). Sin embargo, no dependió de ellos, y en ocasiones prefirió su propia traducción.

Además de su conocimiento bíblico, también usó sus conocimientos de la literatura clásica para hacer más claro el mensaje de la Escritura. En sus comentarios abundan las referencias y citas de los grandes escritores clásicos. Con frecuencia mencionó a Cicerón (tan sólo en su armonía del Pentateuco lo cita en dieciséis ocasiones), pero también a Horacio, Juvenal, Séneca, Terencio, Catón, Quintiliano, Virgilio, Plauto, Suetonio, Tácito, Livio y Plinio entre los latinos. Entre los autores griegos, con frecuencia se refirió a Homero, Eurípides, Jenofonte, Herodoto, Ovidio, Aristófanes, Epicuro, Plutarco, y Esopo; aunque también conoció muy bien y respetó a Platón y Aristóteles. Entre los juristas hizo mención de las leyes de Porcio, Flaviano, Sempronio y Valerio.

Por supuesto, quienes más contribuyeron a su propósito fueron los antiguos padres de la iglesia, a quienes comentó con gran despliegue de maestría. En su obra aparecen con más frecuencia citas de Agustín, Jerónimo y Crisóstomo. Pero también cita y comenta a Tertuliano, Cipriano, Ireneo, Orígenes, Cirilo de Jerusalén, Epifanio, Basilio, Gregorio Nazianceno, Hilario, Lactancio, Ambrosio y Eusebio, así como al papa León I, a Gregorio el Grande y Bernardo de Claraval. Todos ellos lo ayudaron a entender la Biblia, pero no interfirieron en su obra personal como exegeta, comentador e intérprete de igual calibre. Además de todo este caudal clásico, Calvino se mantuvo al día con lo más reciente de los escritos de sus colegas o de sus adversarios. Fue un profundo conocedor de los expositores de la Reforma: Lutero, Ecolampadio, Bucero, Melancton, Bullinger, cuyas obras agradece y critica al mismo tiempo. Pero también está al pendiente de los más recientes ataques de papistas, anabaptistas y de los escritos de comentaristas y rabinos judíos de la antigüedad y de su propia época.

Como ya explicamos, la exposición calviniana, si bien a veces es muy densa y erudita, en realidad fue dirigida al creyente común y su necesidad de instrucción y edificación en el conocimiento del evangelio y la vida de la fe. No se trata de una exégesis intelectualmente arrogante ni sobrecargada innecesariamente de rebuscamientos academicistas. Más bien, pretendía llegar al corazón y la voluntad de la persona piadosa y profesante de la fe reformada. Fue dirigida al hombre o mujer común y corriente que por cientos asistían a las iglesias donde predicaba el reformador, a los jovencitos de la escuela pública, o los candidatos al ministerio ávidos del conocimiento de la Escritura Santa y del sustento espiritual para sus corazones y mentes.

Entre los *principios* y *convicciones* que determinaron la interpretación y exposición de la Biblia en la obra calviniana, predominó su afirmación de que *Dios había hablado* a través de la boca de sus siervos los profetas. Es decir, en la Escritura nos enfrentábamos con la mismísima voz del Dios de los cielos, que con el impacto majestuoso de la gracia, llegaba a las mentes, corazones y voluntades de quienes la escuchaban, llamándolos a la fe y la obediencia. Calvino no tuvo un concepto de «inspiración mecánica», o una idea simplista de «inerrancia bíblica». Lo que sí manifestó fue un profundo y absoluto respeto, un temor reverente, por la viviente y poderosa

Palabra de Dios que lo alcanzó a él y que hoy nos habla igualmente en la Biblia. Para Calvino Dios fue el autor de toda la colección de los libros sagrados, sus siervos indudablemente habían hablado inspirados por el Espíritu Santo, y por eso la Biblia era digna de nuestra absoluta confianza. Además, esa Palabra llegaba a la conciencia humana con la autoridad misma del Dios que hablaba en ella.

Sin embargo, esta autoridad quedaba confirmada en los corazones en virtud del *testimonio interno del Espíritu Santo.* No se trataba de una autoridad automática, mágica, mecánica o inherente en la tinta, el papel o las palabras usadas en la Biblia. Más bien, esta provenía estrictamente del Espíritu Santo que la vivificaba y hacía brillar con esplendor divino y así la sellaba en nuestro corazón por su secreta acción y soberana influencia. Así como el sol, con todo su brillo, no podía tener algún efecto sobre el ciego, tampoco la Palabra podía entrar en nuestros ciegos corazones a menos que fuéramos auxiliados por la *iluminación del Espíritu Santo.* El mismo Espíritu que obró en los profetas la certeza de su vocación, también entraba en nuestros corazones, los tocaba vivamente y testificaba que Dios había usado el ministerio de sus siervos de la antigüedad para instruirnos. El oficio del Espíritu Santo consistía en confirmar dentro de nuestra alma lo que Dios había prometido en su Palabra, y así se obraba una correspondencia entre el Evangelio y nuestra fe que tiene el sello de un firme y estable consenso.

De esta manera, a nosotros nos correspondía abandonarnos a la *inspiración de la Escritura* (que es «la escuela del Espíritu Santo»), porque es de donde obtenemos un sentido de la grandeza y majestad de Dios, y somos instruidos en la piedad y el deleite de la adoración y la espiritualidad. Sin ser un místico que confundiera su propia vida interior con la vida divina, Calvino sí fue un expositor que se identificó profundamente con el sentido de unción y reverencia que brotan de la Biblia, fue un verdadero maestro de la vida interior y la devoción más rica y exaltada, pero sin llegar a una espiritualidad enfermiza, escapista y fantástica. En realidad, según Calvino, no podemos saber nada de Dios excepto por su Palabra, ni pensar nada con respecto a Dios sino mediante sus propias palabras, ni decir nada respecto a Dios a menos que sea por su Palabra.

Para lograr desentrañar la verdadera enseñanza, el recto sentido, el vivo poder y la exultante inspiración de las Escrituras, era necesario entregarse al *constante* y *disciplinado estudio de sus riquezas*. Por lo tanto, era necesario echar mano de las mejores herramientas y recursos que proveían la erudición y el estudio serio de la Biblia. Así pues, Calvino recurrió a la literatura clásica y la contribución de los antiguos padres de la iglesia con gran respeto, admiración y reflexión crítica. Además, su interpretación de las Escrituras revela una profunda unidad, afinidad y concordancia con sus colegas en la misión reformadora de la Iglesia. Su exposición se hallaba en perfecta línea con la de ellos, aunque no dudó en criticar, corregir y avanzar lo que otros habían dicho. En su exposición, el pastor de Ginebra intencionalmente evitó apartarse de lo que sus compañeros de lucha habían enseñado, así que sus comentarios no difieren en mucho de los de Melancton, Bucero o Bullinger; ya que, según su opinión, hacerlo disminuiría la majestad de la Palabra de Dios.

Así pues, junto con los demás reformadores, Calvino mantuvo ciertos principios básicos de interpretación y manejo del texto bíblico y reconoció que para alcanzar un recto entendimiento de las Escrituras era necesario conocer seriamente las *lenguas originales* en que se escribió la Biblia. También abrazó el principio de que *los pasajes más obscuros se interpretaban a la luz de los más claros,* y compartió la convicción de que la genuina enseñanza de la Biblia se daba en su «sentido natural», «histórico» o «gramatical». Calvino insistió bastante sobre esta área, y se distinguió de otros reformadores por su incomparable dominio de los mejores métodos humanistas y los valiosos recursos de la erudición literaria, filológica, histórica y exegética que manejaba. De ahí provino su fuerte rechazo a las interpretaciones alegóricas y místicas de los comentaristas escolásticos medievales, y su fuerte insistencia en que el fin de toda exégesis era rescatar la *intención del autor original* evidente en los recursos lingüísticos, gramaticales y semánticos del texto y su contexto histórico.

La referencia al *contexto histórico,* proporcionó al gran expositor francés uno de sus mejores recursos heurísticos. Con el uso de esta metodología histórica, sus comentarios constituyen el punto de partida de la tradición exegética normativa dentro del protestantismo. Es decir, el significado de un texto está inseparablemente ligado al momento histórico en que se produjo y en el que resonó originalmente. Los escritores bíblicos conocieron vivamente la situación histórica que los rodeaba, y su mensaje fue conformado por ella y en respuesta a ella. Dios hablaba a su corazón a través de las circunstancias reinantes y les daba la Palabra apropiada para interpretar el momento y para dirigir a su pueblo en dichas circunstancias. Por ello, para Calvino era indispensable conocer y determinar con exactitud esa circunstancia, pues ella contenía una importantísima clave para hallar el sentido exacto de la palabra bíblica que había sido transmitida. Aunque siempre debemos poner atención a esta pista interpretativa, Calvino enseñó que, en ocasiones, ella sola podría determinar el significado preciso de la configuración lingüística que la transmitió y, por tanto, era una pieza principal de la exposición bíblica.

La práctica exegética que conocemos como *método histórico-gramatical*, que se impuso en el campo protestante (y que permanece hasta nuestros días) como práctica establecida de exegetas y comentaristas, tiene sus orígenes en la obra de los reformadores, especialmente en la de Calvino y su monumental logro. Sin embargo, él mismo la aprendió del notable erudito italiano Lorenzo Valla, quien un siglo antes había demostrado que «La donación de Constantino» —el documento por medio del cual la iglesia justificaba su superioridad sobre los monarcas temporales y su posesión de riquezas y propiedades– en realidad era una falsificación espuria forjada en el siglo VIII. Con Calvino, la *crítica histórica* se hizo imprescindible para preservar la integridad del mensaje bíblico y la verdad al exponerla al pueblo.

Sin embargo, Calvino nunca concibió su labor como la de un erudito puramente humanista, crítico literario o historiador secular. Tampoco redujo su trabajo exegético al de un simple comentarista de cuestiones técnicas y detalles críticos, o de un mero buscador de contradicciones sensacionalistas o de errores históricos, lingüísticos o científicos en el texto bíblico. Más bien, por encima de los errores humanos, tan abundantes en la Biblia, siempre fijó su interés en el propósito del mensaje divino, y en percibir la voz de Dios que resonaba en el texto a pesar de los falibles instrumentos humanos. Su labor estaba determinada por la llamada *analogia fidei* («analogía de la fe», que se deriva de Romanos 12:6, donde se traduce como «medida de la fe»). Esta consistía en el esfuerzo sistemático y resuelto de exponer el texto siempre desde la actitud de la fe, según el ejemplo de ella, con la perspectiva del compromiso con la fe, hablando a partir de ella, bajo el poder de su autoridad como

Palabra de Dios, y para propiciar el surgimiento y efecto de la fe en quienes la escuchaban o leían. Como sabio ministro de la Palabra, Calvino sabía que la fe verdadera no se contenta con el conocimiento de la historia, más bien los datos o hechos históricos siempre eran re-enmarcados por el poder de la fe operado por el Espíritu Santo con el fin de edificar al pueblo de Dios.

Algunos ejemplos de sus comentarios

Para tener una idea más precisa de la forma en que fueron escritos los comentarios calvinianos, hemos elegido algunos pasajes representativos de entre sus exposiciones a los libros del Antiguo Testamento. Primero, de inmediato debemos notar el hecho de que, aunque Calvino dedicó un tomo entero para comentar el Génesis, integró en una exposición continua los últimos cuatro libros del Pentateuco. Es decir, no los expuso libro por libro separadamente. En esta armonía de Éxodo, Levítico, Números y Deuteronomio, de manera magistral logra proveer una visión de conjunto de la enseñanza de este período formativo tan importante del pueblo de Israel.

Desde el principio de sus comentarios, podemos observar el uso que hace de los términos hebreos para explicar el sentido del texto. Hablando sobre Gn. 1:1, Calvino comenta:

> Cuando Dios en el principio creó el cielo y la tierra, la tierra estaba vacía y desolada. Más aún, enseña por medio del uso de la palabra «creó», que lo que no existía anteriormente, ahora había llegado a existir; porque no ha usado el término יָצַר, (*yāṣar*) que significa moldear o formar, sino בְּרָא, (*bārā'*) que quiere decir crear. Por tanto, su significado es que el mundo fue hecho de la nada. Aquí se refuta la insensatez de quienes se imaginan que la materia informe existía desde la eternidad, y que no entienden otra cosa en el relato de Moisés, sino que el mundo fue dotado de nuevos ornamentos y que sólo recibió una forma de la que antes carecía. Ésta en verdad es una fábula que en el pasado era común entre paganos, los cuales recibieron solamente una oscura noción sobre la creación, y que, de acuerdo a su costumbre, adulteraron la verdad de Dios con extrañas imaginaciones. Pero que los cristianos se esfuercen (como lo hace Steuchus) en mantener este

craso error, es absurdo e intolerable. Por tanto, se debe mantener, en primer lugar, que el mundo no es eterno, sino que fue creado por Dios.

A pesar de que Calvino fue un expositor netamente cristocéntrico, sus críticos no dejaron de tacharlo de «judaizante» debido a la forma en que su respeto al Antiguo Testamento, y su conocimiento del idioma hebreo, lo llevaron a refutar algunas de las ideas favoritas de algunos comentaristas cristianos (como los de quienes tradicionalmente han visto en las palabras del Génesis una referencia a la Trinidad).

Al mismo tiempo, en la cita siguiente, advertimos cómo Calvino pasa de la filología a la teología patrística con igual facilidad para mostrar cómo se ha entendido la Escritura a lo largo de los siglos. Esta habilidad de conjuntar toda la gama de conocimientos bíblicos, científicos, históricos y teológicos de una forma lógica es uno de los rasgos eminentes del reformador. En su exposición de Génesis 1:1, vuelve a las palabras hebreas con que este libro se refiere a Dios. Así pues, con respecto al uso del término *Elohim*, Calvino comenta:

> *Dios.* Aquí Moisés usa *Elohim,* un sustantivo de número plural. De aquí se suele derivar la inferencia de que se trata de las tres personas de la Divinidad; pero como prueba de un asunto de suma importancia, a mí me parece que el argumento tiene muy poca solidez, por lo que no insistiré en esta palabra, sino más bien para prevenir a los lectores a fin de que se cuiden de este tipo de glosas [explicaciones] violentas. Creen ellos que aquí tienen testimonio contra los arrianos para probar la Deidad del Hijo y del Espíritu; pero al hacerlo, caen en el error de Sabelio, porque Moisés añade más adelante que el *Elohim* ha hablado y que el *Espíritu de Elohim* se movía sobre las aguas. Si supusiéramos que aquí se denotan tres personas, no habría ninguna distinción entre ellas, ya que de acuerdo con ese argumento se seguiría tanto que el Hijo es engendrado por sí mismo, como que el Espíritu no proviene del Padre, sino de sí mismo. Para mí es suficiente que el plural expresa esos poderes que Dios ejerció al crear el mundo. . . . Pero tales absurdos, a los que he aludido, nos impelen a distorsionar con nuestra sutileza, aplicándolos a las Personas de la Deidad separadamente, lo que Moisés simplemente declara respecto de Dios mismo. Esto, sin embargo, considero que está fuera

de toda controversia cuando atendemos a las circunstancias particulares del pasaje mismo: que aquí se le adjudica a Dios un título expresivo de ese poder que de alguna manera ya estaba previamente incluido en su eterna esencia.

De paso, debemos notar que, además de traer a colación las controversias trinitarias del siglo IV a fin de exponer más claramente el significado del pasaje, Calvino razona con perfecta lógica escolástica ateniéndose a la estructura lingüística del pasaje. Y así, con argumentos estrictamente consistentes y robustamente construidos, refuta las interpretaciones erróneas de la Escritura.

En otras ocasiones, la exposición calviniana del Génesis combina interesantes explicaciones filológicas y lexicográficas sobre los idiomas originales de la Biblia con sólidos argumentos doctrinales de carácter eminentemente evangélico. Para ello recurre a otro gran principio de interpretación bíblica: *que los textos oscuros se interpretan a la luz de los textos más claros dentro de las Escrituras.*

Este es el caso de la historia de Caín y Abel que desemboca en el rechazo de la ofrenda del primero, la aceptación de la ofrenda del segundo, y el trágico desenlace de este relato. Aquí, Calvino primero reflexionó sobre el sentido en que se había entendido la partícula hebrea con que Eva describió el nacimiento de Caín en Gn. 4:1. Es decir, que la frase אֶת־יְהוָה (*et YHWH*) era susceptible de varias interpretaciones (como sucede entre nosotros hoy día; por ejemplo, en la versión *Reina-Valera 1909* se traduce «por Jehová», en tanto que la *Reina-Valera 1995* dice «por voluntad de Jehová»; en la versión *Dios Habla Hoy* dice: «El Señor me lo ha dado», y en la *Nueva Versión Internacional* dice «¡Con la ayuda del Señor!»). Calvino mencionó varias formas de traducir el pasaje: 1) «con el Señor», esto es, «por la bondad o el favor del Señor», y para ello encontró apoyo en el Salmo 127:3 donde se afirma que el fruto del vientre es don del Señor; 2) «del Señor», que significaba lo mismo que la anterior; y 3) también está la traducción de San Jerónimo que con igual fuerza decía: «por medio del Señor». Calvino dijo que estas tres convergían en este punto: que Eva daba gracias a Dios por haber comenzado a levantar una posteridad por medio suyo, aunque ella sólo merecía perpetua esterilidad e incluso total destrucción. Calvino reconoció que, con gran sutileza, otros traducían «He obtenido el hombre del Señor», como si Eva entendiese que ya poseía al conquistador de la serpiente que le fue divinamente prometido.

Calvino dijo que todas estas variaciones en la interpretación eran aceptables pero que, para él, el sentido genuino era: «que mientras que Eva se congratula por el nacimiento de un hijo, lo ofrece a Dios como las primicias de su raza. Por lo tanto, creo que debiera ser traducido 'he obtenido un hombre de parte del Señor', algo que se aproxima más cercanamente a la frase hebrea».

Luego, Calvino continuó su exposición indicando cómo el nombre de Caín se deriva de la misma frase de Eva: קָנִיתִי (*kānîtî*), «He adquirido» un varón. Y aunque no se hizo lo mismo con el nombre de Abel (הֶבֶל, *hebel* = vanidad), esto no significaba, como algunos explicaban absurdamente, que Eva lo hiciera por contención, pensando que esta simiente sería superflua y casi inútil. Más bien, explicó Calvino, debemos inferir que al llamar Caín a su primogénito así expresó el gozo que súbitamente la sobrecogió y celebró la gracia de Dios, mientras que en Abel ella quiso recordar las miserias de la raza humana. Así, con el nombre de su segundo hijo, Eva nos dejaría como «un monumento a su dolor», un «espejo» en el que su descendencia vería una especie de exhortación acerca de la «*vanidad* del hombre».

Cuando más adelante en el relato del Génesis se nos enseña que Caín y Abel trajeron ofrenda a Jehová, Calvino también reconoció que la palabra מִנְחָה (*minḥāh*) propiamente significa *don* y se aplica ampliamente a todo tipo de oblaciones no necesariamente cruentas (que exigían el derramamiento de sangre). Sin embargo, esto no quiere decir que a Caín y Abel les faltara conocimiento de la idea de los sacrificios cruentos, pues seguramente habían sido instruidos por su padre Adán al respecto, porque —dice Calvino– el mandamiento respecto al sacrificio:

> «fue dado a los padres desde el principio. Primero , a fin de hacer que el ejercicio de la piedad fuese común a todos, procurando que profesaran ser ellos mismos propiedad de Dios, y que reconocieran que todo cuanto poseían lo han recibido de él; y en segundo lugar, con el propósito de amonestarlos respecto a la necesidad de hacer alguna expiación con miras a su reconciliación con Dios».

Así pues, para Calvino, la Escritura desde el principio enseña que, cuando alguien ofrenda algo de su propiedad, hay «una solemne acción de gracias» que testifica que todo lo que se posee «se le debe a Dios». Pero el sacrificio de animales contiene algo más: quien ofrenda «debe tener ante sus ojos la muerte» y sin embargo creer que «Dios le es propicio».

Calvino luego hace notar que el relato sobre la ofrenda de Abel se formula más bien en términos de que Dios primero tuvo en cuenta a la persona que ofrendaba, y no el acto de ofrendar. Aquí recurre al testimonio de otras partes de la Escritura, como 1 Samuel 16:7, donde se afirma que el ser humano mira las apariencias, pero Dios mira el corazón. De modo que el Señor estima las obras de sus hijas e hijos en cuanto a obras que proceden del corazón. De ahí que también Dios rechaza y aun aborrece los sacrificios de los malvados, por más espléndidos que parezcan a los ojos humanos. Por esa razón Isaías 1:15 recoge vivamente el repudio a las grandes ceremonias religiosas que los judíos dedicaban a Dios mientras que sus manos estaban «llenas de sangre».

Otro pasaje que Calvino mencionó para explicar la razón por la que Dios rechazó la ofrenda de Caín es el claro testimonio de Hebreos 11:4, donde se reveló que Abel ofreció un mejor sacrificio «por la fe»; y, a la luz del Nuevo Testamento, expuso el sentido de la antigua costumbre de lavarse las manos antes de los sacrificios. Pedro revela que los «corazones son purificados con la fe» (Hch. 15:9). Y, puesto que es obvio que la pureza de los patriarcas debió haber sido de la misma clase que la de los cristianos, el apóstol (así llama Calvino al escritor de Hebreos) infiere correctamente que la ofrenda de Abel fue, por la fe, más excelente que la de Caín. Con esta explicación, además, Calvino procedió a refutar uno de los puntos cruciales de la controversia sobre la teología católico-romana en torno al sentido de la fe, y afirmó que todas las obras que se hacían previas a la fe, sin importar el esplendor de justicia que parecieran tener, no eran más que pecados viciados desde su misma raíz.

Con este ejemplo, podemos ver la manera en que el gran expositor no solamente exploró el texto bíblico en su integridad lingüística, sino la Escritura toda junto con la teología de la iglesia, con el fin de edificar al pueblo con el evangelio vivo de Cristo. Y que incluso lo hizo a partir de textos veterotestamentarios que no parecían tener relación con el mensaje de la justificación por la fe. La centralidad de este controversial asunto para la fe reformada merece que citemos el párrafo extensamente:

Quisiera que, quienes se imaginan que los seres humanos movidos por su propio libre albedrío quedan en capacidad de recibir la gracia de Dios, reflexionaran sobre esto. De seguro ya no habría más controversia sobre la cuestión de si Dios justifica gratuitamente a los seres humanos, y esto por la fe. Porque esto debe recibirse como asunto concluido, que, en el juicio de Dios, no se concede ninguna validez a las obras sino hasta después que el ser humano ha sido recibido bajo el favor divino. Y otro punto parece ser igualmente cierto; puesto que todo el género humano es despreciable ante los ojos de Dios, no existe otra forma de reconciliación al favor divino que por medio de la fe. Más aún, puesto que la fe es un don gratuito de Dios, y una especial iluminación del Espíritu, entonces es fácil inferir que somos *prevenidos* [preparados o predispuestos para la posibilidad de creer] por esta misma gracia, tal como si nos hubiese resucitado de entre los muertos. En este mismo sentido Pedro afirma que es Dios quien purifica los corazones por la fe. Pues no habría concordancia entre el hecho y la declaración, a menos que Dios haya formado la fe en los corazones de los seres humanos de tal forma que verdaderamente se pueda decir que es un don de Dios.

Ya antes habíamos hecho referencia a los comentarios sobre los Salmos y cómo en su prefacio se encuentran los únicos pasajes de Calvino que se podrían considerar autobiográficos. En esa exposición se puede apreciar otro aspecto de la vida y la obra del reformador, y la forma en que su experiencia con la Biblia al mismo tiempo moldeó su atribulado pero indómito y sereno espíritu.

En el prefacio, Juan Calvino se identifica con David y afirma:

Pero, dado que la condición de David fue tal que, aunque merecía haber recibido el bien de parte de su propio pueblo, no obstante fue amargamente odiado por tantos y sin motivo alguno, tal como se queja en el Salmo 69:4: «He venido pues a pagar lo que no he tomado», me proporcionó un consuelo no pequeño cuando fui atacado, sin que para ello hubiera base, por el odio de aquellos que debieron haberme ayudado y confortado, al conformarme yo mismo al ejemplo de tan grande y excelente persona.

La profunda piedad y la genuina angustia del alma creyente que se respira en los Salmos no es menos evidente en la exposición del reformador y, por ello, en este comentario no solamente tenemos una evidencia de la rica espiritualidad del pastor ginebrino y su vigorizante y consoladora inmersión en las refrescantes corrientes de los Salmos. De hecho, también encontramos un enorme tesoro para la edificación, consolación y profundización de la fe de la «Iglesia de Dios». El reformador estimaba mucho los Salmos porque eran un «tesoro» de «espléndidas riquezas», al que, según leemos en su prefacio, él llamaba «Una anatomía de todas las partes del alma». En los Salmos, el Espíritu Santo despliega toda la gama de dolencias, pesares, temores, dudas, esperanzas, preocupaciones, perplejidades y demás emociones que agitan la mente y el alma, a fin de que ningún vicio quedara en secreto, y pudiera desterrarse esa «funesta infección» que es la hipocresía. Y, puesto que «invocar al Señor» es uno de los «principales medios» para alcanzar nuestra seguridad, los Salmos constituyen nada menos que la «mejor y más infalible regla para guiarnos en este ejercicio». Así pues, en la medida en que una persona adquiera habilidad para entender los Salmos también incrementará su conocimiento de *«la parte más importante de la doctrina celestial»*.

Según Calvino, la vida de la fe estaba inseparablemente unida al conocimiento de las Sagradas Escrituras, donde Dios había querido enseñarnos en qué consiste la piedad que en verdad le agrada. Al comentar el Salmo 1, reconoció que la bienaventuranza de la piedad bíblica no solamente procedía del temor de Dios, sino, de manera concreta, de la obediencia a la ley, ya que el salmo llama bienaventurados especialmente a quienes se dedican al «estudio de la ley», mostrando que «toda devoción nace del recto servicio al Señor». Pero no se trata de una obediencia «servil» o «forzada», ya que esto es inaceptable para Dios, «pues solamente son dichosos los estudiantes de la ley que vienen a ella con una mente gozosa y que se deleitan de tal manera con sus instrucciones, que consideran que no hay nada más deseable o deleitoso que progresar en este esfuerzo». Los hijos y las hijas de Dios florecen constantemente y rinden fruto maduro cuando son «regados por las secretas influencias de la gracia divina»; mientras que, por el contrario, los impíos son arrastrados por repentinas tempestades o consumidos por candente calor, de manera que, aunque al presente parezcan dar un fruto precoz, en realidad no producen nada que llegue a su plena perfección.

Por eso es tan importante para la fe que la iglesia entienda claramente la diferencia entre las prácticas formales y superficiales de la religiosidad, y la verdadera piedad que debe estar libre de toda hipocresía. El Salmo 15, por ejemplo, nos enseña que, «Puesto que no hay nada más común en el mundo que tomar en vano el nombre de Dios o pretender ser su pueblo», David sugiere que cuando las personas

> asumen el título de pueblo de Dios sin serlo de hecho y en verdad, no ganan nada con engañarse a sí mismas, pues Dios continúa siempre siendo lo que realmente es, y, puesto que él es fiel para consigo mismo, exige que nosotros seamos fieles a nuestra vez para con él. […]
>
> En suma, los hipócritas que ocupan un lugar en el templo de Dios, en vano pretenden ser su pueblo, pues Él no reconoce a nadie como tal, sino a quienes siguen la justicia y la rectitud durante todo el curso de su vida.

Ahora bien, se pregunta Calvino, puesto que el servicio a Dios debe tener precedencia sobre los deberes de caridad humana hacia nuestros prójimos, «¿por qué no se hace aquí mención de la fe y la oración, ya que sin duda estas son marcas por las que los genuinos hijos de Dios deberían distinguirse de los hipócritas?» Y contesta diciendo que David no pretende excluir ni la fe ni la oración ni ningún otro de los sacrificios espirituales, pero, puesto que los hipócritas promueven sus intereses por medio del cumplimiento de muchas expresiones religiosas externas, su impiedad debe quedar en claro puesto que están llenos de orgullo, crueldad, violencia, extorsión y engaño. Así pues, el salmista, sin evadir las obligaciones de la primera tabla de la ley, echa mano de la segunda tabla para señalar las marcas y evidencias de la fe sincera. Sin embargo, «no se debe entender que David aquí se satisfaga con la justicia social o política, como si fuera suficiente con dar a nuestros prójimos lo que les corresponde, sino que describe a los siervos aprobados de Dios como personas que se distinguen y conocen por los frutos de justicia que producen».

Calvino comienza su comentario a cada uno de los salmos con un breve pero muy bello y útil resumen de su contenido. Aunque la mayoría de ellos es una muy apretada síntesis, son ejemplos sobresalientes de la magistral capacidad de Calvino para penetrar al mismo corazón del mensaje del texto bíblico, para captar su espíritu, su enseñanza y su forma con sorprendente claridad, y para resumir con precisión inigualable lo más sobresaliente de su enseñanza. Su introducción al Salmo 72, nos permitirá ver este rasgo. Ahí nos explica claramente el carácter de esta notable oración en su referencia histórica inmediata al sucesor de David, pero en la cual también se advierte de forma evidente su referencia cristológica, que se pone de manifiesto en la exposición detallada que le sigue:

> En este salmo David ora a Dios, a nombre de la Iglesia toda, por la continua prosperidad del reino que se le había prometido a él, y al mismo tiempo nos enseña que la verdadera felicidad de los piadosos consiste en el hecho de estar colocados bajo el gobierno de un rey que fuera elevado al trono por disposición del cielo.

Muy pocas palabras, pero excepcionalmente reveladoras y explicativas. Sin embargo, en contraste con esta evidente intención de reducir a su mínima pero fiel expresión, el contenido de los salmos con fines instructivos, en otras ocasiones también se advierte que el reformador no se ata a este propósito. Así que libremente se extiende para enfatizar y dejar claramente asentada la enseñanza de algún salmo que él cree merece la atención por su valor instructivo para la fe de la Iglesia. Por ejemplo, en el resumen para introducir el Salmo 37, de manera inesperada se extiende de tal manera que parece dar un pequeño sermón sobre el pasaje:

> Este salmo, cuyo título muestra que fue escrito por David, contiene instrucción por demás provechosa. Puesto que los fieles, al proseguir su peregrinaje terrenal por la vida, encuentran que las cosas se hallan extrañamente confusas en el mundo, pronto podrían desanimarse a menos que mitiguen su pena con la esperanza de un mejor resultado. Cuanto más temerariamente cualquier individuo desprecie a Dios y se entregue a todo exceso de maldad, tanto mejor y más felizmente parece vivir. Y puesto que la prosperidad parece ser una muestra del favor de Dios hacia los impíos, ¿qué otra conclusión pudiera sacarse de esto, sino que el mundo es gobernado por la casualidad o que la fortuna impera soberana, o bien, que Dios no hace ninguna diferencia entre el bueno y el malo? Por esta razón el Espíritu de Dios nos confirma y fortalece en este salmo contra los embates de semejante tentación. No importa cuán grande parezca ser la prosperidad que disfrutan por un tiempo los malvados, el Señor declara que su felicidad es transitoria y frágil, y que, por tanto, ellos son misera-

bles, en tanto que la dicha de que se jactan resulta maldita; mientras que, por otro lado, los píos y devotos siervos de Dios nunca cesan de ser felices, incluso en medio de sus más grandes calamidades, porque Dios tiene cuidado de ellos y a la larga viene en su ayuda al tiempo oportuno. Esto, no cabe duda, suena paradójico y totalmente repugnante a la razón humana. Dado que frecuentemente hay hombres buenos que sufren extrema pobreza, languidecen prolongadamente bajo innumerables problemas, y sobrellevan reproches y ofensas, mientras que los perversos y licenciosos triunfan y son premiados con placeres, ¿no deberíamos suponer que Dios no se preocupa por las cosas que suceden sobre la tierra? Es precisamente en razón de este problema que, como ya dije anteriormente, la doctrina de este salmo nos es tan especialmente provechosa. Porque al apartar nuestros pensamientos del presente estado de cosas, nos exhorta a confiar en la providencia de Dios hasta que extienda su mano para auxiliar a quienes le sirven, y demandar de los impíos que den cuenta de sus vidas en calidad de ladrones y robadores que han abusado detestablemente de su generosidad y bondad paternales.

Este resumen, que resulta excesivamente extenso en comparación con la mayoría de los otros, muestra cómo el predicador ginebrino selectivamente prefiere extenderse más en la exposición de los pasajes que considera de mayor provecho, apegándose a su propósito edificante y pastoral en la exposición de la Escritura. Resulta muy interesante comparar este resumen con las primeras frases de la exposición formal, donde Calvino proporciona lo que también podría ser un excelente y más breve resumen de todo el Salmo. Veámoslo:

> David establece este como un principio general: que la prosperidad de los malvados, en la que ellos se regocijan grandemente, de ninguna manera debe perturbar ni inquietar a los hijos de Dios, porque pronto se desvanecerá. Por otro lado, aunque el pueblo de Dios sea afligido por algún tiempo, sin embargo el resultado de sus aflicciones será tal que ellos tendrán toda clase de razones para contentarse con su situación.

Esta expresión fácil y brillante, al igual que precisa e inspiradora, es la que revela el inmenso valor de las sabias y edificantes reflexiones con que Calvino alimenta el espíritu del pueblo de Dios y lo mueve a la fe, la piedad y el servicio a su Señor.

En la mente y corazón de este siervo de Dios, de manera prominente siempre dominó su ardiente deseo de que el pueblo de Dios amara, sirviera y adorara a su Dios sinceramente y se dedicara íntegramente a la glorificación de su santo nombre. De la misma manera que su vida había sido alcanzada y dedicada a la gloria de Dios, en su labor pastoral siempre estaba presente el deseo de impulsar al pueblo reformado de Ginebra en el santo anhelo de rendir igual alabanza y servicio al Señor. Si bien este anhelo se manifiesta a lo largo de toda su exposición de la Biblia, obviamente alcanza alturas majestuosas en su predicación sobre los salmos, donde la alabanza de Dios se promueve con singular fuerza, extensión y celo.

Sin embargo, Calvino reconoce que tanto el deber como la exhortación a la adoración siempre se enfrentan a la debilidad, la rebeldía y la ingratitud humanas. Por ejemplo, en su exposición del Salmo 95 al explicar el significado del término קְדֵם (*kādam*) que se traduce como «venid» o «vengan», indica que básicamente significa «dense prisa». Con esto se nos ayuda a reconocer cuán naturalmente reacios somos cuando Dios nos llama al ejercicio de la gratitud. Esta indirecta acusación de indolencia que hace el salmista, delata la desobediencia e ingratitud del antiguo pueblo de Dios; pero, aclara, nosotros mismos debemos estar conscientes de que necesitamos el mismo estímulo, ya que nuestros corazones están saturados de la misma ingratitud.

Este salmo, dice Calvino, estaba especialmente dedicado a la adoración pública en el *Sabbath*, cuando las asambleas religiosas se convocaban más particularmente para la adoración colectiva a Dios. Y por ello enfatiza que es necesario tomar en cuenta el carácter comunitario, público o colectivo del ejercicio de la piedad; pues no se trata de una exhortación al pueblo piadoso para celebrar las alabanzas del Señor privadamente, sino que nos exhorta a ofrecerlas en la asamblea pública. Sin embargo, advierte que no se trata del ejercicio externo de meras ceremonias, sino que han de llevarse a cabo con el celo, la alegría y la sinceridad que demanda el sacrificio de alabanza que es agradable a Dios. Esta tarea es un privilegio especial de los descendientes de Abraham, pues aunque hay suficiente fundamento en el ser mismo de Dios para ser adorado por toda la creación, Dios ha querido conferirnos el distinguido privilegio de adorarle al constituirnos en pueblo suyo y ovejas de su prado. Es decir, Dios ha de ser adorado, primeramente, por el hecho de ser «grande», majestuosamente exaltado por sobre todo otro tipo de seres, incluyendo los ángeles, y, especialmente en este contexto, por encima de todos esos insignificantes ídolos o falsos dioses fabricados por el ser humano. En segundo lugar, debe ser reconocido en virtud de que ejerce poder soberano de creación y gobierno sobre todo el universo. Por tanto, el ejercicio de la piedad es propio del pueblo santo formado para ese fin (Is. 61:3); y se le exhorta a hacerlo usando tres actos sucesivos (v. 6): adorar, postrarse y arrodillarse, lo que, resume Calvino, implica tanto la gratitud interna como la profesión externa de piedad con marcas y señales públicas de devoción.

Aquí, de paso, conviene anotar que Calvino despliega elementos de una exégesis que precede y anticipa algunos rasgos de la moderna exégesis científica. Por ejemplo, hace notar que la partícula hebrea אם (*im*), traducida como «si», aparece en el texto hebreo como cláusula condicional asociada a la frase precedente. Y es una advertencia al pueblo en el sentido de que podría retener el privilegio de su posición y distinción en tanto continuara obedeciendo a Dios. De manera diferente, la versión griega la conecta con el versículo siguiente en forma de partícula expositiva, denotando que esta sería la gran distinción entre los judíos y los pueblos vecinos (cf. Dt. 4:6, 7), algo que muestra cómo los salmistas hacen uso de Moisés con frecuencia.

Constantemente Calvino resalta el tema de la distinción y superioridad del pueblo de Dios en razón de su oficio de adoración y piedad. En el Salmo 148 vuelve a recordarnos que si bien Dios ha de ser adorado por todas las criaturas, no obstante él ha constituido a los seres humanos como los heraldos apropiados de su alabanza en el mundo. Pero como la porción incrédula de entre ellos es ciega a la consideración de las obras de Dios, y muda para publicar sus grandezas, «el Salmista al final apela a los hijos de Israel, que fueron privilegiados con una especial revelación de Dios, como sus principales testigos».

Basten estas pocas referencias a los comentarios sobre los Salmos para darnos cuenta de que la exposición calviniana, aunque basada en un estudio exegético serio y sólido, no es una exégesis técnica, estrictamente científica, ni dirigida a especialistas o profesionales de la Escritura. Más bien, esta encuentra su propósito fundamental en impulsar la vida de fe y piedad sinceras del pueblo de la iglesia reformada.

Antes de cerrar nuestro breve repaso de los comentarios de Juan Calvino sobre el Antiguo Testamento, vamos a dar un salto desde los Salmos hasta los profetas, porque ellos representan un desafío especial: el de la interpretación de la literatura anterior a la apocalíptica. En particular vamos a considerar un pasaje de Ezequiel, quien inició este género literario entre los autores bíblicos. En realidad Calvino no alcanzó a comentar el Apocalipsis de Juan, pero también parece ser que lo evitó expresamente, reconociendo la dificultad especial que presentaba su interpretación. Sin embargo, al examinar su acercamiento a los precursores del género apocalíptico y su interpretación de las imágenes y visiones de este tipo de literatura, reconocemos que hubiera sido de gran valor para la Iglesia tener un comentario de su pluma sobre el fascinante libro que cierra el canon bíblico.

Lamentablemente, el comentario al libro de Ezequiel solamente incluye los primeros 20 capítulos. A estas alturas de su vida Calvino estaba tan enfermo que tenía que ser cargado en una silla para llegar a su púlpito en la iglesia o su cátedra en la escuela. En febrero de 1564, y solamente tres meses antes de su muerte, su salud decayó tanto que, contra su deseo, tuvo que permanecer en cama hasta el día de su muerte. Así pues, en su exposición de estos capítulos tenemos las últimas palabras de su excepcional predicación y de su excelente pluma.

El comentario entra de lleno en la exposición del mensaje de Ezequiel sin ofrecer notas ni introducción. Pero la lucidez y poder de la interpretación de uno de los pasajes formidablemente difíciles de la Biblia, de inmediato rinden fruto agradable y copioso para la fe. Calvino comenzó refutando algunas de las interpretaciones que se habían hecho de este pasaje. Debido a la extraordinaria complejidad del texto, tradicionalmente los rabinos judíos habían prohibido todo intento de explicar la visión con que Ezequiel abrió su profecía, así que Calvino primeramente reconoció lo problemático de esa visión y la limitación de su entendimiento sobre ella. Sin embargo, también afirmó la necesidad de esforzarse para al menos obtener una mínima comprensión de la verdad por la cual Dios proveyó dicha visión no solamente al profeta, sino a toda la Iglesia.

Aunque Ezequiel mismo aclara que la visión representa la gloriosa presencia de Dios en la vida de su pueblo dolorosamente derrotado y desterrado luego del mortal ataque babilónico y la caída de Jerusalén en el año 587 a.C., los detalles de la visión siempre han fascinado y confundido tanto a simples creyentes como a versados expertos en la Escritura. Así pues, Calvino enumeró y eliminó varias interpretaciones sobre los cuatro extraños seres vivientes y las cuatro singulares ruedas con movimientos extraordinarios rodeados de flamígera refulgencia y misteriosa dinámica. Calvino rechazó como increíble la interpretación de quienes quisieron ver en los cuatro seres a las cuatro estaciones del año, y que así se celebraba el poder de Dios para gobernar sobre todo el mundo. De la misma forma, consideró como carente de fundamento la interpretación de que estas criaturas eran cuatro virtudes (justicia en el humano, prudencia en el águila, fortaleza en el león y perseverancia en el buey), y la de quien las consideró cuatro pasiones (temor, esperanza, sufrimiento y gozo). También rechazó la tendencia helenizante que las refirió a las facultades de la mente (razón, pasión, apetitos y conciencia). Consideró igual de ficticia la interpretación que relacionaba a estos seres con los cuatro evangelios; y la de quienes creían que se trataba de una visión de la gloria de Dios en la Iglesia donde los seres representaban a los creyentes perfectos que habían logrado gran progreso en la fe, en tanto que las ruedas representaban a los creyentes débiles e indisciplinados.

Con fundamento en el sentido más inmediato, lógico y natural de este pasaje, y a la luz del contexto histórico del que nació y de otros pasajes pertinentes de la Biblia, Calvino ofreció una detallada y bien argumentada interpretación cuyas principales líneas se pueden resumir de la siguiente manera: El viento tempestuoso del norte (o aquilón) representaba el castigo divino –por medio de los asirios y babilonios– al pueblo indolente y adormecido en su falsa seguridad. En el capítulo décimo se identifica a los cuatro seres vivientes como «querubines», es decir, ángeles que ministraban y representaban el poder o gobierno de Dios sobre todos los sucesos de la tierra. Los cuatro rostros resumen la inspiración angélica a través de la cual Dios gobierna sobre todos los seres vivientes: es decir, el ser humano formado a imagen de Dios; el león que reina sobre todas las fieras; el buey que representa a los animales domésticos; el águila, que por ser ave regia, representa a todas las demás aves. Los cuatro seres vivientes y las cuatro ruedas están inseparablemente unidos para demostrar que su movimiento no se origina en ellos, sino que viene de Dios, quien está en el trono gobernando sobre el viento tempestuoso del norte. Las cuatro ruedas significan los cambios históricos, aquellos movimientos que llamamos revoluciones (en el sentido de ciclos). El mundo está cambiando continuamente y, de alguna manera, tomando una nueva cara a cada momento. Las ruedas están ligadas a los ángeles para mostrar que aunque el mundo cambia de continuo, estos cambios no ocurren por casualidad, sino porque actúan como las manos de Dios. La rueda dentro de otra rueda representa la complejidad de los giros inesperados en la historia, *contorsiones* muchas veces inexplicables para el ser humano, pero que están concatenados y dependen de los ángeles, a quienes Dios guía y mueve de acuerdo a su voluntad. Que las ruedas estuvieran llenas de ojos muestra que nada sucede accidentalmente bajo impulso «ciego», es decir, Dios tiene perfecto conocimiento y absoluto control de cuanto pasa en el mundo.

Por otro lado, el fuego y el resplandor de carácter celestial, hablan de la majestad de la gloria de Dios. Los pies y piernas derechos de los cuatro seres son como las del ser humano, dando a entender el singular favor que Dios ha conferido al humano por su posición erecta, su dignidad como ser que ve hacia las alturas y no hacia el suelo. Los pies de becerro o redondos indican una especial agilidad, ya que estos seres vivientes descomunales no estaban confinados a una sola dirección, sino que se podían mover fácilmente y con prontitud en cualquier dirección que Dios les indicara. Las manos bajo las alas enfatizaban que los ángeles estaban dotados de vigor para ejecutar cualquier labor que les sea encomendada, y tenían capacidad para desplazarse y dar acelerado cumplimiento a la voluntad de Dios, moviéndose perpetua y directamente hacia adelante a su fin o meta sin desviarse hacia un lado u otro. En esto descubrimos que Dios siempre prosigue un curso definido y fijo, aunque para nosotros no sea inmediatamente evidente. Los animales se mueven sin tener que voltear para ningún lado, así que Dios desea que entendamos que sus acciones están arregladas de tal forma que no tienen nada torcido o erróneo. El gobierno del mundo y de la historia, simbolizado por estos ángeles, se hallaba sometido en plena e inmediata obediencia a la voluntad de Dios. Aquí la palabra «espíritu» se utiliza en el sentido de «mente» o «voluntad», aludiendo a la fuerza misma que mueve a los ángeles. Dado que el vigor y la prontitud de los ángeles es tan grande que vuelan como el viento, el profeta hace referencia a esta imagen (Sal. 104:4; Heb. 1: 7). Los ángeles proceden en una sola dirección hasta que cubren la distancia señalada, y no retroceden ni se desvían hasta dar por terminada su tarea, volviendo de inmediato como el relámpago para continuar haciendo la voluntad de Dios.

Los ángeles también son descritos como carbones encendidos y como antorchas de fuego (lámparas) para insistir en que algo divino se trasluce en esta visión. Cuando Dios apareció a Moisés en la zarza ardiendo, algo asombroso y maravilloso sucedió. Esto mismo acontece aquí para convencer al profeta de que, de manera contundente –e incluso terrible– Dios desea que pongamos atención a su revelación y que no solamente contemplemos el brillante resplandor de su gloria, sino que seamos sobrecogidos de un santo temor, como cuando promulgó su ley en el Sinaí (Ex. 19:20). La imagen de la expansión o bóveda sobre las cabezas de los querubines introduce a Dios sentado en su trono gloriosamente gobernando sobre toda la tierra y todos sus complicados acontecimientos. El sonido de las alas se compara con el estruendo portentoso de las aguas turbulentas, pero se indica que, de hecho, es una voz como la del Dios omnipotente, cuya palabra obedece a una lógica o mandato sabio y racional que se revela detrás de todos los movimientos de la historia. Debemos entender esta representación a la luz de la incomprensible y gigantesca tragedia de la destrucción de la ciudad y el templo de Jerusalén, y la conquista y el destierro de Israel como consecuencia de su pecado. Esta situación histórica resultaba absurda, porque Israel creía contar con el favor y la protección del Dios Todopoderoso que ahora parecía derrotado. Pero, como indica la figura del ruido de un ejército, por encima del estruendo existe una estrategia que mantiene el orden de las acciones. Así, Dios gobierna con mayor pericia que un general a su ejército. La semejanza de hombre sentado en el trono obviamente muestra la gloriosa supremacía de Dios ejerciendo su sapientísimo dominio sobre todo cuanto sucede en la vida de su pueblo y de todas las acciones políticas, militares, religiosas, económicas y sociales de las naciones. Además, Calvino enseñó que la referencia a la semejanza como de hombre nos da una visión de Dios en su glorioso, infinito e indescriptible ser, al mismo tiempo que se asemeja a un ser humano. Es decir, aquí se nos anticipa una revelación que, de acuerdo a la opinión consistente de los antiguos padres, nos presenta a Jesucristo. Esto es lo que Pablo nos enseña cuando dice: «Grande es el misterio de la fe: Dios ha sido manifestado en carne» (1 Ti. 3:16).

En esta exposición, al mismo tiempo sencilla, pero complicada y convincente, se nos muestra la enorme capacidad de Calvino para arrojar luz sobre la Escritura. Su interpretación es precisa, lógica, y basada en un conocimiento serio y a fondo del texto, así como en un sobrio y sensato entendimiento del significado de las figuras y visiones proféticas con gran sentido común. Calvino evitó las fantasías, alegorías y espiritualizaciones a las que los expositores cristianos frecuentemente recurrían y recurren todavía. Calvino nos muestra un profundo dominio de la imaginación bíblica profética y de toda la enseñanza bíblica, así como un profundo, serio y detallado análisis del texto en su contexto literario e histórico. Esto le permitió a Calvino una penetración extraordinaria en la verdad y el mensaje de la Biblia.

El gran respeto y atención que Calvino dio a la exposición sistemática del Antiguo Testamento como una unidad completa e independiente del Nuevo Testamento, revela la importancia que el reformador ginebrino le dio a la Ley de Dios. Esto se enfatiza todavía más bajo la luz de su interpretación del Nuevo Testamento. Por ejemplo, al comentar el Sermón del Monte reconoció que algunos fieles israelitas tomaron el anuncio del Reino de Dios con una inusual expectativa, al grado de que algunos se consideraron libres de la obligación de la ley. Pero Calvino dice que, para Mateo, en toda la gran fábrica del mundo nada resulta ser más perdurable y firme que la verdad de la ley. Las declaraciones de Jesús respecto a la ley no se oponen al Antiguo Testamento, sino a las doctrinas de los intérpretes de la ley. El nuevo pacto no es contrario al primero, porque aquel simplemente confirma y sanciona a este. Se le llama *nuevo* en cuanto a su forma, pero exhibe plenamente lo que la ley ya contenía. Lo que sucede es que, bajo la nueva dispensación, el Espíritu Santo le da vida a la letra muerta y la hace eficaz mediante la fe. Esta es la razón por la que Calvino mantuvo inviolable el vínculo sagrado entre la ley y el evangelio. El evangelio es el contenido de la ley, y la ley es la forma del evangelio. Ambos son parte de una sola y la misma revelación divina, aunque es evidente que ésta es progresiva. Con igual poder y propósito, aunque no con igual claridad, Dios habla a lo largo de toda la Escritura desde Génesis hasta Apocalipsis. Por ello los hijos e hijas de la Reforma debían prestar una viva y obediente atención a la verdad del Antiguo Testamento de igual forma que la prestan al Nuevo.

Hablando en contra de quienes decían que los antiguos israelitas no habían recibido más que sombras vacías de lo que habría de venir, en su comentario a 1 Corintios 10:11 calvino afirmó que:

> Primeramente, éstos dan por sentado que el pueblo de Israel fue solamente una figura de la iglesia; y de esto concluyen que todo lo que Dios prometió e hizo entre ellos, cada bien, cada castigo, era una simple figura de lo que vendría a ser real después del advenimiento de Cristo. Esto no es más que una pestilente locura, una atroz injuria a los santos padres, y una todavía más atroz injuria a Dios. El pueblo de Israel fue, sí, una figura de la iglesia cristiana, pero en sí mismo era también la verdadera iglesia; su condición fue una representación de la nuestra, pero en cuanto tal, aun en aquel tiempo tuvo el carácter propio de la iglesia. Las promesas que se le dieron anticipaban el evangelio de tal manera que también lo incluían en sí; sus sacramentos sirvieron como figuras de los nuestros, pero aun en esa era la eficacia inherente de su presencia lo que hacía de ellos verdaderos sacramentos. En suma, todas las personas que usaron rectamente las doctrinas y señales que se les ofrecieron fueron dotadas del mismo espíritu de fe que también nosotros hemos recibido. [. . .]
> *A quienes han alcanzado los fines de los tiempos*, quiere decir, en otra parte, misterios, y tal vez dicho significado no caería mal en este pasaje. Sin embargo, aquí yo sigo la traducción común porque resulta más sencilla. Dice que el fin de todas las edades ha venido a acaecer en nosotros y todas las cosas se cumplen y vienen a su recapitulación en esta era, porque ahora es la plenitud de los tiempos. Porque el fin principal hacia el que miraban la ley y los profetas era el Reino de Cristo.

Y en su comentario a 1 Pedro 1:10-11, declara:

> Pedro pone muy en alto el valor de la salvación refiriéndola a los profetas que la anhelaban con todo su celo. . .Y la bondad de Dios

hacia nosotros es aún más grande y brilla con mayor esplendor, porque mucho más ha sido revelado a nosotros de lo que esperaron los profetas por tanto tiempo y con tan gran anhelo. [. . .]

. . . ni siquiera podemos sospechar que lo que se nos predica respecto de nuestra salvación sea una novedad, porque el Espíritu, por medio de los profetas, ha dado testimonio de ello a través de las edades. Por tanto, cuando dice que los profetas inquirieron y diligentemente buscaron, no se refiere a sus enseñanzas o a sus escritos, sino a ese anhelo interior que los agitaba.

Siguiendo la firme y larga tradición evangélica de la interpretación bíblica, Calvino enseñó consistente y enfáticamente que el centro de toda la Escritura ha de encontrarse precisamente en su referencia a Cristo Jesús. Solamente él era el contenido del Evangelio, la suma y esencia de toda la revelación divina transmitida en la Biblia. Como dijo en su comentario a Juan 5:38-39, nosotros solamente derivamos beneficio de la Palabra de Dios cuando ésta echa raíz en nosotros y queda permanentemente implantada en nuestros corazones. Esto significa que habremos captado el anuncio de Cristo, porque «el único propósito de Dios al hablar a través de Moisés fue que llamara a todo mundo a Cristo», porque la ley sin Cristo no contiene nada sólido en sí misma. «Por lo tanto, el progreso en la Palabra de Dios viene con un recto conocimiento de Cristo», y si deseamos conocer a Cristo «necesitamos buscarlo en las Escrituras», lo cual ha de ser nuestro principal propósito al leerlas. Nuestro celo para hacerlo no será en vano, pues el Padre que testifica en ellas ciertamente nos revelará a su Hijo. Muchas personas se pierden esta bendición porque descuidan la lectura de la Biblia o lo hacen a la ligera y superficialmente.

Esta concentración cristológica y evangélica es la clave de la exposición calviniana del Nuevo Testamento y de su unidad y conexión con el Antiguo. Calvino consideraba que el Espíritu Santo había hablado de Jesucristo a través de los profetas del Antiguo Testamento, ya que estos ministraron en beneficio de la iglesia en general. Así pues, las Escrituras de Israel se aplican a la situación de la iglesia primitiva, especialmente a la misión de Cristo, por lo que también la Biblia entera se aplica a nuestro tiempo. El fin último de las Escrituras es el Reino de Cristo y, por tanto, tienen que ver con su señorío sobre el pueblo de Dios, es decir, con su fidelidad y obediencia al Señor.

Sin embargo, como buen humanista, el expositor de Ginebra también fue un buen crítico que, a pesar de que tenía una alta reverencia por la Escritura como Palabra de Dios, no vaciló en reconocer que en ella existió una participación natural de la mente humana, que introdujo errores en ella. Por ejemplo, al comentar 1 Pedro 3:14, reconoció que el apóstol claramente hizo mal uso del profeta Isaías (cap. 8), aunque también lo excusó por el hecho de que estaba adaptando la cita a sus propósitos y no exponiendo lo que decía el texto profético en sí. Igualmente, cuando Pablo citó el Salmo 68:19 en Efesios 4:8, cambió el sentido del pasaje, aunque en esencia no se alejó de él. En 1 Corintios 15:54, Pablo no pudo indicar de qué profeta se estaba citando. Y cuando en Hechos 7:16 Esteban dijo que los patriarcas fueron llevados a enterrar en Siquem en el sepulcro que Abraham compró, claramente se contradecía Génesis 50:13 y Josué 24:32. Y aun cuando Jerónimo dio el testimonio de Paula, la famosa peregrina, que afirmó haber visto el sepulcro de los doce patriarcas en Siquem, Calvino lo refutó diciendo que tal vez Moisés usó la figura retórica de la sinécdoque, pero que, en todo caso, ¡el texto necesitaba ser corregido!

Al examinar sus comentarios al Nuevo Testamento, aunque sea muy ligeramente, observaremos que Calvino también le aplicó la metodología que consistía en armonizar y simplificar la enseñanza de los libros que repiten el mismo tema o período de la revelación bíblica. De la misma manera en que reunió en un solo comentario a Éxodo, Levítico, Números y Deuteronomio, sus comentarios del Nuevo Testamento también comenzaron con una armonía —en dos tomos— de los primeros tres evangelios (los llamados sinópticos). Este modelo lo aprendió de Bucero, su veterano y experto colega de Estrasburgo, aunque reconoció que podía ser rechazado por los eruditos. Sin embargo, lo que él siempre tuvo en mente fue la «satisfacción de los lectores píos y cándidos». Y por eso, en su introducción titulada: «El argumento sobre el evangelio de Jesucristo, según Mateo, Marcos y Lucas» dio las siguientes razones para esa armonía:

> Primero, está fuera de toda disputa el hecho de que es imposible exponer de forma apropiada y exitosa cualquiera de los Evangelistas sin compararlo con los otros dos; por lo que fieles y bien educados comentaristas dedican una muy grande porción de su labor a reconciliar los relatos de los tres Evangelistas. Pero,

como sucede con frecuencia que personas con habilidades ordinarias encuentran que no resulta muy fácil hacer las comparaciones cuando tienen que pasar de uno a otro, a mí me pareció que sería útil y oportuno si yo pudiera facilitar su labor arreglando las tres historias en una sola cadena ininterrumpida o en un cuadro único en el que el lector pudiera contemplar, de una sola mirada, la semejanza o diversidad existente. De esta manera no omitiré nada que haya sido escrito por cualquiera de los tres Evangelistas; y lo que se puede encontrar en más de uno de ellos quedará reunido en un solo lugar.

Con esto en mente, Calvino inició su armonía comentando Lucas, ya que es el único evangelista que, en un valioso prefacio, indica las razones que lo llevaron a escribir su Evangelio. Respondiendo a la crítica que castigaba a Lucas por haber dedicado su tratado a un individuo en lugar de proclamar el mensaje abiertamente a todas las personas, Calvino recurrió al contexto histórico notando que la oposición a la proclamación de la doctrina evangélica era tan fuerte en esos tiempos, que la tarea de preservar la verdad era más bien encomendada a ciertas personas mejor capacitadas para hacerlo. Teófilo debió haber sido tal persona por su posición de autoridad, algo que se reveló cuando Lucas usó el calificativo de «excelentísimo» que se agrega a su nombre. Ese calificativo también demuestra la falsedad de la interpretación que dice que «Teófilo» era una manera de hablar que se refería a todo creyente que «ama a Dios».

Con gran instinto de historiador e investigador literario, el reformador francés, en su exposición del Evangelio, puso de manifiesto la insistencia lucana de afirmar la plena certidumbre y fidelidad de la narración cristiana que estaba redactando. Calvino lo afirma mostrando la reciedumbre del sólido trabajo de fino escritor, historiador diligente y fiel testigo que Lucas demostró en esta breve y magistral introducción. Primero hizo resaltar la sutileza crítica y la respetuosa divergencia con que el evangelista se distanció de los intentos anteriores en el campo de las tradiciones cristianas primitivas, mismas que encontró insuficientes o del todo erróneas, y aunque las rechazó no las condenó. Por otro lado, quiso afianzar en Teófilo la superioridad de su fe basada en el sólido testimonio que su obra le proporcionó.

En segundo lugar, Lucas usó el término πεπληροφορημένα (*pepleroforeména* = han sucedido persuasivamente, han acontecido cumplidamente, se han llevado a cabo totalmente), que servía para señalar algo que fue plenamente atestiguado y que no admitía duda (no como en esos otros relatos inciertos, incompletos o fantasiosos que circulaban en su tiempo y de los que se estaba distanciado), a fin de dejar en claro que aquí se trataba de una historia enteramente fidedigna. Recurriendo al uso de esta raíz en otros pasajes neotestamentarios, Calvino mostró que este término se usaba en relación a convicciones acerca de las cuales cada uno debía estar totalmente persuadido en su propia mente (Ro. 14:5), sin ser movido de un lado a otro (Ef. 4:14) por opiniones dudosas. De esta manera se denotaba esa inconmovible convicción que brotaba de la fe en que las mentes pías podían descansar seguramente, convencidas por la autoridad de un testigo fiel, cuyo testimonio quedaba fuertemente implantado en la conciencia por el sello y operación secreta del Espíritu Santo (1 Ts. 1:5; Heb. 10:22).

En tercer lugar, Lucas argumentaba que los testigos originales de esta historia no solamente vieron los hechos personalmente (fueron testigos oculares), sino que quedaron colocados por encima de las personas comunes y corrientes que presenciaban un hecho, en virtud de que eran *ministros* de la Palabra. Es decir, eran instrumentos cuya autoridad provenía de Dios, medios por los cuales nuestra fe encontraba su sostén en los cielos y no en la tierra. En cuarto lugar, a la lista de razones que validaban la autenticidad de su historia, el evangelista agregó su integridad personal y su exhaustiva metodología de investigación, al afirmar que había rastreado rigurosa, cuidadosa y diligentemente, las fuentes y los relatos de estas cosas. Lucas usó el vocablo παρακολουθεῖν (*parakoloutheîn* = habiendo seguido los pasos [de todas las cosas]), para expresar su minuciosa y laboriosa investigación (la misma forma en que Demóstenes cuando, al examinar una embajada contra la cual dirigió una acusación, se jactó de que su diligencia había sido de tal forma que había percibido cada cosa sucedida de manera tan completa como si él mismo hubiera sido un espectador presencial de los hechos).

En cuanto al carácter prodigioso del nacimiento de Jesucristo, además de explicar los títulos mesiánicos y los acontecimientos extraordinarios de la narraciones de los evangelistas, Calvino también recurrió a la doctrina ortodoxa tradicional elaborada por los padres de la iglesia. Por ejemplo, al comentar Lucas 1:35, explicó que el término ἐπελεύσεται(*epeléusetai* = vendrá sobre ti) denota que el nacimiento del Señor sería «una obra extraordinaria donde los medios naturales no tenían lugar». La elegante metáfora de la palabra ἐπισκιάσει (*episkiásei* = te hará sombra) que describe la energía divina manifestada y ejercida en todo el gobierno del mundo por el Espíritu Santo (quien es el poder esencial de Dios), claramente sugería que la operación del Espíritu sería secreta; como una nube que se interponía impidiera contemplarla a los seres humanos. Así pues, al obrar estos milagros, Dios «retiene de nosotros la forma de su proceder, de suerte que lo que él decide ocultarnos debe ser visto de nuestra parte con seriedad y adoración». Y luego insistió en que Cristo había de ser llamado «santo» e «Hijo de Dios» para que, en santidad y gloria, él fuera puesto en alto por encima de todas las criaturas, y no fuera considerado como del rango ordinario del común de los seres humanos.

El reformador también refutó el argumento herético de quienes enseñaban que la partícula «por tanto» quería decir que Cristo sería llamado Hijo de Dios en virtud de que había sido concebido de manera notable por el poder del Espíritu, imaginándose que se convirtió en Hijo de Dios solamente después de su generación como humano. Esta era, por supuesto, una falsa conclusión, pues aunque en esto se hizo evidente que él era el Hijo de Dios en la carne, de ahí no se puede concluir que no haya sido el Verbo de Dios engendrado del Padre desde toda la eternidad. Al contrario, aquel que ya era el Hijo de Dios en su eterna Divinidad, también apareció como el Hijo de Dios en carne humana. Así que este pasaje

> no solamente expresa una unidad de persona en Cristo, sino que al mismo tiempo indica que, al revestirse de la carne humana, Cristo es el Hijo de Dios. De la misma manera que el nombre *Hijo de Dios* perteneció a la divina esencia de Cristo desde el principio, así ahora se aplica de manera unitaria a ambas naturalezas, ya que la forma secreta y celestial de generación lo ha separado del rango ordinario de los seres humanos.

De la misma forma, cuando Elizabeth llama a María la *madre de mi Señor* en el v. 43, una vez más Calvino indicó que esto denotaba una unidad de persona en las dos naturalezas de Cristo: «como si ella hubiera dicho que el que fue engendrado como un mortal ser humano en el vientre de María, es, al mismo tiempo, el Dios eterno». Nuevamente, en esta exposición, advertimos cómo

Calvino unió la erudición bíblica al conocimiento de la tradición teológica de la iglesia y ambas se pusieron al servicio de la recta exposición, el claro entendimiento de la Escritura y del sagrado misterio de la encarnación para la edificación de la iglesia.

Calvino afirmó que Jesús entendió su ministerio a la luz de la predicción profética. Cuando describió su misión en la sinagoga de Nazaret (Lc. 4:17ss), lo hizo siguiendo las palabras de Isaías. Este profeta anunció que, después de la cautividad babilónica, todavía habría un testigo de la gracia de Dios que reuniría al pueblo rescatándolo de la destrucción y las tinieblas de la muerte, y que por medio de un poder espiritual restauraría a la Iglesia que había sido abrumada por tantas calamidades. En el desempeño de su obra, Jesús no actuó basándose en autoridad humana o por iniciativa privada, sino que fue enviado por Dios para restaurar la salvación a su Iglesia. Toda su acción fue determinada por la instrucción y guía del Espíritu Santo, de modo que la fe quedara establecida sobre la autoridad y el poder de Dios. Por eso se dice que fue ungido con el Espíritu Santo.

Ahora bien, cuando Jesús usó este texto del profeta, lo hizo para describir su labor, que consistiría en «predicar el evangelio a los pobres». Calvino dijo que «pobres» eran todas las personas que se encontraban sin Cristo: «las personas a quienes Dios promete restauración se les llama *pobres*, y *quebrantados*, y *cautivos*, y *ciegos*, y *afligidos*. La totalidad del cuerpo estaba oprimida por tantas miserias, que estas descripciones se aplican a todos y cada uno de sus miembros». No obstante, había muchas personas en ese tiempo que, aun en medio de su pobreza, ceguera, esclavitud y muerte, se congratulaban o eran tan insensibles a su condición que no estaban preparadas para aceptar la gracia que se les ofrecía. Esto significa que, hoy en día, no podremos disfrutar de los beneficios de Cristo a menos que

> humillándonos bajo una profunda convicción de nuestras miserias, y acercándonos como almas hambrientas, lo busquemos como nuestro liberador; porque quienes están inflados de orgullo y no gimen bajo el peso de su *cautiverio*, ni están descontentos con su *ceguera*, prestan oídos sordos a esta predicción y la tratan con desprecio.

Por supuesto, Calvino hace resaltar el lugar que ocupan los relatos de la pasión del Señor para revelarnos que en el centro del Evangelio se halla la muerte expiatoria del Salvador. Al comentar Mateo 27:45, puso de relieve la trascendencia de la crucifixión hasta más allá de sus efectos salvíficos con relación al género humano. Los acontecimientos extraordinarios que Mateo reporta (θέρατα, *thérata* = señales prodigiosas de carácter escatológico; es decir, el obscurecimiento del sol, el terremoto, el partimiento de las rocas y la ruptura del velo del templo), evidentemente tenían implicaciones cósmicas. Eran marcas por medio de las que el Padre no cesaba de distinguir a Jesucristo, a fin de que, en medio de su más baja humillación, hubiera claras manifestaciones de su futura gloria, y para que las almas piadosas fueran fortalecidas en contra del escándalo de la cruz. Pero, al revelar la majestad de Cristo, estas señales portentosas recogieron el testimonio al mismo tiempo reverente y de protesta de toda la creación: «como si el cielo y la tierra estuvieran rindiendo el homenaje debido a su Creador». Para Calvino, las tinieblas que sobrevinieron a la hora de la crucifixión fueron simplemente un «eclipse». Más bien, lo que convenía indagar era su designio. Así, comentó que, en la ficción de los antiguos poetas, cuando se cometía algún crimen repugnante en las tragedias, se recurría al oscurecimiento del sol para expresar la ira de Dios ante tan terrible bajeza. De esta manera, algunos comentaristas habían dicho que al enviar la oscuridad, Dios dio muestras de su rechazo, como si quisiera ocultar su rostro ante el más negro de todos los crímenes. Otros decían que la extinción del sol visible representaba la muerte del *Sol de justicia*. Todavía otros más encontraban en este fenómeno una anticipación de la ceguera de la nación que sucedería a este acontecimiento.

Sin embargo, en opinión de Calvino, «las *tinieblas* tienen la finalidad de mover al pueblo a considerar el asombroso designio de Dios en la muerte de Cristo». Con ello quiso llamar su atención a la inminente renovación del mundo que estaba por acontecer. Fue un espectáculo terrible para que temblaran ante el juicio divino. E indiscutiblemente constituyó una «espantosa exhibición de la ira de Dios que no escatimó ni a su propio Hijo unigénito, ni fue propiciado de ninguna otra forma que por este precio de expiación». Así pues, Calvino interpretó ese impresionante relato evangélico en la tradición cristiana clásica que veía en la crucifixión el sacrificio expiatorio por el pecado, precio único y extremo de nuestra salvación. De esta manera, Jesucristo no solamente sobrellevó un castigo corporal externo como precio de nuestra reconciliación con Dios, sino también un castigo interno del alma en que soportó el castigo que merecíamos, ya que «a fin de que Cristo hiciera plena satisfacción por nosotros, era necesario que fuese colocado en calidad de culpable ante el trono de juicio de nuestro Dios».

Claro está, sin embargo, que solamente venimos al encuentro final de nuestra salvación en lo que Calvino llamó «la escena final de nuestra redención»: es decir, la resurrección. Comentó así los relatos de los tres evangelistas:

> Venimos ahora a la escena final de nuestra redención. Porque la viva certeza de nuestra reconciliación con Dios proviene del hecho de que Cristo emerge del infierno como conquistador de la muerte, a fin de demostrar que él tenía a su disposición el poder de una nueva vida. Con toda justicia, entonces, Pablo dice que no habría evangelio, y que la esperanza de salvación sería vana y sin fruto, a menos que creamos que *Cristo ha resucitado de entre los muertos.*

Sin excepción, las páginas de todos los comentarios de Calvino sobre el Nuevo Testamento, están llenas de alimento sólido para la fe, de un serio entendimiento del evangelio, de cuantiosas riquezas para el alma piadosa, de sorprendentes explicaciones eruditas, de recta y edificante exhortación para la vida cristiana, de profundas reflexiones teológicas, de una clara, recta y enormemente instructiva exposición de la Escritura. Sean suficientes los testimonios recogidos en estas páginas para darnos una «probadita» de este inigualable tesoro de belleza e inspiración imperecederas.

---

[1] Los textos, citas y pasajes mencionados en el presente capítulo han sido tomados de la colección de *Calvin's Commentaries*, 22 tomos. (Edimburgo: The Calvin's Translation Society, Reimpresión de Baker Book House, Grand Rapids, 1981). Además de la traducción directa del latín, hecha por diferentes eruditos, cada libro contiene una valiosa introducción explicativa. Y las citas se pueden localizar en los tomos correspondientes a cada libro mencionado.

[2] Juan Calvino, *Commentaries on the Epistle of Paul the Apostle to the Romans*, traducido y editado por John Owen; Vol. XIX de *Calvin's Commentaries* (Edimburgo: The Calvin Translation Society, 1843. Reimpreso por Baker Book House: Grand Rapids, 1981), p. 190.

Todas las citas de los comentarios de Calvino proceden de esta colección, y de aquí en adelante sólo se indicará la cita bíblica a la que se refiere el comentario, sin hacer mención de la referencia bibliográfica.

CAPÍTULO SEIS

En las trincheras: Calvino como pensador teológico contextual[1]

En este capítulo intentaremos describir brevemente algunas obras y tratados donde Juan Calvino usó sus dones como teólogo. Solamente hemos seleccionado cinco trabajos que son representativos del momento histórico en que surgieron, y que dejaron una huella profunda en la vida y pensamiento de la iglesia de la Reforma por su valor para la defensa de la fe o instrucción de la comunidad creyente. Y procuraremos aclarar su contenido mediante la exposición de las circunstancias específicas en que surgieron.

Nos daremos cuenta de que, con increíble oportunidad y prontitud Calvino usó todos sus recursos intelectuales, la reflexión y el estudio, para responder a los desafíos espirituales que afectaron a la iglesia en esas coyunturas históricas. Y que el producto de su pensamiento manifiesta un extraordinario conocimiento de las circunstancias que rodeaban al pueblo de Dios y amenazaban o facilitaban el ejercicio de la fe verdadera.

Una respuesta oportuna a las graves situaciones del momento

Durante varios siglos, miles de creyentes en todos los rincones de la Europa medieval habían solicitado un concilio universal para discutir y resolver los lamentables problemas morales, teológicos y administrativos que enfrentaba la decadente iglesia. Pero las rivalidades entre los papas, los emperadores y la nobleza, así como la falta de voluntad de parte de los miembros de la curia romana, habían hecho imposible el proyecto. Finalmente, el 13 de diciembre de 1545, y después de muchos intentos fallidos, se reunió el Concilio de Trento convocado por el papa Pablo III. Sólo que este grande e importantísimo concilio –a pesar de que emprendió la tarea de reforma de las costumbres al interior de la Iglesia– llevaría la marca de la «Contra-Reforma». Es decir, se trataba de una estrategia de reacción convocada para controlar los daños generados al interior de la institución tradicional, frenar la reforma protestante y devolver el control simbólico, político y social a la Iglesia Católico-Romana.

Algo sobresaliente, dentro del contexto de este trascendental momento en la historia cristiana, fue el hecho de que no bien concluían las sesiones del concilio (que se llevó a cabo entre 1545 a 1563), con Calvino a la cabeza, los protestantes ya estaban enterados de las decisiones tomadas por los obispos, ya habían reflexionado sobre los asuntos discutidos, y ya estaban publicando su respuesta debidamente articulada y sustentada.

Por ejemplo, consideremos lo que pasó al término de las primeras siete sesiones del concilio, que concluyeron con un receso forzado por la renovada tensión política entre el Papa y el emperador Carlos V (aunque el pretexto fue un brote de epidemia que hubo en Trento en 1547). En la sexta sesión se había discutido el tema de la relación entre la justificación y el mérito, es decir, si Dios otorgaba a los seres humanos algún mérito ganado por las obras y la obediencia para que pudiera ofrecerles la justificación. Este asunto constituía el centro de la controversia entre el catolicismo y el protestantismo y, según Calvino, ameritaba una respuesta inmediata. Aunque Calvino no estuvo presente en el concilio, sí había participado en varios coloquios y disputas previas con representantes de la Iglesia Católica, así que conocía perfectamente el tema, las variantes y los problemas de este asunto que afectaban el corazón mismo del evangelio. Además, Calvino y sus compañeros se mantuvieron en constante comunicación con los representantes protestantes que habían asistido al evento. Existen evidencias de que Calvino tuvo acceso a documentos altamente privados, y hasta secretos, que solamente circulaban en los exclusivos círculos de los asesores del Papa.

Lo sorprendente del caso fue que, en tanto que la versión oficial de los decretos y cánones del concilio (hasta esa séptima sesión) fue publicada por la Iglesia Católica hasta el 29 de octubre de 1548, ¡la respuesta de Calvino ya había salido de la imprenta casi un año antes, en diciembre de 1547! En esa obra –titulada *Actas del Concilio de Trento con el antídoto*– con sólidos argumentos bíblicos y teológicos refutó y criticó severamente las enseñanzas oficiales de la iglesia respecto al evangelio. En este documento, dos terceras partes están consagradas a comentar la sexta sesión donde se trató el tema de la justificación, y fue ampliamente leído en los círculos evangélicos.

El *Antídoto* —como se ha llamado a esta obra de Calvino— sirve para poner de relieve uno de los rasgos notables de la teología y el método del reformador. Su pensamiento siempre estuvo al día y se desarrolló en respuesta a las circunstancias y demandas del momento. En este sentido, la teología del reformador se puede considerar como un buen ejemplo de lo que el pensamiento latinoamericano reciente ha entendido por teología, cuando la llama «una reflexión crítica sobre la praxis a la luz de la revelación». Partiendo del análisis de la realidad (aunque sin contar con las herramientas de análisis social que hoy poseemos), Calvino recurrió a las Escrituras y la doctrina tradicional de la iglesia en busca de pistas y principios de reflexión para elaborar rutas de acción pastoral transformadoras como una respuesta concreta a los desafíos del momento, y de esta manera instauró las prácticas históricas de la Reforma.

En repetidas ocasiones, los problemas y las circunstancias históricas provocaron la respuesta del reformador y generaron una rica producción de trabajos que ofrecieron instrucción, guía, edificación y consuelo al pueblo perseguido y oprimido de Ginebra y de la cristiandad protestante del resto del continente. La constante reproducción de este patrón en la teología de Juan Calvino, proveyó lo que hoy legítimamente podríamos considerar como una teología contextual. De acuerdo con esto, el movimiento de Reforma se puede considerar como una de las más exitosas iniciativas donde se puso en práctica la metodología de *ver, juzgar, actuar*. Es decir, vivamente aguijoneados por la percepción y el entendimiento de la realidad histórica y las fuerzas socio-culturales que la provocaban, los reformadores recurrieron a las Sagradas Escrituras buscando los instrumentos y criterios que les permitieran evaluar esa realidad, y luego lanzar la más crítica, completa y radical transformación de esa realidad que ha conocido la historia humana en los últimos cinco siglos.

Oportunidad, incisividad, practicidad

Por el momento histórico en que Juan Calvino desarrolló su actividad teológica, se puede entender que un buen número de sus obras haya sido de carácter controversial. Sin embargo, también produjo muchas otras de tipo analítico, educativo, litúrgico, pastoral, organizativo y teológico-sistemático, cubriendo casi todas las áreas de reflexión teológico-eclesiástica en que se vio envuelto el cristianismo en el siglo XVI.

En rápida e inigualable sucesión salieron de la imprenta sus tratados, pequeños panfletos y libros completos que pronto inundaron toda Europa ofreciendo instrucción, apoyo, consuelo y argumentos a los predicadores y miembros de los nacientes grupos de creyentes evangélicos que surgían por todos lados. Además de la sólida, madura y consistente teología que contienen, todas estas obras se caracterizaron porque surgieron como respuestas oportunas a la necesidad del momento en la vida de la iglesia, ya fuese local, nacional o internacional. Una vez que Calvino advertía algún asunto que ameritara una pronta instrucción, dedicaba noches y días enteros de intenso trabajo hasta ofrecer el manuscrito que de inmediato se publicaba o compartía para ofrecer oportunamente su consejo.

Además de su valioso contenido, estas obras se caracterizaron por un vibrante, elegante y claro estilo de argumentación que las hizo todavía más atractivas. Dado que comunicaba con gran pasión, a veces su retórica llegó a ser incendiaria, incisiva, cortante, intensa, vehementemente crítica, y no se ahorraba en epítetos hirientes contra sus enemigos. Esto era tan evidente, que se dice que sus mismos enemigos le temían por ello. Una vez más, sin embargo, necesitamos afirmar que la preocupación pastoral práctica siempre estuvo presente en esas obras. Por eso en ellas siempre fluyó un anhelo de edificación. A final de cuentas, su meta siempre fue contundentemente práctica. En realidad, la razón de ser de este torrente de inspiradora literatura fue su deseo de corregir inmediatamente las costumbres disolutas, encontrar la sana solución de las disputas doctrinales, establecer medidas adecuadas de carácter social, administrativo, legislativo, político o económico, y las acciones dirigidas a la obediencia del evangelio.

Aunque algunos de los títulos precisamente revelan la coyuntura histórica en que surgieron, entre los escritos más famosos o conocidos del reformador de Ginebra podemos mencionar los siguientes:

Institución de la religión cristiana (1536), que comentaremos detenidamente en el siguiente capítulo.

Confesión de fe que todos los ciudadanos y habitantes de Ginebra y súbditos del país deben prometer que guardarán y sostendrán (1536), documento presentado por Farel y Calvino al Senado de Ginebra poco después de iniciar su ministerio en ese lugar (noviembre de 1536) en calidad de fórmula de doctrina cristiana para ser adoptado por la iglesia de Ginebra. En general sigue el mismo patrón de la *Institución*.

Los artículos de Lausana: asuntos a discutirse en Lausana, en la nueva provincia de Berna, el día primero de octubre de 1536 y Dos discursos sobre los artículos (1536). En ellos afirma la doctrina evangélica de la justificación por la fe como la clave para entender la verdadera iglesia de Cristo y responde a los ataques católico-romanos insistiendo en que, contra la falsa acusación de que es víctima, la iglesia reformada está en perfecto acuerdo con la enseñanza de los antiguos padres de la iglesia y la verdad de las Sagradas Escrituras.

Instrucción en la fe (1537), que es un breve resumen de la *Institución* adaptado para los jóvenes.

Los *Artículos referentes a la organización de la iglesia y el culto en Ginebra, propuestos por los ministros al concilio* (1537), que también representan los primeros esfuerzos de los pastores de Ginebra para darle un carácter reformado a la vida, el culto y la organización de la iglesia local.

Confesión de fe en torno a la eucaristía (1537), un breve pero muy valioso documento histórico donde los reformadores de Ginebra y los de Estrasburgo registran su consenso de opinión cuando estos últimos estaban bajo sospecha de ceder demasiado ante los luteranos.

Respuesta presentada por Juan Calvino a la carta del Cardenal Sadoleto al senado y pueblo de Ginebra (1539), que comentaremos más adelante.

Algunos salmos y cánticos con música (1539), una breve colección de cinco salmos versificados por Calvino y doce por el poeta Clemente Marot a los que se les puso música. Esta fue la primera versión del proyecto que posteriormente sería el himnario de la iglesia en Ginebra.

Proyecto de ordenanzas eclesiásticas para la iglesia de Ginebra (1541), que comentaremos más adelante.

Breve tratado sobre la Santa Cena de nuestro Señor y único Salvador Jesucristo (1540, 1541), que también comentaremos más adelante.

La necesidad de reformar la iglesia (1543), que lleva el siguiente, extenso, subtítulo: *Una humilde exhortación al más invencible Emperador Carlos V, y los más ilustres Príncipes y otras Órdenes, congregados ahora en la Dieta del Imperio en Espira, a fin de que emprendan seriamente la tarea de restaurar la Iglesia, presentada en nombre de todos los que anhelan que Cristo reine.* Aquí se anuncia claramente la ocasión de este importante documento que recoge y defiende las razones por las que el protestantismo creía que la reforma emprendida no solamente era inevitable y urgente, sino correcta y muy justa.

El *Salterio de Ginebra* (1542, 1545, 1561). Este famosísimo primer himnario reformado pertenece a las obras que experimentaron un continuo crecimiento por su valor para el culto cristiano (las diferentes ediciones aumentadas y sus muchas reimpresiones así lo demuestran). Se trata de una colección creciente de salmos métricos que fueron usados para el canto congregacional y que, en opinión del reformador, representaban la manera más esplendorosa de la oración unida del pueblo cristiano. Como sabemos, litúrgicamente hablando, la Reforma constituyó una recuperación del canto congregacional, y Calvino fue uno de sus más entusiastas impulsores. Él creía que la mejor forma de adoración se daba por medio del canto de las alabanzas y oraciones a Dios contenidas en el libro de los Salmos de David. Aunque rechazó el uso de instrumentos musicales, insistió en que la voz humana era el mejor vehículo para esta santa práctica.

La forma de las oraciones y la manera de administración del sacramento de acuerdo a la usanza de la iglesia antigua (1540, 1542, 1545), contiene los diferentes órdenes del culto reformado tal como lo entendió Calvino. En la introducción expone su comprensión del carácter y estructura de la liturgia reformada. Las distintas ediciones por las que pasó esta obra también indican el desarrollo que Calvino tuvo para ir hacia un culto cada vez más sencillo.

Catecismo de la iglesia de Ginebra, que es un plan para la instrucción de la niñez en la doctrina de Cristo (1541, 1545), que comentaremos más adelante.

Psychopannychia (1542) fue uno de sus primeros escritos luego de su conversión. Sus amigos más experimentados en las lides teológicas lo convencieron de no publicarlo, y por esa razón salió de imprenta ocho años después. En esta obra Calvino combatió la doctrina de algunos anabaptistas sobre el sueño o inconsciencia del alma entre la muerte y la resurrección final.

Pequeño tratado sobre el deber de un hombre fiel que vive entre papistas (1543), provocado por las noticias que recibió durante su corta estancia en Ferrara, Italia, de que dos antiguos compañeros suyos en las lides evangélicas, Nicolás Duchemin y Gerardo Roussel, habían vuelto a la Iglesia Católica. En esta obra es donde más se enfatizan las diferencias entre las prácticas católico-romanas y la fe reformada.

Una defensa de la sólida y ortodoxa doctrina de la esclavitud y la liberación de la voluntad humana (1543), que fue dirigido contra el erudito nórdico Alberto Pighius. El escrito es reminiscente de la controversia entre Lutero y Erasmo sobre el mismo asunto.

Discurso que muestra las ventajas que la cristiandad podría obtener de un inventario de reliquias (1543). Esta más bien es una obra satírica que sin mucha misericordia, pero con agudo ingenio, hace burla de las exageraciones a que se había llegado en la supersticiosa práctica de peregrinaciones para la contemplación de reliquias. Esta obra varias veces fue re-editada debido a su gran popularidad.

Los artículos de la Sorbona con el antídoto (1543), además de presentar serios argumentos de gran peso, también contiene secciones de gran fuerza sarcástica dedicadas a presentar pruebas absurdas que ridiculizan los argumentos con que los teólogos de la Sorbona defendían el papado.

Sumario de doctrina respecto del ministerio de la Palabra y los Sacramentos. Aunque no existen pruebas contundentes de que Calvino lo elaboró, ni se conoce con exactitud la ocasión de su redacción, Teodoro de Beza, compañero y sucesor de Calvino en la iglesia de Ginebra, insistió en que se trataba de un escrito netamente calviniano que, aun sin llevar su nombre, fue claramente reconocido como suyo en muchas antiguas colecciones de sus obras. En esta reflexión breve y reposada se nos instruye sobre el hecho de que el ministerio «externo» de los predicadores se hace siempre eficaz por la obra del «ministerio interno» ejercido por el secreto poder del Espíritu Santo.

Excusa de Juan Calvino a los nicodemitas respecto de la queja que presentan contra su gran severidad (1544). En este pequeño tratado se muestra nuevamente la ingeniosa ironía y el sarcasmo sutil con que Calvino podía responder a las quejas y acusaciones infundadas de sus muchos enemigos. En esta ocasión se enfocó en los creyentes reformados que, viviendo en territorios católicos, entraban en acomodos con las prácticas y costumbres romanas debido a su falta de valor y convicciones genuinamente evangélicas. Especialmente ridiculizó a los dignatarios eclesiásticos y los chocantes favoritos de la corte que todo el tiempo lo pasaban conversando delicadamente entre puras damas y tachaban a Calvino de inhumano.

Contra la secta de los anabaptistas (1544), para el pastor de Ginebra el principal campo de batalla lo constituyó el catolicismo papal, sin embargo, otro foco de hostilidades fueron los anabaptistas aunque de menor magnitud. Estos movimientos evangélicos tenían mucho en común con los reformados y los luteranos, pero su radicalidad y extremismo les ganó el repudio no solamente del romanismo, sino también de los mismos protestantes quienes —injustamente en muchos casos— también los reprimieron e, incluso, persiguieron con severidad. Éste se encuentra entre los varios escritos con que Calvino combatió a los anabaptistas y donde refutó siete de sus principales enseñanzas. Sobre todo atacó su oposición al gobierno civil, asunto que claramente demarcaba la diferencia entre los dos bandos en cuanto a la manera de entender su programa de reforma. La *reforma magisterial* (Lutero, Calvino, Bucero, Zwinglio) siempre tuvo en muy alto concepto el papel del magistrado o gobernante secular, con el cual se aliaba para alcanzar sus propósitos. En contraste, la *reforma radical* no reconoció otra autoridad que la de Cristo y, por tanto, incluso se opuso a las autoridades seculares legítimas. Ahora bien, aunque al otro extremo estaba el caso de la alianza entre el estado y la Iglesia Católica, Calvino no dejó de advertir los peligros de esta relación. Esto se ve en la siguiente obra titulada:

Sobre la admonición paternal de Pablo III al Emperador (1545), donde abiertamente se inclinó hacia un lado al reaccionar a la reprimenda que el Emperador recibió del Papa debido a su simpatía para con los protestantes. Carlos V estaba interesado en lograr el apoyo de los príncipes protestantes alemanes para combatir a los turcos que amenazaban invadir el imperio, y por eso trató de hacer que se reuniera un concilio universal para unificar a todos los cristianos contra el peligro de la invasión. Como el Papa se opuso a esa propuesta, Calvino lanzó un argumento histórico donde demostró que en la antigüedad fueron los emperadores, no los papas, quienes convocaron los concilios. Además hizo un repaso de la manera en que los papas habían mal interpretado la Escritura para conseguir sus fines e intereses personales.

Aunque el movimiento de reforma exigió responder a las controversias y debates de orden doctrinal o de política eclesiástica internacional, los líderes también desarrollaron una robusta concentración pastoral, organizativa y administrativa para echar a andar y mantener tanto las estructuras de la iglesia local como las formas de vida y normas de convivencia de las comunidades que abrazaban la Reforma. Estos asuntos, también se abordaron a partir de los principios espirituales de la fe bíblica y de una seria reflexión teológica. Esto se puede ver claramente en:

Orden preliminar para la visitación de las iglesias del país (1546) y también en,
Ordenanzas para la supervisión de las iglesias del país (1547), que junto con las «ordenanzas» (1541) que revisaremos en breve, revelan la creatividad de Calvino para traducir la verdad bíblica en medidas prácticas concretas de fidelidad, obediencia y disciplina eclesiástica.

El clima de renovación religiosa general que produjo la Reforma no estuvo exento de la aparición de movimientos, grupos o brotes extremistas. Uno de ellos fue el de los llamados «libertinos» (diferente al partido político de oposición a Calvino en Ginebra), que, por su tendencia a mal interpretar y sobrevalorar la libertad cristiana, fueron una amenaza para el carácter moral de las comunidades evangélicas.

Esta secta espiritualizante de tendencia antinominiana –infiltrada y difundida entre las iglesias evangélicas de varios países– rechazó la ley mosaica como norma cristiana. Además, por su fuerte inclinación entusiasta o carismática exhaló la libertad en el

Espíritu, cayó en manifestaciones extremas de tipo extático-místico, e infringió las normas morales. Calvino los criticó en el panfleto titulado:

> *Contra la fanática y furiosa secta de los libertinos que se autonombran espirituales* (1545), donde los comparó con quienes, movidos por sus deseos de puro deleite carnal, eran «manchas y suciedad» en las fiestas de amor que celebraban los cristianos primitivos, según 2 Pedro 2:12-15.

Siguiendo con el recuento en orden cronológico aproximado de las obras de Juan Calvino, en esta parte deberíamos colocar las siguientes:

> *Actas del Concilio de Trento con el antídoto* (1547), que comentaremos con mayor amplitud más adelante.
> *El interinato adulterino germano: al que se le agrega el verdadero método de dar paz a la cristiandad y de reformar la iglesia. Con un apéndice* (1547 o 1549). Donde se refiere a la propuesta de Carlos V para mantener la unidad religiosa en el Imperio Germano y los Estados participantes durante el intervalo (*interim* o interinato) de 1547 hasta la clausura del concilio que se había iniciado dos años antes y duraría hasta 1563. Este documento, que prácticamente reprimió los esfuerzos de una verdadera reforma evangélica, fue inadmisible para los protestantes. Por eso Calvino le agregó su tratado anterior sobre la manera de reformar a la iglesia y lo dio como respuesta al Emperador.
> *Admonición contra la llamada astrología judicial* (1549), surgió ante la necesidad de combatir algunas ideas y supersticiones populares acerca del supuesto poder de ciertos individuos para predecir los secretos misterios de los astros y su poder sobre la vida de los seres humanos. Ahí, Calvino distinguió y aprobó la ciencia astronómica seria, contraponiéndola con esa especie «judicial» o predictiva, definitivamente mágica y falsa.

Durante esos años, las controversias internas entre protestantes fueron frecuentes, lo cual servía muy bien para alentar los ataques católicos contra la Reforma, por lo que ella decía que era su carácter divisivo. Esto generó inquietud y hasta confusión entre los evangélicos, por lo que Calvino escribió su:

Tratado sobre los escándalos (1552) que escribió para sosegar las inquietudes, recordando con mucha elocuencia y profundidad la enseñanza del Nuevo Testamento y la experiencia histórica del cristianismo acerca de la realidad del σκάνδαλον (*skándalon* = tropiezo, escándalo, caída, ofensa) en la iglesia. Aunque los escándalos eran múltiples, de diversa índole y hasta inevitables, quienes de veras creían no deberían desanimarse ni dejarse intimidar por ellos, pues la iglesia seguía militando bajo la sombra de la cruz en un mundo de pecado.

Quizá el más sonado escándalo de estos años fue el juicio y ejecución de Miguel Servet (o Serveto), el hereje español que se refugió en Ginebra para huir de la sentencia de muerte que la Iglesia Católica había dictado en su contra. El vergonzante y doloroso final de este caso ha empañado el nombre de Calvino y la integridad de la Reforma de manera permanente. El papel que Juan Calvino jugó en el enjuiciamiento y condenación de Serveto revela uno de los más notorios defectos del reformador de Ginebra: su temperamento explosivo e intolerante. Aunque es cierto que esta época estuvo salpicada con la sangre de muchísimos «mártires», «herejes» y «brujas», nada puede exonerar a Calvino y los otros reformadores de la responsabilidad por la muerte de Serveto. En este aspecto fue donde Calvino no alcanzó un pleno desarrollo evangélico y permaneció siendo el típico religioso medieval, celoso combatiente de la herejía.

Sucede que, usando la hospitalidad y protección que le ofreció la ciudad de Ginebra, el médico y erudito español trató de promover sus ideas heterodoxas con respecto a la Trinidad y ganar adeptos ahí mismo. Además llegó al extremo de atacar públicamente, y aun durante los servicios religiosos, a los pastores –principalmente a Calvino– y los denunció como herejes. Así pues, Calvino personalmente se encargó de promover la denuncia y arresto de Serveto. El Concejo de la Ciudad lo enjuició y lo encontró culpable de herejía. Durante el juicio, como experto de parte del fiscal, Calvino proporcionó argumentos y evidencias contra los errores de Serveto, y convenció al jurado de la culpabilidad del acusado. A pesar de los esfuerzos de Calvino y Farel para que se arrepintiera y retractara y así fuera exonerado, Serveto persistió en su error. El Concejo lo condenó a la hoguera y fue ejecutado el 27 de octubre de 1553. Es verdad que Calvino abogó por una muerte menos dolorosa, es decir, por la espada. Sin embargo, la sombra de este escándalo ha pesado sobre la Reforma a lo largo de siglos. Durante esos días la misma iglesia ginebrina vivió con inusitada angustia y estremecimiento el escandaloso evento. Para salir al paso de las críticas y las cicatrices del caso, Calvino escribió :

> *Defensa de la fe ortodoxa* (1554) donde respondió a los ataques dirigidos en su contra por ciertos defensores de Serveto.

Por otro lado, en 1549 se llevó a cabo en Zurich un encuentro de carácter conciliatorio entre reformados y luteranos que logró alcanzar un acuerdo entre ambos grupos evangélicos en torno al sentido de la eucaristía. Sin embargo, el «Consenso de Zurich» tuvo un efecto negativo entre los líderes luteranos estrictos (Joaquín Westfal y Tilemann Hessio), quienes más tarde se organizaron contra Melanchton, su propio dirigente, compañero y sucesor de Lutero. Aunque Melanchton defendió el consenso alcanzado, sus oponentes prevalecieron y lo rechazaron. Calvino también redactó un documento en defensa muy moderada del consenso, pero no fue escuchado. Años más tarde, y en vista de la rigidez de Westfal, Calvino escribió la:

> *Segunda defensa contra Westfal* (1556); y después su:
> *Admonición final a Westfal* (1557). Estos esfuerzos muestran el interés constante de Calvino por lograr la unidad entre los protestantes.

Lamentablemente las controversias espirituales y doctrinales de esos días no solamente separaron a grupos que, de por sí, tenían manifiestas y bien marcadas diferencias, sino que involucraron a personas generalmente identificadas bajo el mismo bando.

Este fue el caso de la prolongada, violenta y retóricamente cargada controversia entre Juan Calvino y Sebastián Castelio. Castelio, un hombre erudito y versado en las letras del Humanismo, vino al conocimiento del evangelio desde la perspectiva de la Reforma y bajo el ministerio de Calvino en Estrasburgo, donde éste lo acogió e instruyó. Ya luego, Calvino también le procuró la dirección de la academia de Ginebra. Sin embargo, tanto su fuerte inclinación humanista, con actitudes demasiado críticas hacia la Biblia (por ejemplo, consideraba el Cantar de los Cantares como un poema erótico, en lo cual posiblemente tenía razón; pero, a diferencia de Calvino, opinaba que este libro carecía de valor para estar en el canon bíblico), como su desapego un tanto irrespetuoso respecto a las prácticas y actitudes eclesiásticas, pesaron en su contra cuando solicitó ser admitido como uno de los pastores de Ginebra. Calvino lo rechazó por esas razones.

Ante la negativa de los ministros, Castelio reaccionó con amargura y aspereza atacándolos soezmente y, en especial, a Calvino. Cuando se vio en la necesidad de abandonar Ginebra, Calvino todavía lo recomendó honorablemente a sus amigos de Basilea. Pero desde ahí Castelio continuó defendiendo su interpretación heterodoxa del descenso de Cristo al infierno, atacando la doctrina de la predestinación y personalmente a Calvino. Esto provocó que Calvino reaccionara con su:

Breve respuesta en refutación de las calumnias de cierta persona indigna con las que intentó contaminar la eterna predestinación de Dios (1557). Tal vez a esta misma época pertenecen los,
Artículos acerca de la predestinación, cuya fecha de publicación se ignora, pero que tratan brevemente y de manera aclaratoria la posición doctrinal de Calvino sobre el tema.

Además de los mencionados,

La explicación clara de la sana doctrina acerca de la verdadera participación de la carne y la sangre de Cristo en la Santa Cena (1561), pertenece a la contribución de Calvino con relación a la época tardía de la controversia reformada-luterana; más específicamente, a los escritos contra Tilemann Hessio, uno de los dirigentes del ala rigorista de los luteranos que continuó promoviendo la oposición a la unidad con los reformados.

Sin embargo, de la misma manera en que Calvino embistió con furia y vehemencia retórica a sus adversarios doctrinales del campo luterano, también estuvo listo a defenderlos lealmente ante los ataques romanistas. Por eso, publicó su pequeña obra titulada:

Felicitaciones al venerable presbítero Gabriel de Saconay (1561), que es una muestra de la manera en que Calvino contraatacó cuando un clérigo francés escribió el prólogo a una nueva edición del tratado de Enrique VIII contra Lutero. Nuevamente su elegante retórica y su sutil ironía se volcaron contra el sacerdote criticando la tradicional tendencia herética que a juicio de Calvino y de otros escritores renacentistas caracterizaba a Roma.

Así, vista contra su marco contextual, la producción teológica calviniana revela sus claros rasgos como una reflexión siempre crítica, atenta a las señales de los tiempos, vigorosa, oportuna, militante; inflexible en la defensa de la verdad, y sin embargo conciliatoria y pastoral en su propósito de edificar la iglesia de Cristo. Eso le dio su aire incisivo, de frescura y solidez.

Ahora pasamos a la parte final de este capítulo para explorar con un poco más de detalle algunos de los más célebres títulos del reformador de Ginebra.

La respuesta al cardenal Sadoleto

Comenzaremos nuestra revisión con uno de los escritos controversiales más tempranos de Calvino. Lo redactó en 1539 desde Estrasburgo, donde se había refugiado después de su expulsión de Ginebra. La ciudad, que hacía poco más de un año había preferido ceder ante las presiones del partido libertino y había expulsado a los pastores Farel, Calvino y Corault, ahora estaba pasando por una seria amenaza. Se encontraba sin un liderazgo firme y respetado. Las tensiones y divisiones internas de la sociedad ginebrina se habían disparado. La autoridad del concejo se tambaleaba; el desorden, la inmoralidad, el vicio, la ociosidad y la irreligiosidad prevalecían en todos los sectores.

Aprovechando esas condiciones, la Iglesia Católica hizo un esfuerzo para regresar a la ciudad a su redil. Jacobo Sadoleto, obispo de Carpentrás, designado cardenal por Pablo III, fue escogido para que se dirigiera y exhortara al senado y pueblo de Ginebra a volver a los brazos de la madre iglesia, la «eterna iglesia de Roma», ahora que la «fiel ciudad» finalmente se había deshecho de esos revoltosos protestantes que por un tiempo se habían apoderado del mando para tratar de descarriarla. Así pues, la Iglesia Católica abrigaba esperanzas de que Ginebra recibiera nuevamente al antiguo obispo, Pedro de la Baume, y se restaurara la obediencia al Papa. El cardenal Sadoleto era un hombre muy respetado y de una sólida capacidad como teólogo y hombre de letras. Era un notable dirigente del partido reformista dentro de la Iglesia Católica, de manera que los síndicos ginebrinos y sus pastores, aunque no convencidos, se sintieron incapaces de contestar a la elocuente, aduladora y persuasiva carta.

Dado que Ginebra se sentía avergonzada y culpable de su mal proceder por haber expulsado a sus pastores, entonces a través de la ciudad de Berna pidió a Calvino que respondiera a Sadoleto. ¡Por supuesto que lo haría! ¡Y de inmediato! Ignorando las ofensas recibidas de parte de quienes ahora solicitaban sus servicios, en seis días redactó este celebrado y notable tratado controversial.

En esencia, la carta del cardenal insistía en la importancia y necesidad de que Ginebra fuera restaurada a la unidad con Roma. Al mismo tiempo atacaba a los pastores reformados acusándolos de tratar de apartar a los fieles de la adoración a Dios por motivos mezquinos de ganancia material. Aunque la respuesta de Calvino fue respetuosa y elocuente, también estaba cargada de la recta indignación del pastor quien veía que su amado rebaño se hallaba en peligro. Así que, con implacables y sólidos argumentos, criticó al papado y su inaceptable intento de retomar la ciudad, demostró que en realidad eran los reformadores quienes mantenían la unidad con la verdadera iglesia de Cristo, que su ministerio en Ginebra consistía en la pura predicación de la Palabra de Dios, y que más bien las prácticas católico-romanas eran las que representaban el abandono de la verdadera adoración al Dios que, en la Escritura, había establecido la manera en que quería ser adorado.

Para Calvino, no fue importante ni el ataque ni la ofensa personal contra él y los otros pastores. Lo que en realidad estaba en entredicho era el carácter del santo ministerio y la legítima vocación concedidos y sancionados por Cristo mismo. Cuando Sadoleto dijo que los pastores reformados falsa y maliciosamente habían tratado de subvertir la religión y la iglesia bajo la pretensión de promover el evangelio, y que habían incitado a la ciudad con artificios perversos, en realidad el cardenal estaba atacando la sana predicación del evangelio y la notable e integral vivencia de la fe de la iglesia que se practicaba en Ginebra. Así pues, era necesario decidir si eso era cierto y entender en qué consistía la verdadera iglesia y cuál debería ser la legítima práctica del culto.

Calvino reconoció que Sadoleto estaba en lo correcto cuando dijo que nada había más peligroso para nuestra salvación que la adoración torcida y pervertida de Dios. De ahí arrancó su respuesta y explicó los principios con que los reformadores instruían a sus discípulos en la piedad. Esto incluyó no fabricar para sí ninguna nueva forma de adoración al azar y para su propio placer, sino solamente reconocer la que Dios mismo había aprobado desde el principio: que la obediencia era más excelente que cualquier sacrificio (1 S. 15:22). Luego, por todos los medios posibles, se les instruía a mantenerse dentro de la sola regla de adoración recibida de la boca misma de Dios, alejándose de toda forma ficticia de culto. A esto le siguió el contraste entre este principio con lo que Sadoleto dijo sobre la iglesia, cuando la describió como «aquella que en todo tiempo, así pasado como presente, y en toda región de la tierra, estando unida a Cristo, y de una misma mente con él, ha sido siempre y en todas partes dirigida por el único Espíritu de Cristo».

En esa descripción de Sadoleto, Calvino señaló que había una peligrosa omisión: la Palabra del Señor, que era la más clara de todas las marcas para designar a su iglesia y que Cristo mismo recomendó a menudo. Esta peligrosísima separación entre la Palabra y el Espíritu había dado lugar a las más fantásticas corrupciones de la verdadera adoración. Es cierto que la iglesia era gobernada por el Espíritu, pero también estaba inseparablemente ligada a la Palabra (Jn. 10:27; Ef. 5:26; 1 P. 1:23). Así pues, Calvino preguntó: «¿por qué se llama frecuentemente a la predicación del evangelio el reino de Dios, sino por cuanto es el cetro por medio del cual el Rey celestial gobierna a su pueblo?» La figura de las aguas vivificantes que han de inundar la tierra, no representa sino la Palabra del Señor (Zac. 14:8; Is. 2:3). Ya con esto, el reformador ofreció a Sadoleto una *mejor* definición de la iglesia: «la sociedad de todos los santos que, aun cuando dispersa por todo el mundo y a través de todas las edades se encuentra no obstante unida por la doctrina y el Espíritu único de Cristo, cultiva y observa la unidad de la fe y la concordia fraterna». Con esta iglesia, afirma Calvino, negamos tener desacuerdo alguno; antes bien, «la honramos como a nuestra madre, y así pues deseamos permanecer en su seno».

Para Calvino, la Reforma no había hecho mas que restaurar la concordancia entre la iglesia de hoy y la de la antigüedad apostólica, que fue distorsionada, manchada y aun criminalmente destrozada por el «pontífice romano y su facción». De hecho, para él la iglesia protestante se encontraba más cercana a la forma de esa antigua iglesia que el catolicismo. Calvino afirmó que *la iglesia funda su seguridad sobre tres cosas: la doctrina, la disciplina y los sacramentos*. Aunque también hay que añadir una cuarta, que consistía en las ceremonias por medio de las cuales el pueblo se ejercitaba en los oficios de la piedad. En todo esto falló la iglesia de Roma, al pervertir la fe corrompiendo el culto por la introducción de supersticiones y el envilecimiento de sus dirigentes por el lucro desmedido. Por el contrario, insistió Calvino, por todas partes la Reforma ha llevado a cabo la misión de regresar al pueblo de Dios y a sus ministros al camino establecido por los apóstoles y los padres de la iglesia. Y así continuó con su vigorosa respuesta, saliendo al paso de todos los argumentos del cardenal y refutándolos con abundantes razones y evidencias históricas, el testimonio de los padres de la iglesia y el testimonio de las Escrituras. Así, con su aguda crítica y elegante retórica, la respuesta aplastantemente de Calvino desarmó todos los esfuerzos de Sadoleto para convencer a los ginebrinos de regresar al seno de la iglesia católico-romana.

Tomando la amenaza del cardenal de que persistir en apartarse de la Iglesia Católica indefectiblemente llevaría a los ginebrinos a tener que presentarse ante el tribunal de Dios, Calvino invitó al representante papal a encontrarlo ahí, con la plena seguridad de que vería reivindicada la causa de los evangélicos. En su carta, Calvino incluyó dos largas oraciones hipotéticas donde dos fieles reformados se presentan ante el trono del juicio divino y ofrecen una súplica en su defensa. Uno es un ministro que expone gozoso y confiado ante Dios el carácter y contenido de su mensaje evangélico que lo identifica como fiel participante de la verdadera, una, iglesia de Cristo. El otro es un miembro cualquiera de la iglesia de la Reforma que igualmente se presenta ante Dios con humildad y se regocija en el evangelio transformador de Jesucristo en su vida y la certeza victoriosa de su fe. El reformador termina su respuesta con lo siguiente:

> Quiera el Señor permitir, Sadoleto, que tanto usted como todo su partido puedan finalmente darse cuenta de que el único y verdadero vínculo de unidad eclesiástica consiste en esto: en que Cristo el Señor, quien nos ha reconciliado con Dios Padre, nos congregue

desde nuestra presente dispersión en la comunión de su cuerpo, de modo que por medio de su sola Palabra y único Espíritu, podamos reunirnos con un solo corazón y una sola alma.

El cardenal nunca respondió.

El *breve tratado sobre la Santa Cena*

Sin duda alguna, un tema central de la enconada controversia religiosa que caracterizó al siglo XVI fue la importancia de los sacramentos para la vida de la iglesia y el sentido preciso de la presencia de Cristo en ellos. A este tema Calvino dedicó numerosos esfuerzos y ofreció una de las más lúcidas, completas y sencillas exposiciones que sirvió para aclarar el tema entre los teólogos que se hallaban en medio de la gran disputa, y para consolar, instruir y edificar al pueblo de Dios en el ejercicio de su fe y piedad.

Entre las diferentes exposiciones que hizo sobre este asunto, sobresale su *Breve tratado sobre la Santa Cena de nuestro Señor y único Salvador Jesucristo,* escrito en 1540 pero publicado hasta 1541. En esos años Calvino pugnaba por lograr un entendimiento entre los grupos protestantes que sostenían diferentes interpretaciones de los sacramentos. Especialmente tensa era la disputa entre zwinglianos y luteranos, que parecían mantener posiciones irreconciliables y hasta excluyentes sobre una práctica tan importante para el cristianismo.

Ulrico Zwinglio era el veterano, valiente y sabio reformador de Zurich, que había reaccionado contra las exageradas supersticiones que se habían tejido alrededor de los sacramentos durante el tiempo de la iglesia medieval. En su opinión, los sacramentos solamente eran ordenanzas conmemorativas que representaban de manera gráfica y simbólica los beneficios que Cristo impartía, pero que carecían de virtudes mágicas capaces de impartir, por sí solas y de manera burdamente material, algún beneficio espiritual concreto. Por su lado, Lutero tenía un concepto muy alto y profundo de los misterios asociados con la práctica de los sacramentos y de su eficacia para la vida de la iglesia. Por eso se negó con vehemencia a aceptar lo que le parecía –por parte de Zwinglio y los anabaptistas– una trivialización de esas prácticas sagradas. Así que abogó por una relación consustancial entre los elementos materiales empleados en el sacramento y la realidad espiritual que representaban.

Para Calvino era obvio que, en otros temas, ambos grupos mantenían una misma doctrina evangélica apegada a las Escrituras y todos ellos eran sinceros seguidores del evangelio y fieles defensores de la Reforma. ¿Por qué no también convenir en una interpretación teológica de los sacramentos que fuera común a todos los grupos evangélicos? Evitando el lenguaje controversial que tanto lo caracterizó en otros documentos, en el *Breve tratado* abordó el tema de forma conciliatoria y con miras a lograr un entendimiento que evitara los extremos e incorporara la parte de verdad que había en cada una de estas posiciones teológicas. Sin embargo, Calvino no hizo esto por mera conveniencia estratégica para lograr una reconciliación entre ambos bandos a costa de la verdad. Más bien lo hizo en virtud de la enseñanza bíblica acerca de estas ceremonias esenciales a la fe y el culto de la iglesia cristiana. El tratado está dividido en cinco secciones que a continuación revisaremos brevemente.

La razón para la institución de la santa Cena. Puesto que a nuestro amante Dios le plació recibirnos como a hijos e hijas en su iglesia mediante el bautismo, a esto le sigue que, como buen padre, amorosamente nos nutra y provea de todo lo necesario para esa vida. A la regeneración por su Palabra, que fue implantada en nosotros por el Espíritu, ahora Dios le agregó el alimento espiritual para nuestras almas, que debían ser nutridas por Cristo, quien nos es dado y administrado como verdadero alimento en esta cena que constituye una unión con él. Dada nuestra débil naturaleza, Dios se agradó en agregar a su Palabra esta señal visible para representar la sustancia de sus promesas a fin de confirmarnos y fortificarnos en la certidumbre de nuestra salvación. Por tanto, Jesucristo instituyó su cena sacramental para: 1) señalar y sellar en nuestras conciencias las promesas contenidas en el evangelio; 2) incitarnos a reconocer su gran bondad, para que más plenamente la alabemos y magnifiquemos; y, 3) exhortarnos a toda santidad e inocencia como cuerpo unido en caridad fraterna.

Beneficios de la Santa Cena. La segunda sección tiene que ver con el fruto o resultado de nuestra participación en la comunión. En esta sección también se discutió cómo se nos imparte el cuerpo de Cristo. Cuando participamos debidamente del sacramento, derivamos beneficios que nos afianzan, confirman y edifican en la gracia de Cristo Jesús. Primero, dada nuestra miseria y debilidad como personas pecadoras y totalmente hundidas en muerte, nuestro Padre nos socorre dándonos la cena como un «espejo donde contemplamos al Señor Jesucristo crucificado para abolir nuestras faltas y ofensas, y resucitado para librarnos de la corrupción y de la muerte, restaurándonos a una inmortalidad celestial». En esto reside la gran consolación que recibimos en la cena del Señor, pues nos recuerda que, a pesar de nuestra indignidad, mortalidad y miseria, Dios no cesa de vivificarnos y de llenarnos con toda clase de felicidad. Al hacernos participantes de su muerte y pasión, ante nuestros ojos el sacramento atestigua y despliega los tesoros de Cristo, concediéndonos todo lo que es útil y saludable para nuestro bien. Indudablemente, esto es lo que también nos ofrece el evangelio, pero dado que en la cena tenemos una certeza más amplia y un disfrute más pleno, reconocemos que este fruto nos viene precisamente de la participación en ella.

Aquí, Calvino también entró en la consideración del misterio sacramental sobre cómo Jesucristo nos es dado en la cena, y, por tanto, tocó uno de los aspectos más controvertidos entre los protestantes. Por eso aclaró que era necesario que en la cena se nos impartiera realmente la *sustancia y la materia* de lo que se nos promete, porque de otra manera, esta santa ceremonia sería frívola, vana e inútil. Jesucristo es esta sustancia y materia. Además, también se nos ofrecen *los beneficios y los frutos* que esta sustancia y materia confieren. Es decir, se nos ofrece el resultado y eficacia de la muerte y pasión del Señor: es decir, la reconciliación con Dios, la purificación de nuestros pecados, la justificación, y la esperanza de salvación. Ahora bien, estas dos deben estar presentes y deben ser comunicadas en la cena para que en realidad se cumplan los propósitos, las palabras y las promesas de Cristo cuando nos ordenó observar regularmente el sacramento. Esta conexión misteriosa, operada mediante el poder de Dios de manera invisible, sin embargo queda visiblemente unida a los signos materiales del pan y el vino, de modo que ambos son indispensables. Si Dios no puede engañar ni mentir, entonces también ejecuta lo que el sacramento significa. Así pues, mediante la institución de Cristo, la realidad espiritual o sustancia queda ligada al medio material, de modo que, para alimentarnos del cuerpo y la sangre de Jesucristo, nos es necesario recibir el pan y el vino.

De esta forma, los elementos no solamente representan el cuerpo y la sangre del Señor, sino que también los presentan para quienes participan de ellos en fe. El Espíritu Santo obra este altísimo misterio para confirmar al alma pía la unión con su Señor y el disfrute de todas sus bendiciones y riquezas. Otro beneficio de la Cena es que nos recuerda las bendiciones que cada día y de muchas maneras recibimos del Señor, de modo que nos vuelve de la ingratitud a la alabanza y reconocimiento de todas sus bondades, y nos permite anunciar públicamente por confesiones y testimonios cuánto le debemos a Dios. El corazón agradecido es un don inestimable, un gran beneficio necesario para salvación. Además, otro importante beneficio consiste en que –por la práctica frecuente del sacramento– también somos vivamente movidos a llevar una vida santa, que especialmente se manifiesta en el desarrollo de la caridad y el amor fraternal entre el pueblo de Dios.

El *uso correcto del sacramento*. La tercera parte está dedicada a reflexionar sobre cómo debemos hacer uso legítimo del sacramento, algo que Calvino resumió en una palabra: *reverencia*. Toda esta sección constituye una sabia y santa reflexión de carácter pastoral acerca de la necesidad de comulgar con frecuencia, pero haciéndolo de tal forma que seamos realmente edificados y sin participar indignamente de esta santa práctica que Dios ordenó para su pueblo. La trascendental importancia del sacramento, de parte de quienes comulgan, demanda seriedad y profunda convicción a fin de no contaminarlo con nuestra inmundicia, superficialidad, negligencia y falta de preparación. Por ello se nos exhorta a *autoexaminarnos* (no a juzgar a las demás personas), para ver si verdaderamente nos aborrecemos junto con nuestro pecado y única y totalmente descansamos en la suficiencia y los méritos de Cristo, nuestro tesoro y vida.

Por otro lado, aquí Calvino exhorta a evitar los falsos pretextos de indignidad (¡como si alguien realmente fuera digno!), para no comulgar frecuentemente, y para también evitar la falsa presunción de certidumbre basada en algo que no fuera la sola gracia del Señor. Nuestras almas necesitan estar acicateadas por el hambre y ardientemente desear que Cristo las nutra en su mesa, reconociendo que no podemos desear a Jesucristo sin aspirar a la justicia de Dios, que consiste en negarnos a nosotros mismos y disponernos en obediencia a la voluntad divina. No podemos pretender ser parte del cuerpo de Cristo si nos abandonamos a una vida disoluta, privada de castidad, sobriedad, benignidad, verdad, humildad y de toda otra virtud semejante. Ni podemos participar de la mesa del Señor cuando no existe fraternidad y unidad o nos acercamos ocultando rencor, disensión o discordia en nuestras almas. Cuando nos mueve el temor de Dios y sentimos odio por nuestro pecado y fuerte disgusto por todos nuestros vicios, así como un sincero deseo de vivir rectamente con el fin de honrar a nuestro Señor, entonces podremos comulgar aunque aún existan vestigios de nuestra debilidad y veamos nuestras imperfecciones.

Errores que corrompen el sacramento. La cuarta sección del tratado expone la interpretación protestante de la santa cena mediante una discusión de las prácticas y la teología católico-romana del sacramento. También propone la forma en que los verdaderos siervos de Dios deben distinguirse de los «papistas». Esta es la más extensa de todas las secciones de la obra, y está dirigida especialmente a criticar en fuertes tonos la práctica de la iglesia medieval, a la que considera totalmente vana, supersticiosa y teatral, además de una corrupción de la intención y práctica de Jesucristo. En esta sección Calvino repasa cinco puntos clásicos de la crítica protestante a la celebración de la misa. Se rechaza: 1) la idea de la eucaristía como un sacrificio; 2) la doctrina de la transubstanciación; 3) la explicación de la presencia local del cuerpo de Jesucristo, contenido dentro del símbolo o unido a él; 4) la adoración de los elementos del sacramento; y, 5) el comulgar en una sola de las especies.

En cuanto al primer punto, Calvino recuerda que Cristo nos dio la cena para que al comulgar tuviéramos parte en el sacrificio único e irrepetible que Cristo mismo ofreció en la cruz para la expiación de nuestros pecados. Sin embargo, dice él, los humanos por su cuenta han inventado que se trata de un sacrificio ejecutado por el sacerdote por el que obtenemos la remisión de los pecados ante Dios. Esto destruye no solamente su propósito, sino también su eficacia real y es contrario a la enseñanza de las Escrituras. Cuando los antiguos padres de la iglesia llaman «sacrificio» a la cena, lo hacen para indicar que la muerte de Jesús se representa por medio de esta ceremonia. Le atribuyen ese nombre solamente en virtud de que es un memorial del sacrificio único de Jesucristo, cuya eficacia permanece para siempre. Rodear a la cena de acciones y gesticulaciones en imitación de los sacrificios del Antiguo Testamento se acerca más al judaísmo que a la enseñanza del Señor, nuestro único sacerdote. Usar la noción de sacrificio para hacer mercadería de la cena, afirma Calvino, es una villanía.

En cuanto a la doctrina de la transubstanciación, de acuerdo con la cual los elementos del pan y el vino se convierten en el cuerpo y sangre de Cristo (luego de las palabras de la consagración los elementos del pan y vino experimentan un cambio de sustancia aunque sus accidentes permanecen sin alteración), no hay ningún fundamento para ella en la Biblia. Esa idea es completamente absurda y contraria a la razón. Lo mismo sucede con la explicación de la presencia «local» de Cristo en el sacramento, según la cual el signo contiene o está unido al cuerpo de Cristo. Esto implica que, o el cuerpo del Señor no tiene límites, o que puede estar en diferentes lugares al mismo tiempo, lo cual finalmente lo reduce a un fantasma. Esto es contrario a la gloria de Cristo y destruye cuanto creemos respecto a su naturaleza humana. Las costumbres y gestos a que esto ha dado lugar, como la de inclinarse para hacer reverencia ante los elementos de la cena, conservarlos en un nicho o sacarlos en procesión cada año, y otros semejante, no son sino idolatría y superstición contrarias a la institución del sacramento. Semejantes argumentos se dan en contra de la idea de comulgar cuando menos una vez al año y, peor, evitar que el laicado tome la copa. Esto significa defraudar a la grey y robarle lo que Cristo le ha concedido para su constante nutrición espiritual.

La disputa presente. En la última porción del tratado encontramos un Calvino diferente, conciliador, pacífico, que lamenta tener que escribir sobre este asunto, deseando más bien olvidarlo como algo que nunca debió haber sucedido. Aquí se refiere al lamentable hecho de que aun los ilustres varones de Dios quienes mediante la Reforma han hecho más por restituir la verdad del evangelio en la iglesia, continúan sin ponerse de acuerdo para enseñar, con una misma voz, la notable verdad y la excelsa doctrina de la cena del Señor. Para los reformadores, la proclamación de la Palabra, junto con la Santa Cena, constituía el corazón de la vida de la iglesia de Jesucristo. Por ello calvino escribió para edificar a los fieles perturbados por la controversia y para alentar el logro de una solución de las diferencias entre los evangélicos.

Y es que, por un lado, podemos decir que Lutero no estuvo en posición de dar una explicación más correcta debido a que, habiendo sido el primero en incursionar en el aspecto teológico de la Reforma, todavía no tenía los apoyos y recursos necesarios que la reflexión reformada posterior ya había desarrollado. Así que, aunque condenó la doctrina de la transubstanciación, pareció estar dispuesto a dejar el asunto en el mismo punto en que el mundo de ese entonces ya lo tenía. Por otro lado, Zwinglio y Ecolampadio, debiendo luchar esforzadamente para desterrar las supersticiones que durante más de seis siglos habían oscurecido y deformado el significado de la cena, se concentraron en la lucha contra las ideas idolátricas que la rodeaban. Así que principalmente insistieron en que, según el testimonio de la Escritura, Cristo se encontraba corporalmente a la diestra del Padre y con esto definitivamente desterraron el absurdo de decir que se encontraba localizado en el pan y el vino. Sin embargo, olvidaron definir la otra parte, es decir, en qué consistía la presencia de Cristo en la cena.

Debido a lo anterior, era necesario reconocer que las preocupaciones específicas de cada bando eran genuinas, y que ambas formaban parte de la verdad revelada en la Palabra de Dios. Al confesar nuestra incapacidad para explicar tan sublime y sagrado misterio, debemos reconocer nuestra hermandad en la fe, esperando que un día el Señor nos una plenamente en una misma doctrina. Entre tanto, decía Calvino, todos a una voz confesemos que «al recibir el sacramento en fe, de acuerdo con la ordenanza del Señor, somos verdaderamente hechos partícipes de la sustancia real del cuerpo y la sangre de Jesucristo. Cómo sucede esto... debemos sostener que es llevado a cabo por la secreta y milagrosa virtud de Dios, y que el Espíritu de Dios es el vínculo de dicha participación».

Actas del Concilio de Trento con el antídoto

Desde el inicio de su ministerio, o más bien desde su conversión al evangelio, Calvino supo que se había enfrascado en una batalla sin tregua. Incluso sus obras más tempranas demuestran claramente su firme resolución y su vehemente defensa de la verdad evangélica. Sin embargo, por sus implicaciones y complejidades políticas contextuales, su respuesta a las decisiones del Concilio de Trento representa lo que podríamos llamar su ataque frontal al edificio doctrinal de la iglesia medieval.

Como vimos al principio de este capítulo, Calvino se apresuró a publicar su severa crítica a las decisiones teológicas del concilio, e incluso se adelantó a la publicación de las actas del Concilio. Para ese entonces ya no abrigaba esperanza de corrección o reforma al interior de la vieja institución petrificada. En su carta introductoria a los piadosos lectores de su documento, Calvino reconoció que una exhortación al cambio era tan inútil como hablarle al vientre, pues éste no tiene oídos. Peor aún era contender con la iglesia, que no solamente sería dirigirse a un estómago sin oídos, pues era, además, como dirigirse a una ambición sin ojos.

Junto con muchas otras personas, Calvino esperaba que el concilio realmente emprendiera la urgentísima obra de reforma de la iglesia. Los desalentadores resultados de los dos primeros años de trabajos de la histórica asamblea fueron evidencia de que eso no sucedería. Más bien se trataba de una contra-reforma y no de un intento serio de arrepentimiento y corrección. Por tanto, con gran vigor y detalle, Calvino atacó directamente el corazón de la monumental pero enferma iglesia. Durante siete meses, la sexta sesión del concilio se dedicó a estudiar y debatir con gran detalle y esfuerzo ¡nada menos que la doctrina de la justificación! Ya Lutero había dicho que la doctrina de la justificación por la fe constituía el artículo de fe sobre el que la iglesia se sostendría o derrumbaría. Dado que, por parte del papado el asunto claramente se estaba definiendo en términos más escolásticos que bíblicos y, por tanto, alejados de la verdad evangélica, Calvino descargó su implacable crítica sobre los famosos cánones y decretos del concilio. Y más específicamente sobre los decretos y cánones en torno a la justificación.

En efecto, en este artículo Calvino se concentró en esa doctrina y le dedicó sus mejores esfuerzos, pues era uno de los puntos doctrinales en los que «no se puede ceder nada», ya que se trataba de una «cuestión de la más alta trascendencia». En opinión del reformador, la doctrina expuesta en el decreto tridentino era defectuosa porque esencialmente se rehusaba a darle exclusivamente a Dios la gloria que le pertenecía en la obra de la justificación del pecador por su sola gracia. Esto indicó que el entendimiento católico sobre esta doctrina estaba en total oscuridad, pues el concilio insistió más en la importancia de la participación humana en la operación de la justificación.

Aunque Calvino aprobó los tres primeros cánones que condena-
ban la doctrina de Pelagio, los cánones cuatro al seis introdujeron
la cooperación del libre albedrío en la obra de la justificación. Para
ello argumentaron que la voluntad humana no había sido destruida por la caída de Adán y, por ello, se mantenía activa. Así que
el poder para hacer bien o mal correspondía al ser humano, no a
Dios. Según Trento, el ser humano era capaz de participar activamente en la obtención de su justificación debido a que su voluntad
se hallaba «atenuada e inclinada», pero de ninguna manera
«extinta». Y aunque reconoce que todo ser humano se encuentra
bajo el poder del pecado y no puede salvarse a sí mismo, sin
embargo podía cooperar con Dios.

Para Calvino, esta moderación semi-pelagiana era otra forma de
afirmar el orgullo humano, por lo que rechazó la decisión de
Trento. Dios sólo recibía «una parte» de la gloria en la justificación
los seres humanos, porque eran justificados «en parte por Dios y en
parte por sus propias obras». Por el contrario, la enseñanza bíblica
de San Pablo, afirmaba que los seres humanos estaban totalmente
separados de Dios, esclavizados a tal grado a la tiranía del pecado
que eran incapaces hasta de pensar algo bueno (Ro. 3:12; 2 Co. 3:5).
Aunque permanecía en ellos una cierta voluntad, estaba del todo
esclavizada y muerta, puesto que quienes estaban muertos en sus
delitos y pecados no podían ejercitar su voluntad para nada. Ésta
tenía que ser recreada totalmente por el Espíritu de Dios.

Lo que los teólogos tridentinos dijeron acerca de la *praeveniente
gratia* que supuestamente ayuda a los adultos a prepararse para la
justificación, convirtiéndose, asintiendo y cooperando libremente
con dicha gracia, ya había sido totalmente refutado por San
Agustín, a cuyo testimonio apeló Calvino. En el fondo del asunto
se dio un choque entre dos tipos de lógica. Por un lado estaba la
lógica tridentina que habla de «animar» o motivar una voluntad
débil y, por el otro, se encontraba la lógica bíblica que presentaba la
necesidad de «crear un nuevo corazón». Ambas eran mutuamente
excluyentes. Según la Escritura, la tarea de crear un nuevo ser es
atribuida sola y totalmente a Dios, cuya gracia actuaba «irresistiblemente», de manera que afirmar que la gracia se recibía debido
al «libre movimiento de la voluntad humana» era «repugnante» a
la Escritura, donde se declara que Dios es el autor de la buena
voluntad.

A pesar de que Dios demanda conversión, ese mandamiento no nos es dado sobre la base de nuestra capacidad para obedecer, sino todo lo contrario, para convencernos de nuestra impotencia y privarnos de todo orgullo. Como lo enseña San Agustín, si en realidad existe algo que nos prepare para recibir la gracia, eso era la libre elección de Dios, de modo que no habría posibilidad de gloriarnos respecto de nuestra voluntad. De acuerdo con la Palabra de Dios, sólo son libres a quienes el Hijo hace verdaderamente libres. Todos los demás seres humanos son esclavos del pecado. La misma experiencia demuestra cómo se pierde la libertad debido al mal uso que el ser humano hace de ella. La voluntad fue libre solamente antes de la caída.

Todavía más extensa fue su refutación al séptimo canon de Trento. En oposición a la enseñanza protestante, en este se declaraba que el proceso por el que un pecador llega a ser justo, no solamente consistía en la *peccatorum remissio* (remisión de los pecados), sino también en la *santificatio et renovatio interioris hominis* (santificación y renovación del ser interior). Y se decía que las causas de la justificación eran: 1) *finalis*: la gloria de Dios y de Cristo, así como la vida eterna; 2) *efficiens*: el Dios misericordioso, que santifica gratuitamente sellando y ungiendo con el Espíritu Santo; 3) *meritoria*: Cristo, quien por amor «mereció» la justificación por medio de su pasión, haciendo satisfacción en favor nuestro ante el Padre; 4) *instrumentalis*: el bautismo o sacramento de la fe, sin el cual nadie puede ser justificado; y, 5) *formalis*: la justicia de Dios, que nos hace justos no solamente en reputación, sino también real y verdaderamente, recibiendo así justicia en nuestro interior, de acuerdo con su medida y nuestra disposición y cooperación.

Como era de suponerse, Calvino reaccionó contra toda esta frívola y absurda complicación aristotélica. Particularmente rechazó el concepto del bautismo como la causa instrumental de la justificación, lo cual era tan absurdo como decir que la cuchara de un albañil o constructor era la causa instrumental de una casa. Para enfatizar lo incorrecto de esta perspectiva, Calvino se atrevió a decir que el bautismo era un mero «apéndice» del evangelio, rechazando así la completa sacramentalización de la justificación, que era ajena a la enseñanza bíblica y con la que Trento desligaba el sacramento de la Palabra, dejaba fuera del reino de Dios a quienes no habían recibido el bautismo, y mal interpretaba la Escritura (Jn. 3:5).

Por el contrario, Calvino elevó el evangelio por encima del énfasis tridentino en el «apéndice» ritual y rechazó el sistema sacramental, insistiendo en que la justificación era cuestión de una relación mucho más profunda y más sustancial entre Dios y el pecador, libre del control mediatorio de la institución religiosa. Luego argumentó que, en su forma más simple, la justificación no era más que la «aceptación gratuita por parte de Dios» y que se lograba mediante el perdón de los pecados y nada más. Somos «considerados como justos en la presencia de Dios por cuanto nuestros pecados han sido expiados por Cristo y ya no más se nos toma como culpables».

Así pues, contra lo que decía Trento, la Escritura enseñaba que la justificación precisamente consistía en la remisión de los pecados. Aquí, el concilio confundió la justificación con la santificación. Y, aunque es verdad que la salvación consistía en la doble gracia de la justificación y la santificación, era necesario distinguir entre la justicia y la santidad, tal como lo hace la Escritura. Las dos operan concomitantemente y son coherentes, pero es erróneo inferir que sean lo mismo. Al igual que «la luz del sol, aunque nunca se encuentra separada del calor del sol, no puede considerarse calor».

Esta no solamente era una confusión terminológica, pues el concilio también relacionó la santificación con el mérito de las buenas obras, ya que éstas también se involucraban en el proceso de la justificación debido a que la gracia santificante (*gratia habitualis*) elevaba las acciones humanas a un nivel superior en el que adquirían valor meritorio. Calvino aborreció esta idea y nuevamente la contrapuso a la enseñanza bíblica que afirma que la justicia que es por la fe de ninguna forma puede consistir en obras. Aunque la justicia que es por la ley sí consiste precisamente en ellas, pero es desechada en el evangelio. Así pues, por más pequeña que fuera nuestra participación en la justificación, esto ponía en peligro nuestra salvación y haría que nuestra fe se tambaleara. Cuando Trento enseñó que la justificación en parte nos era dada por imputación y en parte por cualidad (es decir, en parte por el perdón y en parte por la regeneración), perdía su anclaje en la Escritura, pues no se podía aducir ningún pasaje bíblico donde se declarara que la novedad de vida, junto con las buenas obras que le seguían, fuera aprobada por Dios como justicia, ni total, ni parcialmente.

De igual forma el reformador se opuso al concepto tridentino de la fe, al que llamó una «persuasión muerta», basada en el concepto escolástico de la *fides informis*, que para él no era sino otra distinción inútil, una ficción de la imaginación. A esto, la Biblia opone la verdad: que por la fe Cristo habita en nuestros corazones, lo cual indica que es mucho más que esa muerta persuasión inventada por los escolásticos. Por lo tanto, la naturaleza de la fe debe ser considerada a partir de Cristo, de quien recibimos todo, incluyendo la fe, a él mismo y todos sus beneficios y bendiciones. Así pues, «la fe, en su inicio, incremento y final perfección, es un don de Dios».

Cuando en el octavo canon el concilio declaró que la fe era el inicio, raíz o fundamento de la justificación, y que, por tanto, esta última era gratuita, según Calvino el concilio se engañó tratando de admitir algo de la verdad bíblica. Pero resultaba infantil reducir la fe al inicio o principio de la justificación y luego recurrir a las obras meritorias a fin de perfeccionarla. De esta forma, Trento retuvo a la justificación por la gracia en el vestíbulo, mientras que las obras llenaron todo el edificio. Esto era contrario a la Palabra de Dios. La fe en sí misma era un don de Dios, y por eso en la Escritura se contrasta con las obras, que resultan vanas debido a que realmente no existen. Y es que antes de nacer de nuevo por el Espíritu Santo, el ser humano nada puede hacer porque está muerto en sus delitos y pecados. De modo que la perfecta justificación solamente puede provenir de la bondad gratuita de Dios.

En la discusión del canon número nueve, Calvino volvió a objetar el concepto tridentino de la fe, pues quedaba como una realidad incierta y dudosa y, por consecuencia, hacía que las almas creyentes nunca encontraran plena y verdadera paz ni certidumbre. Incluso el título que Trento le dio a este capítulo era significativo: «Contra la vana confianza de los herejes». La conclusión tridentina fue desilusionadora: aunque era necesario creer que los pecados eran gratuitamente remitidos por la misericordia de Dios, nadie podía tener la seguridad de la remisión de sus pecados solamente sobre esa base; nadie podía saber con certeza que había obtenido la gracia de Dios. Decir lo contrario –que era lo que enseñaban los reformados– era vano y hasta impío. Aquí, una vez más Calvino recurrió al testimonio de la Escritura y mostró con abundancia de textos y argumentos teológicos que la fe, siendo don de Dios, constituía esa grandiosa y rica experiencia cuya naturaleza no provenía de un mero asentimiento intelectual, sino que implicaba una profunda y portentosa obra del Espíritu Santo que con absoluta certeza sellaba en nuestros corazones la realidad del libre amor de Dios. Así pues, podíamos descansar firmemente en la buena voluntad de Dios que, incluso, nos daba una osadía que era ciertamente mucho más que una plena seguridad (Ef. 3:12). Además, ¡de esta manera los delegados del concilio mostraron desconocer personalmente la obra del Espíritu Santo! Y al querer asegurar la lealtad de los fieles mediante el incierto sistema de obras meritorias mediado por la jerarquía, mezclaron la duda con la fe e hicieron desconfiar a sus feligreses.

El catecismo de Ginebra

La educación fue una de las pasiones de Juan Calvino (y la comentaremos en otro capítulo). Para este destacado ministro, no existió algo más importante que garantizar la unidad en la doctrina que debiera ser común a todas las iglesias como resultado de nuestro común bautismo. Así se evitarían muchas supersticiones junto con el lamentable estado moral de la iglesia en todas partes.

Algo vital para Calvino fue garantizar el futuro de la iglesia mediante la educación cristiana de niños y niñas, sin la cual no podría subsistir el evangelio. Así pues, en su obra dio especial atención a la formación cristiana o educación religiosa de la niñez. Aquí comentaremos brevemente su catecismo para la instrucción de la niñez en la iglesia. Obviamente, esta obra tiene un carácter distinto a las anteriores que hemos revisado. Representa un esfuerzo pastoral, sereno, consistente y serio de instrucción sistemática de la niñez en las verdades del evangelio. Aunque sigue el modelo ya establecido por Lutero, su alcance y su calidad lo hacen un documento de gran importancia y belleza.

Los reformadores resucitaron la antigua forma de instrucción que consistía en un interrogatorio a las niñas y niños que debían presentarse ante el consistorio para responder después de haber estudiado y memorizado las preguntas. Sin embargo, Calvino no fue consistente en el uso estricto de preguntas por parte del pastor ni respuestas por parte del niño o la niña, pues parece que a veces el mismo pastor ofreció la respuesta o elaboró sobre sus preguntas, y así invirtió los papeles del interrogatorio. A la versión francesa de su catecismo Calvino le agregó un arreglo con 55 grupos de preguntas (poco más de uno para cada domingo del año), con un título a manera de resumen muy apropiado para cada domingo. Por esa razón, el catecismo fue un instrumento de gran valor para que los padres instruyeran a sus familias y las iglesias proveyeran para la formación de la niñez, afianzándola y examinándola en la fe cristiana.

El catecismo de Juan Calvino cubrió cuatro áreas. La primera exploraba el sentido de la fe cristiana. Partiendo de un asunto que se ha vuelto clásico en el pensamiento reformado en torno al propósito de la existencia humana, esta sección se tituló «Tocante a la fe», y está dedicada a examinar, parte por partes, el Credo Apostólico. Comenzaba de esta forma:

Ministro: ¿Cuál es el fin principal de la vida humana?
Niña/o: Que los seres humanos conozcan a Dios, por quien fueron creados.
M: ¿Qué razón tienes para decir eso?
N: Porque Dios nos creó y nos puso en este mundo para ser glorificado en nosotros y nosotras. Y es muy propio que nuestra vida, de la cual él es el principio, sea dirigida para su gloria. [. . .]
M: ¿En qué consiste, pues, el verdadero y recto conocimiento de Dios?
N: Cuando se le conoce en forma tal que se le da el honor que él solo merece.
M: ¿Cuál es la forma correcta de honrarlo?
N: Poner toda nuestra confianza en él; estudiar la forma de servirle a él toda nuestra vida por medio de la obediencia de su voluntad; invocarlo cada vez que la necesidad nos impele, buscando en él la salvación así como todas aquellas cosas buenas que pueden desearse; y, finalmente, confesar de boca y corazón que él es único autor de todas las cosas buenas.
M: Ahora bien, a fin de considerar estas cosas en orden y explicarlas más ampliamente, ¿cuál es el primer punto de tu respuesta anterior?
N: Que pongamos toda nuestra confianza en él.

Así continuaba exponiendo todo el credo y concluía con una serie de preguntas. En estas, se resumía la doctrina protestante acerca del carácter de la fe, cómo se era justificado ante Dios, y se discutía el tema de las obras en la vida cristiana, lo cual llevaba a la siguiente área.

Esta segunda sección la tituló «Tocante a la ley», y en ella se encontraba una detallada exposición de los diez mandamientos, con la finalidad de mostrar la manera en que los creyentes viven demostrando la gratitud que le deben al Señor. En la tercera sección, «Tocante a la oración», el catecismo explicaba el Padre Nuestro, y daba atención a la forma en que Dios había mostrado cómo deberíamos adorarlo de manera correcta y agradable. Además, esta era la respuesta agradecida de quienes vivían alegremente en la alabanza de Dios y en los deberes religiosos. El catecismo termina con la sección «Tocante a los sacramentos», donde se instruye sobre la recta participación en estas prácticas benditas. También refuta los errores medievales, y enseña que estas importantes ceremonias han de tenerse en gran estima y reverencia. Y se muestra cómo podemos derivar de ellas todo el caudal de bienes, riquezas y bendiciones que Dios nos ofrece y comunica por medio de ellas.

Los catecismos elaborados por los diferentes reformadores para la instrucción de sus feligreses constituyeron una excelente manera de resumir, aprender y transmitir los aspectos esenciales de la fe cristiana. Pero el de Calvino, además tuvo la virtud de ser una bella y muy brillante expresión de ese mismo espíritu y de esa misma fe.

Las ordenanzas eclesiásticas

Ahora vamos a resumir los rasgos más sobresalientes de un documento especial. Aunque en sentido estricto este no es un texto doctrinal o teológico, no está ausente la solidez teológica y bíblica del reformador. Tampoco pretende ser controversial, aunque por aquí y allá salta a la vista el trasfondo polémico de la época. Más bien, se trata de un proyecto pastoral y administrativo que pone de relieve el genio de calvino en estas tareas. *Las ordenanzas eclesiásticas* fue un documento dirigido a la organización misionera y ministerial de la iglesia de Ginebra. Allí se abordaron asuntos de política eclesiástica interna y de práctica pastoral, litúrgica, social, disciplinaria y financiera con miras al sano y ordenado funcionamiento de la iglesia. Por supuesto, las *Ordenanzas* son mucho más que un mero manual de procedimientos organizativos.

Tal vez podemos decir que se trata del complemento arquitectónico del edificio espiritual y teológico-intelectual de la reforma calviniana. Si los textos exegéticos y homiléticos de Calvino le prestaron vida, poder y chispa a la Reforma; y los textos teológicos y controversiales le proporcionaron su sobria reciedumbre doctrinal interna; entonces los proyectos pastorales del reformador le dieron el fino y regio perfil arquitectónico y la monumental –pero sencilla– estructura de la identidad e impacto que tuvo como iglesia. Así pues, las *Ordenanzas* de 1541 representan nada menos que la «constitución» oficial de la iglesia de Ginebra en la que se describe y ordena su forma de vida y funcionamiento como «Iglesia Reformada» conforme al evangelio. Así fue proclamada por el Concejo de la Ciudad el 20 de noviembre de ese mismo año.

Siguiendo el ejemplo de la iglesia primitiva, el proyecto de reforma que se contemplaba en este documento establecía cuatro órdenes de oficiales para conducir su vida: *pastores, doctores, ancianos y diáconos*. En cuanto a los *pastores*, en ese documento, se describieron sus características y sus funciones, y la manera para escogerlos, capacitarlos, examinarlos y ordenarlos para su ministerio. Siguiendo la enseñanza bíblica, se exigía que fueran piadosos, de vida intachable, sana doctrina, sólido conocimiento de la Palabra de Dios y con talentos adecuados para instruir al pueblo. También se indicaba la forma de organizar los servicios religiosos en la ciudad en torno a tres templos principales: San Pedro, San Germán y La Magdalena. En ellos, los domingos se celebrarían servicios de predicación al pueblo por la mañana y la tarde, y al mediodía la enseñanza del catecismo para la niñez. Además, en cada iglesia habría sermones dos días entre semana, excepto en San Pedro, donde habría tres. Ocho pastores en total se encargarían de esta labor, así como de la visitación de los enfermos y necesitados.

Por su parte, El pueblo debería asistir a estos servicios y, para procurar que todo mundo viviera en paz, rectitud y temor de Dios, serían supervisado por los doce *ancianos*. Toda la población debería asistir a la celebración de la Santa Cena que se ofrecería al menos una vez al mes en alguna de las tres iglesias principales (Calvino originalmente había propuesto todos los domingos en cada iglesia). Los casos de inmoralidad, rebeldía, vida disoluta o falta de piedad y asistencia al sacramento debían ser reportados por los ancianos que, junto con los ministros, serían tratados con exhortación o disciplina, y auxiliados por la autoridad pública.

Los *doctores* o *maestros* se encargarían de la educación cristiana y secular de la niñez y la juventud, tanto en la escuela pública como en la iglesia. Esta educación también se contemplaba como preparación para el ministerio. Los *diáconos* se dividieron en dos tipos (procuradores y hospitalarios) para obtener y administrar los recursos económicos para el sistema público de seguridad y servicios médicos y sociales para el sostén de los pobres, los enfermos y los inmigrantes refugiados. De esta manera se desterraría la mendicidad, se eliminaría la ociosidad y se atendería al bien de todas las personas. Finalmente, la obra también incluyó instrucciones sobre la celebración de los sacramentos, así como regulaciones para la visitación de los feligreses y enfermos, la instrucción de la niñez para sus obligaciones religiosas, el matrimonio, los funerales y la administración de la disciplina.

Las *Ordenanzas* contienen el proyecto que Calvino tenía en mente para la Reforma espiritual de la iglesia en Ginebra, pero revelan mucho más que un proyecto religioso. En realidad constituyen el germen de un enorme proyecto global de promoción humana que incluía la transformación entera de la realidad social, política, moral, educativa y económica de toda la comunidad ginebrina. A manera de evaluación, aquí vamos a destacar tres asuntos que resaltan la importancia de este documento.

El primero tiene que ver con el importante papel del liderazgo pastoral en esta histórica empresa. Siendo una enorme tarea de carácter eminentemente espiritual, de manera muy destacada, la Reforma exigía la contribución de los líderes religiosos. Sin embargo, este liderazgo no solamente habría de tocar la vida interna de la iglesia, sino que también inevitablemente involucraría la dimensión social y política de la ciudad. Los pastores de Ginebra no evadieron esa responsabilidad y ejercieron su papel auténtica y sanamente como figuras públicas de primerísima importancia en el escenario total de la ciudad, tal como la ocasión lo requería.

El segundo asunto destaca la interdependencia de la esfera pública, la privada y la religiosa en este diseño. Como hemos dicho anteriormente, la sociedad medieval se caracterizó por la estrecha relación y el íntimo intercambio entre el poder político, la institución religiosa y la sociedad civil. El genio de Calvino consistió en que, de manera eficiente, pudo articular los vínculos entre todas estas instancias que, organizados y puestos en marcha adecuadamente, en parte explican el éxito de la reforma ginebrina.

Finalmente, las *Ordenanzas* manifiestan el papel estratégico que tuvo el ministerio del diaconado eclesiástico para llevar a la práctica las dimensiones de justicia y compasión inherentes al evangelio. En Ginebra, los sectores marginados, los pobres, enfermos y desempleados, así como los inmigrantes extranjeros y los refugiados, constituyeron el objeto central de los beneficios del sistema de recaudación y distribución de la riqueza. Con este logro no solamente se eliminó la miseria crónica que caracterizaba a las masas populares en ese tiempo, sino que hizo de Ginebra la ciudad ordenada que el siglo XVI conoció.

---

[1] Para este capítulo, las citas y alusiones a las Actas del Concilio de Trento provienen de *Calvin's Tracts and Treatises*, trad. Henry Beveridge. Edimburgo: The Calvin Translation Society, 1851, tomo III. Las referencias al resto de las obras se tomaron de J.K.S. Reid, ed., *Calvin: Theological Treatises*, trad. con int. y not. de J.K.S. Reid, The Library of Christian Classics, Ichtus Edition. Filadelfia: Westminster Press, 1954.

Capítulo Siete

La Institución de la religión cristiana: Calvino como teólogo sistemático[1] (Primera Parte)

Sin duda, la más celebrada y la más conocida de las obras de Calvino es su *Institución de la religión cristiana*. Esta notable obra –que se afirma que ha afectado profundamente el curso de la historia como muy pocas lo han hecho– ya pertenece al tesoro clásico cristiano. Su asunto principal (el conocimiento de la gloria de Dios en la faz de Jesucristo para la vida eterna y el desbordante regocijo de la humanidad y la creación entera), por sí solo explica el lugar tan alto y distinguido que se le atribuye. Sin embargo, de seguro hay otras razones y virtudes que le han ganado esta merecida fama, pues es obvio que, sobre este mismo y trascendental asunto, existen miles de obras más, pequeñas y grandes, que provienen de muy diversas épocas y han sido escritas en cientos de idiomas diferentes por destacados testigos de Jesucristo. Así pues, nos parece que la influencia de esta obra se debe explicar atribuyéndola a la providencial conjunción de diversos factores.

Por supuesto que, en primer lugar, tenemos que reconocer la gracia de Dios, quien en su sabio e inescrutable designio de la historia quiso reunir en un mismo punto de la marcha de la iglesia el hambre de la cristiandad por su verdadero pan celestial con los brillantes talentos, prodigiosas capacidades y asombrosa dedicación de uno de sus más eminentes siervos. A esto hay que agregar la felicidad de la obra en sí, pues en un todo bien organizado y (relativamente) manejable volumen, reúne los aspectos esenciales de la verdad cristiana y los asuntos principales de la revelación bíblica, que explica con claridad, celo espiritual, erudición y belleza de expresión. Su autor combina una ardiente pasión por proclamar la verdad del evangelio con un vasto y muy preciso conocimiento de la gran tradición teológica cristiana. A ello agrega una fiel comprensión del mensaje total de la Sagrada Escritura que mezcla con el caudal de una impactante experiencia espiritual de fe y de una vocación inquebrantable de ministrar a la iglesia. Finalmente, de esta rara convergencia de fuerzas creadoras, fluye la expresión vibrante de su gran capacidad de comunicación. Esto nos permite concluir que la obra que intentaremos resumir en los siguientes párrafos, sin duda alguna es la obra maestra de un auténtico teólogo y pensador cristiano, de un verdadero varón de Dios.

Fruto maduro de la Reforma

Ya habíamos dicho que Calvino perteneció a la segunda generación de reformadores. Así pues, Calvino fue uno de los herederos de ese rico acervo espiritual e intelectual, de las mil batallas y cien mil angustias, de las muchas lágrimas y las copiosas oraciones de miles de anónimos creyentes de la Reforma. Calvino se benefició de las cuantiosas y agudas reflexiones teológicas, de los acalorados debates doctrinales, de los enjundiosos estudios de la Escritura recuperados mediante la vida y ministerio de muchos prominentes predicadores de la Reforma. Lo sobresaliente de Calvino fue su genial capacidad para asimilar, aquilatar, enriquecer e impulsar hacia el futuro este brillante legado. Él mismo fue fruto maduro de la Reforma. Por lo tanto, su trabajo de reformulación y reorganización de ese torrente de creatividad teológica de la Reforma es, igualmente, fruto maduro de su paradigmática experiencia. Así, la

Institución representa una de esas extraordinarias y potentes voces proféticas con que Dios ha hablado a su pueblo en momentos cruciales de la historia.

Es verdad que Calvino publicó su primera edición de la *Institución* en 1536, cuando apenas tenía unos dos años de haberse convertido a la Reforma, y solamente veintiséis de edad. Desde el punto de vista meramente cronológico, se podría decir que el autor no era un teólogo maduro ni experimentado. Aunque el joven erudito escasamente llevaba unos cuantos meses en su primer ministerio pastoral, no se puede afirmar que por ello su obra es insustancial, porque esto revelaría desconocimiento de la obra y se estaría ignorando la providencia de Dios (que de muchas maneras, y a través de un prolongado, dinámico y vital proceso formativo, había capacitado a su instrumento escogido).

Además, también es verdad que desde su primera edición esta obra reveló ser una sólida, madura y equilibrada pieza de reflexión e instrucción cristiana. Incluso el más encumbrado teólogo moderno no puede dejar de reconocer la reciedumbre, densidad y feliz expresión de la fe que se halla en estas páginas. De hecho, la *Institución* es todavía uno de los textos teológicos más leídos y publicados, y ha resistido la prueba del tiempo como modelo de sólida reflexión bíblica, teológica, eclesiástica y social. Más todavía, este texto se mantuvo permanentemente como «obra en progreso» en el corazón, la mente, el tintero y el escritorio de Calvino. Una y otra vez volvió a ella para ampliarla, enriquecerla y perfeccionarla conforme el tiempo se lo permitía y la experiencia de la iglesia lo exigía. Después de su gestación y nacimiento, Calvino todavía le dedicó muchas horas de estudio, reflexión y re-elaboración a lo largo de veintitrés de sus veintiocho años de vida ministerial. La última edición se publicó en 1559.

En realidad, lo que comenzó como un tratado relativamente breve de sólo seis capítulos escrito en latín, resultó ser un *best seller* que desapareció de las librerías antes de un año. Las demoras de los impresores hicieron que la segunda edición no saliera hasta 1539, pero ya revisada y aumentada a diecisiete capítulos, y casi un treinta por ciento más extensa que la primera. A ésta le siguió la extraordinaria versión clásica en francés de 1541, que por su seriedad temática, profundidad académica, calidad literaria y belleza retórica le ganó a Calvino un lugar prominente entre los padres del idioma francés moderno, ¡y no se diga en el corazón de sus seguidores hugonotes! Luego vino la edición latina de veintiún capítulos en 1544, con una reimpresión en 1545 y luego varias revisiones menores publicadas en 1550, 1553 y 1554. También continuaron saliendo las nuevas traducciones francesas entre 1545 y 1551. Este incesante proceso sólo llegó a su fin en 1559, cuando Calvino consideró que había logrado la forma y dimensiones más satisfactorias, con un total de ochenta capítulos organizados en cuatro libros (en la versión española moderna tiene una extensión de casi mil doscientas páginas).

Con todo, lo sorprendente es que entre la primera y la última edición existe la misma riqueza espiritual, igual calidad de pensamiento, admirable homogeneidad doctrinal y consistente riqueza intelectual y académica. En la última edición también se advierte un enriquecimiento literario y una mayor elaboración y profundización. Comparemos estos breves pasajes clásicos con que comienza Calvino las ediciones de 1536[2] y 1559:

Edición de 1536	Edición de 1559
Casi toda la doctrina cristiana puede reducirse a dos cosas: al conocimiento de Dios, y de nosotros mismos. Lo que a Dios se refiere, lo hemos de aprender en lo que diremos aquí.	Casi toda la suma de nuestra sabiduría, que de veras se deba tener por verdadera y sólida sabiduría, consiste en dos puntos: a saber, en el conocimiento que el hombre debe tener de Dios, y en el conocimiento que debe tener de sí mismo.
Conocimiento de Dios	Mas como estos dos conocimientos están muy unidos y enlazados entre sí, no es cosa fácil distinguir cuál precede y origina al otro, pues en primer lugar, nadie se puede contemplar a sí mismo sin que al momento se sienta impulsado a la consideración de Dios, en el cual vive y se mueve; . . . . el mismo ser que tenemos y lo que somos no consiste en otra cosa sino en subsistir y estar apoyados en Dios. . . . Así mismo, por nuestra pobreza se
En primer lugar, tengamos como regla o principio, para la certeza de nuestra fe, que Dios es sabiduría, justicia, bondad, misericordia, verdad, virtud y vida infinitas [. . .]	
Conocimiento del hombre	
Por lo que a nuestro propio conocimiento se refiere, notemos, en primer término, que	

nuestro primer padre Adán fue creado a *imagen y semejanza de Dios* (Génesis 1:26-27), es decir, adornado con sabiduría, justicia y santidad, y de tal manera unido a Dios por semejantes dones, que habría de vivir perpetuamente si hubiera permanecido en la integridad de la naturaleza de Dios recibida.

Mas, al caer en el pecado (Gn. 3) fue como ocultada y borrada tal imagen, es decir, que perdió todos los dones de la gracia divina, con los cuales podía ser conducido por los senderos de la vida. Además, se alejó mucho de Dios y a Él se hizo como extraño, y, en consecuencia, fue despojado de toda sabiduría, virtud y vida, las cuales no pueden poseerse sin Dios, como antes dijimos. Por lo cual, no quedó al hombre otra cosa sino la ignorancia, la iniquidad, la impotencia, la muerte y el juicio (Ro. 5:12-21); éstos, en verdad, son los frutos del pecado.

muestra todavía mejor aquella inmensidad de bienes que en Dios reside; y principalmente esta miserable caída, en que por la transgresión del hombre caímos, nos obliga a levantar los ojos arriba, no solo para que ayunos y hambrientos, pidamos de allí lo que nos haga falta, sino también para que, despertados por el miedo, aprendamos humildad. Porque como en el hombre se encuentra todo un mundo de miserias, después de haber sido despojados de los dones del cielo, nuestra desnudez, para grande vergüenza nuestra, descubre una infinidad de oprobios; y por otra parte, no puede por menos que ser tocado cada cual de la conciencia de su propia desventura, para poder, por lo menos, alcanzar algún conocimiento de Dios.

Así, por el sentimiento de nuestra ignorancia, vanidad, pobreza, enfermedad, y finalmente perversidad y corrupción propia, reconocemos que en ninguna otra parte, sino en Dios, hay verdadera sabiduría, firme virtud, perfecta abundancia de todos los bienes y pureza de justicia; por lo cual, ciertamente, nos vemos impulsados por nuestra miseria a considerar los tesoros que hay en Dios.

Aunque de forma concisa, para 1536 podemos ver que ya están presentes los rasgos esenciales del pensamiento teológico, que luego veintitrés años de rica experiencia ministerial solamente habrían de afinar y embellecer. Por supuesto, existe una profundización y reacomodo mejor pensado de sus elementos, se notan líneas de reflexión y relaciones espirituales y teológicas, y también una expresión literaria más pulida. Pero, en lo esencial, los lectores de la primera edición fueron conquistados e inspirados por el mismo y magistral espíritu que habita en la monumental obra de 1559. Así pues, desde su primera contribución doctrinal, Calvino demostró ser un verdadero teólogo sistemático. Es decir, un fiel y estudioso siervo de Dios que, hallándose de cara a un mundo desafiante y necesitado, de forma consistente y disciplinada, empleó todos sus recursos espirituales, intelectuales, herramientas de estudio, la observación, la construcción, el análisis y la síntesis para discernir los profundos y complejos elementos trascendentales y determinantes de la fe cristiana que tienen su fuente en las Escrituras.

Luego, ante la compleja realidad histórica humana, el teólogo también utilizó esos recursos para poder discernir la voz de Dios hablando y dirigiendo a su pueblo hacia el cumplimiento de sus planes para su propio tiempo. Como todo doctor y maestro de la iglesia, Calvino también procuró rendir a Cristo todo pensamiento humano, sometiéndolo a su soberanía para la edificación de su reino en este mundo.

El contexto histórico de la Institución

Juan Calvino dedicó la edición original de su libro «Al Cristianísimo Rey de Francia», Francisco I, con un doble propósito en mente. Por una parte, llamó a su documento una «confesión de fe delante de vuestra Majestad», esperando que el Rey entendería cuál era la doctrina evangélica contra la que calumniosamente se había desatado una cruel persecución en su reino. Es decir, estaba tratando de despertar en el rey la antigua tolerancia intelectual de corte humanista que había demostrado hacia las ideas protestantes en épocas pasadas, y con la esperanza de atraerlo al lado de la Reforma al convencerlo de que la verdadera iglesia cristiana que se describía en el evangelio se expresaba fielmente en la vida y doctrina de los reformados.

Al hacer evidente la pureza de motivos y la rectitud de doctrina que los asistía, Calvino sugirió que la defensa de los reformados sería el oficio más apropiado de un monarca cristiano, justo, clemente, y que se reconocía a sí mismo como responsable de buscar la purificación de la iglesia, «ya que el pensar esto hace a uno verdadero Rey: si él reconoce ser verdadero ministro de Dios en el gobierno de su reino; y por el contrario, aquel que no reina para este fin, de servir a la gloria de Dios, este tal no es Rey sino salteador». (*Inst.* p. xxvii).

El segundo propósito de la dedicatoria fue elevar una valiente denuncia de la injusta persecución y castigo perpetrado en contra de los evangélicos por parte de ciertos funcionarios de la corte, que estaban de acuerdo con los jerarcas de la iglesia oficial. Calvino apeló a las inclinaciones y obligaciones religiosas del monarca, aspirando a despertar su compasión y clemencia con el fin de detener la insidiosa represión, acoso, encarcelamiento y matanza de protestantes.

El autor confesó que, al redactar este libro, su intención original solamente era «enseñar algunos principios, con los cuales los que son tocados de algún celo de religión, fuesen instruidos en la verdadera piedad. . . . [ya que él] veía muchos tener hambre y sed de Jesucristo, y veía muy pocos de ellos estar bien enseñados» (*Inst.* p. xxv). Sin embargo, también decidió aprovechar la coyuntura histórica para hacer de este texto una confesión de fe y una defensa de los perseguidos protestantes franceses. Así que estos tres elementos se reúnen y conjuntan magistralmente en la *Institución* y hacen de ella un extraordinario manual educativo, una fiel y docta confesión de fe, y una apasionada apología de la Reforma.

El momento era propicio para ello. Perspicaz y agudo conocedor de su entorno y, al mismo tiempo poseedor de un fino instinto político y espiritual, Calvino se insertó en la encrucijada de los tiempos para contribuir con esta luminosa obra al discernimiento del sentido de la historia desde la perspectiva cristiana. En medio de los tumultuosos eventos de la Francia de la década de 1530, la *Institución* emergió como un serio esfuerzo para persuadir a sus coetáneos de que la construcción de una sociedad justa dependía de la protección y salvaguarda de la verdad de la fe evangélica (representada por la Reforma), y por esa razón Calvino continuó su incansable esfuerzo por producir sucesivas ediciones de su obra. Y lo hizo por la convicción de que, en esa sociedad y tiempo, la continuidad de la fe de la Reforma constituía un indicio de la justicia y equidad a favor de las cuales el Rey de reyes y Señor de señores mantenía a un gobernante en el poder.

Francisco I fue cabeza de la dinastía Valois, rey de Francia de 1515 a 1547 y uno de los cuatro fuertes y duraderos gobernantes que dominaron la historia europea durante la primera mitad del siglo XVI. Los otros tres fueron Enrique VIII de la dinastía Tudor (rey de Inglaterra de 1509 a 1547); Carlos V de la dinastía Hasburgo (rey de España de 1515 a 1556 y Santo Emperador Romano desde 1519); y Suleimán I, sultán turco de 1519 a 1566. Las relaciones y tensiones entre estos gobernantes se vieron complicadas por los valores, lealtades, conexiones y partidos religiosos que representaban. Por ejemplo, Francisco mantuvo una constante contienda con varios papas: Clemente VII (1523-1534), Julio de Médici (su consuegro, cuya hija Catalina se casó con el hijo de Francisco I, Enrique II, en 1534), y Pablo III, de la familia Farnese (1534-1549). Durante estas décadas se dio todo tipo de alianzas y rompimientos entre estos cinco poderes, junto con el de los príncipes protestantes luteranos.

El Duque de Borbón, el genio militar de Francisco I, derrotó a las fuerzas de los Hasburgo en Marignan, en 1515; pero para 1524 ya su rey Francisco le había confiscado sus tierras. Así que Borbón se pasó al bando enemigo y asumió el comando de las fuerzas del emperador, derrotando a Francisco en Pavía. El rey de Francia fue capturado y mantenido como prisionero en Madrid hasta que cedió sus propiedades y pretensiones en Italia, e intercambió a sus dos hijos por su propia libertad, dejando a los dos jóvenes como rehenes hasta que pagó una enorme suma de dinero como rescate por ellos. El dinero para el rescate, por supuesto, provino de los fuertes impuestos asignados tanto a la aristocracia como a los campesinos de Francia. Por eso, para 1536 Francisco estaba resuelto a desbaratar el poder de los Hasburgo y restaurar el de los Valois así como su dignidad personal.

Puesto que Francisco no era un gran militar, se volvió hacia los nobles educados y los humanistas ilustrados, se inclinó hacia las nuevas ideas de reforma de la iglesia y combatió intelectualmente a los escolásticos de la Sorbona que apoyaban al papa y se oponían a la intervención del rey en el nombramiento de oficiales eclesiásticos y en los asuntos financieros de la iglesia. Además, el movimiento nacionalista galo (gálico o galicano) se oponía al poder papal, y el mismo Francisco había sido educado en la idea de que su función política también incluía su responsabilidad de promover el bienestar y la reforma de la iglesia y la fe cristiana dentro de su territorio.

En medio de todos estos eventos históricos, Juan Calvino encontró la oportunidad providencial para elevar el clamor de la fe evangélica, proponer su eficacia para la transformación de la realidad histórica, y presentarla como la opción más oportuna y legítima para que un benévolo y justo monarca cristiano construyera una nueva y justa sociedad.

Dos lamentables sucesos obstruyeron las posibilidades y esperanzas de reforma que el leal pastor de Ginebra propuso, aunque desde el destierro, a su monarca. El primero fue la presión que ejerció la facción reaccionaria de la corte y la nobleza de Francia, encabezada por sus aliados de la jerarquía eclesiástica que, para influir en el monarca, aprovecharon los inoportunos, violentos e inmorales incidentes extremistas del triunfo y establecimiento de la reforma radical anabaptista en Münster (Alemania,1534), con su secuela de errores políticos, morales y religiosos. En segundo lugar estuvo el penoso e imprudente incidente de las pancartas que, a lo largo de toda Francia, fueron colocadas por extremistas radicales franceses donde atacaban a la iglesia, al papa y al rey en un esfuerzo concertado la noche del 15 de agosto de 1534. Una de esas pancartas o carteles fue colocada nada menos que en la cámara del rey, lo cual dio lugar al clamor de *lesa majestad* y vio el incidente como un acto abiertamente sedicioso.

Obviamente, estos incidentes definitivamente inclinaron la balanza en contra de los protestantes, quienes de inmediato se vieron acosados por todas las instancias socio-políticas y religiosas francesas. Estas, finalmente desataron el baño de sangre que manchó a Francia en esa encrucijada, y es el incidente al cual Calvino hace referencia.

Los efectos permanentes de la verdad

Independientemente del efecto político inmediato que pudiera haber tenido la publicación y diseminación de la Institución por toda la Europa de fines de la Edad Media, su valor formativo para la vida, la fe y el conocimiento espiritual de sucesivas generaciones ha quedado claramente demostrado a través de varios siglos de historia.

En efecto, la incomparable utilidad de la *Institución* como obra de reflexión teológica y de educación cristiana, ha sido atestiguada por las muchas revisiones, ediciones y reimpresiones que se hicieron de ella durante la vida del mismo Calvino. Pero aún más, lo constatan las numerosas traducciones a otros idiomas modernos y su constante venta y uso como uno de los textos cristianos más leídos.

A semejanza de muchas de las grandes obras artísticas del Renacimiento, la *Institución* se caracteriza por sus impresionantes dimensiones espirituales, por la acabada belleza de su forma y estilo, por su armoniosa simetría que en un solo conjunto reunió los elementos del edificio de la verdad evangélica. Como pocos en su época, Calvino pudo discernir los sublimes contornos y gloriosos perfiles de la hermosura de la Palabra de Dios, y luego plasmarlos con asombrosa fidelidad e impactante y vital belleza de espíritu. Calvino penetró en el discernimiento de los más recónditos misterios y tesoros del evangelio de la gracia, los extrajo y luego los exhibió en su prístina hermosura. Además, reunió las partes constitutivas de la revelación bíblica, y las integró en un espacio estéticamente grato, lógicamente plausible y mutuamente armonioso donde cada una adquiría su dimensión correcta y su función apropiada.

Es decir, la *Institución de la religión cristiana* crea y comunica una visión de conjunto coherente, no sólo en correspondencia fiel con las diferentes enseñanzas bíblicas, sino también profundamente significativa, intelectualmente convincente y, además, intensamente inspiradora, edificante y conmovedora. Esto es lo que implica ser un teólogo sistemático: ser capaz de captar la verdad en su conjunto unificado y expresarla ordenadamente tomando en cuenta su coherencia lógica y sus vínculos vitales y orgánicos. Para esto se necesita el poder de discernimiento de lo que es esencial (y no meramente accidental o secundario) en la verdad. Se requiere ser capaz de distinguir lo eterno de lo pasajero y asignarle su valor normativo para la fe. Exige fidelidad plena a la revelación bíblica y, al mismo tiempo, la creatividad necesaria para interpretarla de nuevo de manera que aclare, explique e ilumine sus nexos y significados íntimos.

Sin duda, Calvino ejerció esta función en su ministerio de enseñanza y logró que su obra sirviera para «de tal manera preparar e instruir los que se querrán aplicar al estudio de la teología, que fácilmente puedan leer la Sagrada Escritura y aprovecharse de su lección entendiéndola bien, e ir por el camino derecho sin apartarse de él» (*Inst.*, p.xxiv). De este logro ya tenía conocimiento el reformador debido a las constantes solicitudes para revisar y volver a publicar su obra magna. Por eso podía decir: «Porque pienso que de tal manera he comprendido la suma de la religión con todas sus partes, y que la he puesto y digerido en tal orden, que cualquiera que la entendiere bien, podrá fácilmente juzgar y resolverse de lo que deba buscar en la Escritura, y a qué fin deba aplicar todo cuanto en ella se contiene». (*Ibid.*)

Así pues, en lo que resta de este capítulo intentaremos hacer un breve repaso del diseño de la obra y otro de lo más sobresaliente de su contenido. Hasta donde sea posible, trataremos de citar y evocar el lenguaje preciso con que Calvino expuso estas ideas, a fin de que nos sólo comuniquemos el sentido de su pensamiento teológico, sino también su profunda unción al igual que su bella expresión y su espíritu pío, instructivo y edificante.

Desde el principio, hay que decir que la grandeza de esta obra reside en la sencillez de su diseño. Con unos cuantos trazos, Calvino estableció las líneas determinantes de su proyecto. De hecho, él no es un innovador en esta área, porque recurrió a lo que otros ya habían establecido antes de él. Así que sólo sigue la estructura tradicional de los antiguos credos de la iglesia, y particularmente del Credo Apostólico.

La *Institución* se organizó en torno a los cuatro ejes de la fe que han dirigido a la iglesia cristiana desde el inicio. Por ello consta de cuatro libros que reúnen las cuatro afirmaciones esenciales del credo: la fe en Dios Padre, en el Hijo Jesucristo y en el Espíritu Santo, a los cuales se agrega el artículo sobre la iglesia. Lo distinto en el trabajo de Calvino es la manera de concebir cada uno de estos cuatro ejes. Veamos cómo los expresa:

> Libro Primero: Del conocimiento de Dios en cuanto es Creador y Supremo Gobernador del mundo.
> Libro Segundo: Del conocimiento de Dios como Redentor en

Cristo, conocimiento que primeramente fue manifestado a los patriarcas bajo la ley y después a nosotros en el evangelio.
Libro Tercero: De la manera de participar de la gracia de Jesucristo. Frutos que se obtienen de ello y efectos que se siguen.
Libro Cuarto: De los medios externos o ayudas de que Dios se sirve para llamarnos a la compañía de su Hijo, Jesucristo, y para mantenernos en ella.

Bajo estos cuatro encabezados, Calvino reunió «la suma de la piedad», que consistía tanto en la comprensión intelectual como en la vivencia experimental de la gracia de Dios en Jesucristo, que era comunicada al alma y sellada en el corazón por el Espíritu Santo. La expresión concreta de esta piedad es la gratitud devota que se da en la adoración de la iglesia y la glorificación de Dios mediante el compromiso por la justicia y la santidad en el mundo. Los encabezados de estos libros operan a manera de cuatro aposentos sagrados. En ellos se percibe el dulce perfume de la experiencia devota en que el alma creyente es llevada a disfrutar de las verdades que envuelven el corazón fiel en la gracia del evangelio de la justificación por la fe. Y que finalmente conducen al cautivo corazón creyente hasta la entrega en servicio amoroso al Dios soberano (que se nos dio en el Cristo Redentor), y al prójimo necesitado.

El punto de partida

Un poco antes, en columnas paralelas citamos las palabras con que comienza la *Institución*. En ellas, claramente encontramos expresado el principio germinal de la teología de Calvino, que consiste en el paralelismo o correlación entre el conocimiento de Dios y el del ser humano. Estas dos preocupaciones corren a lo largo de esta obra, tanto intelectual como prácticamente. La mutua interacción entre Dios y el ser humano determinó tanto el pensamiento teológico como la *praxis* pastoral del reformador. Esta vinculación entre la preocupación por lo divino y, al mismo tiempo, por lo humano, por lo trascendente y por lo histórico, es lo que genera el carácter de la reflexión y la acción de la reforma emprendida por Calvino. Su intención permanente es mostrar la forma en que nuestro encuentro con la revelación divina determina el descubrimiento de nuestro propio ser y nuestra transformación como seres humanos dentro del entorno histórico en el que nos hallamos. En la medida en que profundizamos el entendimiento de nosotros mismos, también somos impulsados a entender más profundamente la realidad de Dios. Y viceversa, en la medida en que profundizamos nuestro conocimiento de Dios, somos movidos a una comprensión más profunda de nuestro propio ser.

Pero esta intuición metodológica se halla inseparablemente ligada a otro principio característico y fundamental de la teología reformada calviniana que responde a la pregunta sobre ¿cómo sabemos que existe esta correlación de conocimientos? La respuesta evangélica es que esto nos ha sido revelado por Dios mismo. Dada la realidad del oscurecimiento espiritual y la miseria moral del ser humano que conocemos con el nombre de «pecado», los seres humanos no pueden llegar por sí mismos a este descubrimiento. A él se arriba estrictamente por medio de la revelación que a Dios le ha placido dejarnos testificada en las Sagradas Escrituras. Este principio concreto le da contenido y validez a la intuición anterior y la convierte en la base de la teología evangélica.

El Dios creador, providente y soberano

Una de las impresiones dominantes que se obtienen al leer la *Institución de la religión cristiana* es la constante y contundente certidumbre de que a cada paso nos encontramos con esa presencia inevitable, majestuosa y formidable que todo lo rodea y lo domina con el impactante poder de su benevolente y paternal ternura. El Dios que nos presenta Calvino es el que llegó a conocer por experiencia propia, el Dios de la Escritura, del pacto, de los patriarcas, de los profetas, de los salmistas; regente indiscutible de su pueblo, de la historia y del universo todo. Aquí se nos muestra al Dios y Padre que, de acuerdo con su eterno designio de gracia, interviene en la vida de la humanidad, perdida y totalmente depravada. Dios llega hasta los seres humanos en la persona de su Hijo Jesucristo —soberano irremplazable y siervo sufriente al mismo tiempo— quien por nosotros y para nuestro bien se hizo hombre y ofreció al Padre la satisfacción por los pecados de la humanidad. Ahora el Señor convoca a todas las criaturas a someterse al glorioso reinado de la divina misericordia con que restaura y transforma a la humanidad entera mediante la obediencia al evangelio de la justificación por la gracia. Esta buena noticia fue recuperada para la verdadera piedad de la Iglesia por los predicadores de la Reforma.

Queda claro que esta apretadísima impresión sólo llega tras la exposición calviniana de la suma de la piedad cristiana. Los pasos de la argumentación de esta visión siguen la lógica que a continuación se describe en sus rasgos más generales.

Como vimos antes, tan pronto como nos preguntamos ¿qué es el ser humano?, se nos mueve a levantar nuestros ojos a Dios. Porque es evidente que «el hombre nunca jamás llega al conocimiento de sí mismo, si primero no contempla el rostro de Dios» (I. i. 2). Y cuando luego descendemos nuevamente a la consideración de nuestra condición, descubrimos tanto nuestra degradante miseria, caída, pecaminosidad y falta de justicia, como la perfecta santidad, justicia, sabiduría y bondad de Dios. Entonces, nuestro conocimiento de Dios, según Calvino, es doble. Primeramente, le conocemos como Creador y originador de todo ser y, en segundo lugar, lo conocemos como Redentor en Jesucristo nuestro mediador. Lo primero no sólo implica reconocer su existencia, sino también nuestra obligación para con él y la manera apropiada de adorarlo y de buscar todo lo necesario para nuestra existencia exclusivamente en él. Lo segundo nos encamina a refugiarnos por la fe en la gracia que se nos ofrece estando en nuestra miseria y perdición, a fin de alcanzar el socorro y la salvación mediante Cristo Jesús, porque «una cosa es sentir que Dios, Creador nuestro, nos sustenta con su potencia, nos rige con su providencia, por su bondad nos mantiene y continúa haciéndonos grandes beneficios, y otra muy diferente es abrazar la gracia de la reconciliación que en Cristo se nos propone y ofrece» (I. ii. 1).

Así pues, la verdadera piedad es una «reverencia unida al amor de Dios, que el conocimiento produce» (I. ii. 2). Por ella entendemos que nuestra vida está ordenada a su servicio y que su voluntad debe servirnos de regla. De modo que la auténtica religión es «fe unida a un verdadero temor de Dios, de manera que el temor lleve consigo una voluntaria reverencia y un servicio tal cual le conviene y el mismo Dios ha mandado en su Ley» (I. ii. 4). Este conocimiento está arraigado naturalmente en el ser humano, pues por disposición divina éste posee una semilla de religión, un sentimiento inextinguible de la divinidad por instinto natural. Esto lo hace inexcusable si no ofrece a Dios su devoción. Con esto se desechaba el argumento de que la religión fue inventada por la malicia de los sacerdotes para mantener control del pueblo. En realidad, quienes más se oponen al conocimiento de Dios, son más asaeteados por el temor de Él. Lo que sí sucede es que esta semilla se debilita y corrompe en el corazón humano y no puede madurar plenamente, y es esto lo que da lugar a la impiedad, las supersticiones y los errores que llevan a la negación del Dios verdadero con el ilusorio fin de que así se podría evitar su justo juicio y gobierno. Estas aberraciones supersticiosas revelan la necesidad de que el celo religioso esté unido a la verdad.

Por otro lado, Dios no espera de los humanos un temor servil, fingido o ciego, sino voluntario y amoroso. Para combatir la ignorancia de los humanos y guiarlos a la felicidad que consiste en conocerle, Dios agregó a esa inextirpable semilla de religión en el ser humano la luz de sus obras en la creación y gobierno del mundo, revelando su potencia y sabiduría a fin de que fuera reconocido por sus criaturas. Aquí Calvino está refutando algunos argumentos de filósofos y poetas paganos de la antigüedad que, desconociendo al Dios verdadero, atribuían a la «Naturaleza» un «alma universal» que daba su ser al mundo y lo mantenía; y atribuían a la «Fortuna» los sucesos azarosos y desordenados en el transcurso de la historia. Luego continúa mostrando que, junto con la providencia, el portentoso gobierno del mundo natural y del moral en la historia humana son indicios clarísimos de la divina majestad. Lamentablemente, puesto que los humanos han preferido sus fantasías más equivocadas respecto a Dios, todas esta claras señales no les han impedido seguir sus gravísimos errores.

De todo esto, Calvino concluyó la necesidad de tener una guía verídica y eficaz que nos llevara al conocimiento de Dios. Así, para conocer verdaderamente a Dios como Creador y Redentor, afirmó la necesidad de la Escritura para encaminarnos. Es decir, a Dios le plació añadir la luz de su Palabra a fin de evitar los vanos y fantasiosos esfuerzos de la imaginación religiosa humana. Así que la Escritura no sólo nos enseña claramente que se debe adorar a un dios, sino también nos revela específicamente quién es ese Dios.

Nuestro conocimiento de Dios, por tanto, está basado en el firme testimonio de la Escritura, cuya autoridad, como se ha dicho, descansa en el testimonio interno del Espíritu Santo y no puede derivarse de la autoridad de la iglesia. La Escritura tampoco autoriza supuestas revelaciones que sean contrarias a su enseñanza. La Escritura opone el conocimiento del Dios verdadero –el Creador de todo cuanto existe– a los dioses, ídolos e imaginaciones de los paganos, y rechaza todo intento de hacer imágenes y de producir representaciones visibles de su ser que supuestamente nos pueden ayudar a servirlo mejor. Quienes así lo hacen, en realidad se están apartando totalmente de él. Desde la misma creación, las Escrituras testifican que en la esencia única de Dios se contienen tres personas perfectamente unidas y perfectamente diferenciadas entre sí. Este Dios vivo y verdadero es el único a quien se debe adorar. Por tanto, la enseñanza bíblica lo opone a los dioses falsos, donde también debemos incluir la verdad relacionada con la creación de los ángeles como servidores de Dios al servicio de sus propósitos, así como lo relacionado al diablo y los demonios.

En cuanto al conocimiento del ser humano, la Escritura nos enseña que originalmente fue creado a la imagen de Dios, y con un alma cuyas eminentes facultades lo hacían digno instrumento de la voluntad de Dios en el mundo. En ese estado original, fue creado como un ser con voluntad enteramente libre y en perfecta integridad de justicia, verdad y santidad.

Pero la doctrina de Dios como potente Creador se complementa y remata con lo que la Escritura nos revela respecto al continuo sustento y gobierno del mundo, que es el marco de la acción y la relación continuas de Dios con sus criaturas. La providencia significa que la voluntad divina es la causa justísima de todo cuanto acontece, y que el propósito eterno y glorioso de Dios permite que su pueblo mantenga una firme esperanza en medio de las aflicciones y adversidades temporales, siendo esta una doctrina de gran consuelo y utilidad. Este gobierno inescrutable y sapientísimo no hace a Dios autor del mal ni tampoco elimina la plena responsabilidad humana en las causas inferiores de cuanto pasa en la historia. En el caso de los impíos, Dios obra de tal forma que aun las acciones malignas de éstos contribuyen al cumplimiento de los designios divinos, quedando Dios así limpio de toda mancha.

La miseria humana y la necesidad de redención

Una vez que hemos conocido a Dios en su grandeza y majestad como Creador nuestro, la segunda parte de la sabiduría humana nos mueve en dirección al conocimiento de nuestro propio ser. Al reflexionar sobre la excelsitud de los dones con que Dios adornó al género humano, descubrimos cuán grande sería la excelencia de nuestra naturaleza si permaneciera en su integridad. Pero luego de la caída de Adán, al advertir el penoso estado de nuestra condición, reconocemos nuestra vergüenza y humillación. De aquí nace nuestro reconocimiento de la necesidad de recuperar lo que hemos perdido, que va unido a la admisión de que no encontraremos la fuerza en nuestro propio ser para lograrlo. De esta manera, nos vemos obligados a buscar toda salvación en Dios, ya que los efectos del pecado de Adán son tales, que cada parte de nuestra naturaleza está dañada y totalmente depravada (además de que se han propagado a todo el género humano).

Es decir, toda la humanidad está esclavizada al pecado y por sí misma no puede obrar el bien, excepto por acción de la gracia divina. De ahí que aun las mejores acciones de un corazón no regenerado son enteramente pecaminosas, ya que no brotan de la fe ni de la obediencia, y tampoco tienen la finalidad de dar gloria a Dios. Contra la opinión de los filósofos, de algunos padres de la iglesia y algunos escolásticos, apoyándose en el testimonio de la Escritura y siguiendo a san Agustín, Calvino objeta la noción del libre albedrío como medio para alcanzar la salvación, mostrando que todas las facultades del alma han quedado afectadas por el pecado. Especialmente la razón y la voluntad han sido dañadas con oscurecimiento para siquiera vislumbrar lo divino y con servidumbre al pecado, de tal manera que por nuestros propios medios no podemos ni conocer a Dios, ni hacer el bien. Así, nuestras acciones merecen condenación, y el único remedio es que Dios regenere nuestros corazones y nuestro espíritu.

Jesucristo, nuestro único Salvador

Una vez demostrada la total incapacidad humana para alcanzar la vida, Calvino comenzó su exposición de la doctrina bíblica de la redención diciendo:

Como quiera que todo el linaje humano quedó corrompido en la persona de Adán, la dignidad y nobleza nuestra, de que hemos hablado, de nada podría servirnos, y más bien se convertiría en ignorancia, si Dios no se hubiera hecho nuestro Redentor en la persona de su Hijo unigénito, quien no reconoce ni tiene por obra suya a los hombres viciosos y llenos de pecados. Por tanto, después de haber caído nosotros de la vida a la muerte, de nada nos aprovechará todo el conocimiento de Dios en cuanto Creador, al cual nos hemos ya referido, si a él no se uniese la fe que nos propone a Dios por Padre en Cristo.

[. . .]

Así pues, aunque la predicación de la cruz no satisfaga los juicios de la carne, no obstante hemos de abrazarla con humildad, si deseamos volver a nuestro Creador, de quien estamos apartados, para que de nuevo comience a ser nuestro Padre. (II. vi. 1).

Éste es el asunto y tenor del segundo libro de la *Institución*.

La doctrina de Cristo como mediador se halla expuesta en la Escritura desde la caída de Adán, y forma parte de la revelación que corre a lo largo de la historia de Israel, su sistema sacrificial, su pacto de vida, su conocimiento de la Ley divina, su fracaso para cumplirla y su llamado al arrepentimiento a través de los profetas. El lugar central que la Ley tuvo para Israel exige entender su sentido cristológico, ya que no le fue dada como un fin en sí misma, sino como un medio para prepararlo para el advenimiento de Jesucristo. De esta manera, la Ley moral tiene tres oficios: 1) La ley sirve para revelar el pecado y la bajeza de los humanos, de manera que dejando la arrogancia, se humillen ante Dios y se refugien en su misericordia al contemplar cómo la Ley los condena. A éste se le ha llamado el «uso pedagógico de la Ley», y sirve para que huyendo de la condenación nos refugiemos en la gracia de Jesucristo. 2) La Ley también sirve para dominar la maldad de los seres humanos, forzándolos a controlar sus pasiones por el temor al castigo. De esta manera, Dios usa la Ley para controlar los efectos del pecado de la humanidad y conservar un nivel de bienestar en la sociedad humana. Este es el «uso civil de la ley». 3) El «uso ético de la ley» que, según Calvino es su principal finalidad, nos ofrece un modelo de conducta por el cual moldear nuestras vidas para ofrecer a Dios una mejor y más correcta adoración. Si bien las leyes ceremoniales del antiguo culto israelita han sido superadas en Cristo, la Ley moral retiene su valor permanentemente, por lo que aquí Calvino dedicó una buena porción del segundo libro a la exposición detallada de los diez mandamientos y su lugar en la vida cristiana a la luz del evangelio.

Aunque Cristo fue revelado en la antigüedad a los patriarcas y a Israel por medio de la Ley, su revelación perfecta solamente se ha dado con el advenimiento del evangelio. Este es la clara manifestación del misterio de Jesucristo, donde se integran todas las promesas de la Ley acerca de la remisión de los pecados por la gracia, a fin de reconciliar a los seres humanos con Dios. De aquí surge la dinámica de la continuidad y la discontinuidad que existe entre la Ley y el evangelio. Son continuos en el sentido de que la Ley es la forma del evangelio, y en tanto que el evangelio es el contenido de la Ley. Sin embargo, son discontinuos en virtud de la superioridad y extensión de evangelio sobre la Ley, así como por la eficacia salvadora que por virtud del Espíritu Santo el evangelio ejerce en los seres humanos. Sin embargo, el dato más sobresaliente del evangelio consiste en que, a fin de poder ejercer el papel de Mediador, al Hijo de Dios le fue necesario hacerse humano. Sólo como ser humano podría llevar en su carne el castigo del pecado, pero sólo como ser divino podría ofrecer la oblación perfecta necesaria. Por tanto, el Mediador debía asumir la naturaleza de los seres humanos para tomar su lugar en la cruz, aunque también debía estar exento de la corrupción de la naturaleza humana. Así pues, en una sola persona, el Verbo reunió de manera perfecta las dos naturalezas: la divina y la humana. Ajustándose fielmente a las conclusiones doctrinales de los antiguos credos y fórmulas de la iglesia, Calvino explicó la unión indisoluble así como la distinción insuperable entre las dos naturalezas en la persona del Salvador. Nuestro Mediador, en su persona única, fue entera y perfectamente hombre, y entera y perfectamente Dios.

La eficacia de la obra mediadora de Cristo reside en los tres oficios que ejerció durante su ministerio: profeta, rey y sacerdote. Como *profeta,* Jesús fue ungido de manera extraordinaria para ser mensajero y testigo de la gracia del Padre (Is. 61:1). Él es el centro y contenido de toda profecía, por lo que su doctrina no solamente ha puesto fin a todas las profecías, sino que además contiene todos los elementos de la perfecta sabiduría. Como *rey,* Jesús tiene un poder eterno con el que fortalece y defiende a su iglesia que le está sujeta en obediencia. Así, el Señor garantiza los propósitos eternos de su reinado, que es espiritual, porque no consiste en el goce de los pasatiempos que al presente busca la carne, sino en la felicidad de la vida celestial. Cristo comparte su abundante unción derramando los dones del Espíritu sobre su pueblo. Como *sacerdote*, con su muerte en la cruz, Jesucristo ha ofrecido el sacrificio perfecto e irrepetible de sí mismo a Dios, con lo cual ha rendido la adoración debida al Padre; y con ello también ha hecho plena expiación por el pecado humano al llevar sobre sí mismo la horrible condenación del infierno. Sin embargo, con su resurrección y ascensión gloriosa, también ha coronado su labor medianera y ha conseguido para su pueblo la plena salvación, justicia y redención, al igual que toda bendición, riqueza y plenitud que los seres humanos pudieran necesitar y solicitar. Ahora, vive y reina con señorío absoluto a favor de los suyos aguardando el momento de su final retorno para perfeccionar a su reino, cuando juzgará al mundo y entregará al Padre todo dominio, y de esa forma consumar y afianzar la esperanza de su iglesia. En conclusión, en Cristo se encuentra todo bien y satisfacción para la vida y la salvación prometida y proclamada en el evangelio. A su robusta exposición doctrinal, Calvino agrega este bello pasaje lírico de gran inspiración:

Si buscamos salvación, el nombre solo de Jesús nos enseña que en él está. Si deseamos cualesquiera otros dones del Espíritu, en su unción los hallaremos. Si buscamos fortaleza, en su señorío la hay; si limpieza, en su concepción se da; si dulzura y amor, en su nacimiento se puede encontrar, pues por él se hizo semejante a nosotros en todo, para aprender a condolerse de nosotros; si redención, su pasión nos la da; si absolución, su condena; si remisión de la maldición, su cruz; si satisfacción, su sacrificio; si purificación, su sangre; si reconciliación, su descenso a los infiernos; si mortificación de la carne, su sepultura; si vida nueva, su resurrección, en la cual también está la esperanza de la inmortalidad; si la herencia del reino de los cielos, su ascensión; si ayuda, amparo, seguridad y abundancia de todos los bienes, su reino; si tranquila esperanza de su juicio, la tenemos en su autoridad de juzgar que el Padre puso en sus manos.

En fin, como quiera que los tesoros de todos los bienes están en él, de él se han de sacar hasta saciarse, y de ninguna otra parte. (II. xvi. 19).

La acción secreta del Espíritu Santo

El tercer libro de la *Institución*, el más extenso de los cuatro, está dedicado a exponer la obra plena del Espíritu Santo, ya que por su ministerio nos comunica, en la vida práctica diaria, los beneficios de la gracia divina alcanzados por Jesucristo para los seres humanos.

Dado que en el primer libro ya expuso lo correspondiente a la eterna divinidad y esencia (a la persona) del Espíritu Santo, en éste encontramos una exposición sobre cómo su obra explica la naturaleza y carácter de la fe cristiana, la más grande e importante obra del Espíritu, y cómo por ella venimos a experimentar la regeneración que nos introduce al verdadero conocimiento de Dios en Cristo. También se nos explica en qué consiste la vida cristiana en el mundo. Se aclara cuál es la naturaleza de la justificación por la fe, en qué consiste la libertad cristiana, y cómo la práctica de la oración es el principal ejercicio de la fe. Finalmente se conectan los aparentes extremos del majestuoso plan eterno de Dios mediante una exposición de la doctrina de la predestinación en el recóndito decreto divino de antes de la creación del mundo, y concluye con la presentación de la resurrección final y los gloriosos destellos de la consumación de la eterna bienaventuranza celestial. A través de esta formidable descripción se mantiene concentrada la atención en la persona del Espíritu Santo y su obra eterna en beneficio de la iglesia. Por ello, Juan Calvino ha sido llamado el teólogo del Espíritu Santo. Aunque, a lo largo de esta exposición, también encontramos una constante refutación de errores introducidos en la misma iglesia respecto al carácter de la fe.

Mientras estamos apartados de Cristo, dice Juan Calvino, «todo cuanto padeció e hizo por la redención del humano linaje no nos sirve para nada», por lo que es preciso que «Él se haga nuestro y habite en nosotros» (III. i. 1). Esto se efectúa por el ministerio insondable de la «oculta eficacia y acción del Espíritu Santo, mediante la cual gozamos de Cristo y de todos sus bienes». En resumen, «el Espíritu Santo es el nudo con el cual Cristo nos liga firmemente consigo» (III. i. 1).

Ahora bien, el punto de intersección entre Cristo y nosotros se revela en la Escritura como la *fe*. Porque la fe es «un conocimiento firme y cierto de la voluntad de Dios respecto a nosotros, fundado sobre la verdad de la promesa gratuita hecha en Jesucristo, revelada a nuestro entendimiento y sellada en nuestro corazón por el Espíritu Santo» (III. ii. 7). Esta definición incluye siete afirmaciones fundamentales: 1) la fe es un conocimiento; 2) el conocimiento de la fe es firme y cierto; 3) la fe está segura de la buena voluntad de Dios (aquí Calvino dedica una extensa sección a refutar las objeciones católico-romanas a la certidumbre victoriosa de la fe en quienes son creyentes); 4) la fe se funda en la promesa gratuita de Dios; 5) esa promesa nos es dada por Jesucristo; 6) el conocimiento de la gracia de Dios se revela a nuestro entendimiento por el Espíritu Santo; 7) este conocimiento es sellado en nuestro corazón por el mismo Espíritu. En la vida cristiana, como enseña la Escritura, la fe está íntimamente ligada a la esperanza y el amor.

De esta obra de la fe surge la regeneración, primero y principalmente de los afectos internos de ella, que se manifiesta en el arrepentimiento. El arrepentimiento es «una verdadera conversión de nuestra vida a Dios, la cual procede de un verdadero y sincero temor de Dios, y que consiste en la mortificación de nuestra carne y del hombre viejo, y en la vivificación del Espíritu». (III. iii. 5). Pero todo esto nos viene de Jesucristo, en virtud de nuestra participación en su muerte y resurrección. El arrepentimiento continuo fructifica luego en una vida de santificación progresiva que nos enfrasca en una lucha permanente contra el pecado que sigue actuando en nuestras vidas, a fin de humillarnos y buscar más vivamente la comunión y dependencia de Dios. Esta lucha finalmente concluirá en victoria por el poder del Espíritu, mediante una vida de oración, confesión y ayuno, empleando diligentemente los medios de gracia (la Palabra y los sacramentos).

Calvino dedica el cuarto capítulo a refutar el concepto católico-romano del arrepentimiento. Especialmente combate todo el sistema penitencial debido a que consiste en meras ceremonias y prácticas externas que no logran realmente quebrantar el corazón y producir un verdadero arrepentimiento y una convicción salvífica y sanadora. Con implacable lógica y abundantes testimonios bíblicos y patrísticos expuso cómo la doctrina sobre el «sacramento» de la penitencia —con sus confusas ideas respecto a la contrición, la confesión auricular, la satisfacción y la absolución— en realidad abandonaba a las almas religiosas a una completa incertidumbre respecto a su salvación. Siendo este asunto tan esencial al evangelio, no se podía dejar a la opinión contradictoria de los seres humanos. Por eso, amonestó a la verdadera alma piadosa a descansar enteramente en la gracia divina gratuitamente extendida por la promesa de Cristo en el evangelio, algo que el Espíritu nos revela viva y eficazmente.

De manera semejante, en el capítulo quinto criticó y rechazó rotundamente dos invenciones medievales derivadas del concepto de satisfacción, pero que en realidad fueron creadas para mantener a los fieles bajo temor y control, así como para el beneficio económico de la iglesia: las indulgencias y el purgatorio.

¿Precede la santificación a la justificación? La vida cristiana

En este punto, de manera inesperada, Calvino introdujo lo que parecía ser una ruptura en la secuencia lógica de su exposición, ya que en lugar de explicar la doctrina evangélica de la justificación por la fe (como era de esperarse si siguiera el orden de su propio argumento y procediera de acuerdo a la concatenación sistemática de los movimientos del Espíritu Santo en la comunicación de la salvación), más bien procede a discutir nada menos que ¡la vida cristiana que es fruto y consecuencia de ella! Efectivamente, los eruditos han señalado el hecho de que la edición de 1559 de la *Institución* contiene esta notable alteración que invierte el orden esperado (es decir, exponer primero la justificación y luego la santificación). Pero con ello Calvino trataba de responder a las críticas de quienes sostenían que la doctrina reformada nulificaba el valor de las obras debido a su insistencia sobre la justificación por la sola gracia.

Como quiera que fuera, esta exposición de lo que significa vivir como creyente en el mundo, antecede a la exposición de la doctrina central de la Reforma (la justificación por la fe), con lo que indica cuán importante es que prestemos atención a lo que significa la experiencia de la salvación cristiana en la realidad práctica de la vida de la fe. De este modo, en esta sección Calvino enseñaba que el corazón de la vida evangélica consistía en la negación de sí mismo, a fin de vivir para alabanza de Dios y para servicio y bien del prójimo.

Por principio de cuentas, según Calvino, la Escritura enseñaba que el fin de nuestra vocación era la santidad, el lazo de nuestra unión con Dios que es específicamente producido en la reconciliación con Dios por medio de Jesucristo. Por ello, la suma de la vida cristiana era la renuncia a nuestro propio ser, para que al ya no vivir para nuestros intereses y personas, pudiéramos vivir en obediencia a Dios, huyéramos de los deseos mundanos y nos consagráramos a la sobriedad, la justicia y la piedad. De esta manera ahora podemos vivir para servicio al prójimo en amor y comunión mutuas. Esta abnegación nos capacita para sobrellevar las pruebas en una vida de fiel discipulado que se centra en la más alta expresión de la vida cristiana: «llevar la cruz» cada día. Así, las tribulaciones que se sobrellevan de esta forma contribuyen al perfeccionamiento de los creyentes mediante la experiencia de la ayuda, el consuelo y la presencia divinas que, al ejercitarnos en la paciencia, nos capacitan para asumir las tribulaciones con gratitud y gozo espiritual.

Durante esta peregrinación, es necesario que vivamos con frugalidad y soportando alegremente la pobreza, ya que cuantos bienes poseamos en este mundo se nos han dado solamente como una tarea de mayordomía. Es decir, vamos a rendir cuentas de esos bienes, y se nos ha dado una condición especial para ellos: usarlos en bien del prójimo dentro de la comunidad de la fe y, después de satisfacer nuestras necesidades básicas, dar todo cuanto sobre a quienes carecen de recursos, anteponiendo, inclusive, su necesidad a la nuestra. Además, al vivir sobre la tierra, debemos meditar en las bendiciones de la vida futura a fin de evitar un excesivo amor por este mundo. Pero debemos hacerlo en espíritu de gratitud por los múltiples dones y beneficios que Dios diariamente nos proporciona y que debemos disfrutar con moderación y gratitud como pruebas de la dulce generosidad divina, y para despertar nuestro apetito por los bienes verdaderos de la eternidad que nos son reservados y garantizados por Cristo. «Debemos, pues, tener como máxima que ninguno ha adelantado en la escuela de Cristo, si no espera con gozo y alegría el día de la muerte y de la última resurrección». (III. ix. 5).

---

[1]Con excepción de la siguiente cita, en este capítulo y el siguiente se hace uso extensivo de la *Institución* citando de la edición española ya mencionada

anteriormente. Los lugares citados o aludidos se reportan entre paréntesis en el texto mismo, citando solamente la nomenclatura tradicional, por ejemplo: I.ii.7.

[2]Juan Calvino, *Institución de la religión cristiana* [1ª edición de 1536], trad. Jacinto Terán. Int. B. Foster Stockwell (Buenos Aires: La Aurora – México: Casa Unida de Publicaciones, 1958), Tomo I, pp. 105, 106.

CAPÍTULO OCHO

La institución de la religión cristiana: Calvino como teólogo sistemático (Segunda Parte)

$\mathcal{N}$uestro repaso de la *Institución* nos ha llevado hasta el punto en que se expone la grandeza y profundidad de la vida cristiana como un fiel discipulado donde el yo se ha crucificado y se avanza heroicamente en seguimiento de Jesucristo con la cruz a cuestas. Pero ahora Calvino retrocede un tanto para explorar más detenidamente qué es lo que permite al cristiano o cristiana vivir de esa forma. Aquí se concentra en la siguiente pregunta fundamental: ¿en qué consiste el corazón, la esencia y la virtud de esa formidable manera de vivir? En otras palabras, se vuelve a la sencilla pregunta sobre qué es el evangelio en su expresión más íntima y sustancial.

Esta preocupación, como hemos dicho, constituyó el centro de toda la experiencia reformadora del siglo dieciséis que, de entre las ruinas del cristianismo ya sepultado y oculto por siglos de tradición religiosa, procuraba rescatar el prístino evangelio de Jesucristo para hacerlo accesible a la multitud de fieles a quienes se les había escamoteado por tanto tiempo y con tan pertinaz efecto. La Reforma, usando el lenguaje de san Pablo, llamó a este tema la «justificación por la fe». Y vio en este maravilloso ejercicio de la gracia divina una de las acciones culminantes del Espíritu Santo para llevar a fruición la singular fe revelada por Jesucristo para la salvación. Tal como lo había señalado Lutero, la justificación constituye el artículo doctrinal clave sobre el que la Iglesia se edifica o se derrumba.

El eje sobre el que gira toda la religión

Al pasar al tema central de la diferencia entre la fe reformada y la fe medieval, Calvino entró de lleno al asunto de la justificación por la fe que era «uno de los principales artículos de la fe cristiana». Desde luego, este es uno de los asuntos que Calvino trató con más precisión, detalle y sistemáticamente. Es decir, se dedicó a exponer con gran cuidado esta doctrina mediante la explicación de multitud de pasajes tanto de las Santas Escritura, como de los antiguos padres de la iglesia. A la vez, con múltiples y agudos argumentos, También refutó las enseñanzas con que el catolicismo medieval había oscurecido la verdad evangélica, y además combatió vivamente los errores del teólogo luterano Andreas Osiander.

Siguiendo la enseñanza paulina, Calvino reaccionó contra estas dos interpretaciones opuestas de la gracia justificante. Por un lado estaba la complicada estructura del sistema penitencial y sacramental católico-romano de la justificación por las obras, que era propio de esa época. Por el otro lado se hallaba la enseñanza de Osiander sobre una supuesta justificación sustancial que nos era trasfundida por nuestra unión con Cristo. Entre ambas corrientes, Calvino aclaró que la justicia de Cristo solamente nos era atribuida, insistió con firmeza en la sublime simplicidad del evangelio de la gracia, y afirmó que «nuestra justificación es la aceptación con que Dios nos recibe en su gracia y nos tiene por justos. Y decimos que consiste en la remisión de pecados y en la imputación de la justicia de Cristo» (III. xi. 2).

En resumen, Calvino enseñó que, en el evangelio, Jesucristo nos es presentado por la benignidad del Padre, lo poseemos por la fe y somos «reconciliados con Dios por la inocencia de Cristo, en lugar de tener en los cielos un Juez que nos condena, tenemos un Padre clementísimo» (III. xi. 1). La persona es justificada delante de Dios y tenida por justa delante del juicio divino y acepta a su justicia. Esta persona, separada del número de los pecadores, «tiene a Dios como testigo de su justicia y encuentra en Él aprobación» (III. xi. 2).

Calvino se concentra enfáticamente en la enseñanza bíblica de la justificación entendida como un favor celestial que recibimos gratuitamente por la bondad del Padre. Esta gracia se otorga sobre la base del sacrificio del Hijo que se aplica libre y eficazmente a nuestra vida por el Espíritu Santo. Con esto, junto con todos los reformadores, Calvino proclamó la grandeza del evangelio de la gracia de Dios que fue entregado a los apóstoles para salvación y consuelo de los mortales. Esta bendita sencillez que exaltaba la infinita misericordia de Dios —ocultada durante siglos por un complicado sistema religioso que ponía cargas onerosas sobre la conciencia del pueblo creyente— constituía la gran recuperación del evangelio lograda por la Reforma.

Con esta enseñanza se daba a Dios toda la gloria en la obra de salvación y se excluía cualquier pretensión humana que intentara arrebatar la honra que sólo Dios merecía. Así, en la doctrina de la justificación por la fe, se fundamentaron dos importantes principios proclamados por la Reforma: *sola gratia* y *sola fides*. Es decir, la posición correcta del ser humano en su relación con Dios, es el resultado de un favor inmerecido que Dios otorga únicamente por su gracia, y para el que la única respuesta posible consiste exclusivamente en la fe, que, finalmente, también es un don de Dios. Así, Calvino rechazó vehementemente todo el sistema penitencial de rituales, ceremonias, peregrinaciones, actos piadosos, compra de indulgencias, méritos de santos en gloria aplicados en favor de personas en este mundo, etc., que se realizaban con el fin de ganar méritos ante Dios, y con los cuales se oscurecía la gloria divina al atribuir parte y mérito a la acción humana en la obra de salvación.

La libertad cristiana: su triple sentido

Con mucha sutileza, Juan Calvino distinguió tres formas en la experiencia cristiana de la libertad. Y definió la libertad como «una realidad espiritual cuya firmeza consiste totalmente en aquietar ante Dios las conciencias atemorizadas, sea que estén inquietas y dudosas del perdón de sus pecados, o acongojadas por si las obras imperfectas y llenas de los vicios de la carne agradan a Dios, o bien atormentadas respecto al uso de las cosas indiferentes» (III. xix. 9).

Es necesario entender esta comprensión de la libertad en su especificidad evangélica como un «apéndice o accesorio de la justificación» (III. xix. 1). Es decir, como resultado directo de la obra de Cristo en la conciencia creyente y no simplemente en el sentido filosófico general de la libertad humana entendida de forma abstracta. Así pues, en primer lugar nuestro teólogo enseña que quien cree ha sido liberado de la servidumbre de la Ley, que significa haber alcanzado la paz a pesar del yugo con que la Ley trata de esclavizar la conciencia por los castigos que esperan a quienes no obedecen a la perfección los mandatos divinos. Este concepto rigorista ya no debía asustar al alma creyente para que se sintiera aterrorizada y esclavizada por normas religiosas puramente externas. Puesto que ninguna condenación aguarda a quienes están en Cristo Jesús, esto nos informa que podemos actuar sin temores ni vacilaciones. Aunque es cierto que no debemos deducir que la Ley es superflua y ya no nos sirve de nada (porque no deja de exhortarnos e incitarnos al bien mediante una vida de piedad y santificación), tampoco debemos preocuparnos por cómo hemos de comparecer ante Dios. Antes bien, pasando por alto lo que la Ley exige, «deben tener ante sus ojos como única justicia suya sólo a Jesucristo, que sobrepasa y excede toda la perfección de la Ley» (III. xix. 2).

En segundo lugar, la libertad cristiana significa que ahora tenemos la posibilidad de obedecer «libremente» la voluntad de Dios, es decir, espontáneamente y sin que nos fuerce la necesidad. En su situación como hijas e hijos de Dios, quienes creen sirven alegre, pronta y agradecidamente al Señor y ya no viven en angustia por el miedo y la congoja de cuando estaban bajo la servidumbre de la ley. Finalmente, la libertad cristiana consiste en esa facilidad que ahora poseemos para usar nuestro criterio ante todo aquello que se consideraba «indiferente» o insustancial para la vida creyente. Estas cosas (griego ἀδάφοσα = indiferentes) se pueden hacer o dejar de hacer, usarse o dejarse de usar, sin perjuicio para la vida de la fe. Podemos decidir con plena libertad en uno u otro sentido sin que para nada sea afectada nuestra seguridad espiritual. Calvino lo resume así:

> Vemos, pues, en resumen, cuál es el fin de esta libertad; a saber, que usemos de los dones de Dios sin escrúpulo alguno de conciencia y sin turbación de nuestra alma, para el fin con que Dios nos los dio; y con esta confianza, nuestra alma tenga paz y reconozca su liberalidad para con nosotros. Y aquí se comprenden todas las ceremonias cuya observancia es libre, para que las conciencias no se vean forzadas a guardarlas por necesidad de ninguna clase, sino más bien entiendan que su uso, por beneficio gratuito de Dios, queda sometido a su discreción, según pareciere conveniente para edificación de los demás. (III. xix. 8).

La última frase de este párrafo pone de relieve un aspecto que el reformador, siguiendo la enseñanza paulina, también enfatizó: que la ley de la caridad debe presidir al uso de nuestra libertad. Esto significa que, si bien nuestra conciencia es libre para actuar o dejar de actuar en cierta forma, siempre debe tenerse en cuenta la debilidad o flaqueza de quienes puedan escandalizarse con nuestras decisiones. Sin embargo, aunque por razón del amor tengamos que obedecer una norma para evitar el escándalo de los más débiles, nuestra conciencia sigue siendo libre.

El *principal ejercicio de la fe*

Cuando Calvino abordó directamente ciertos temas y aspectos de la piedad cristiana, los destellos de su obra se intensificaron al mismo tiempo que se hicieron más sencillos, comprensibles y vívidos. En esta sección, por ejemplo, se nos da un breve pero muy impactante y sencillo tratado sobre la vida de comunión con Dios y la manera en que la oración y el culto ocupan el lugar central en la práctica de la fe tanto individual como colectiva de la iglesia.

Calvino consideró a la oración como el principal y más importante ejercicio de la fe. Además, por este medio diariamente recibimos las bendiciones divinas, pues esta práctica nos permite el acceso a los tesoros y beneficios del cielo, de manera que podemos apoyarnos y hacer descansar toda nuestra esperanza en Cristo, en quien el Padre ha querido que habite toda la plenitud de su liberalidad. Así, siendo él la fuente abundantísima de todo lo que realmente necesita nuestra vida, debemos buscarlo mediante la oración a fin de saciar nuestra necesidad de conocer a Dios como autor, dador y Señor de todos los bienes.

Además de inspirar la vida de oración, Calvino expuso las enseñanzas bíblicas y las condiciones que hacían de este ejercicio una sana, eficaz y poderosa fuente de bendición para la vida. Al orientarla hacia la búsqueda prioritaria de la honra y gloria de Dios, y al centrarla en la obra y función de Cristo, el único mediador, el teólogo de Ginebra dio una consistente y sólida base bíblica a su doctrina sobre esta parte de la obra del Espíritu Santo en la vida cristiana. Para afianzar esa sólida enseñanza, Calvino dedicó una sección para desarrollar una bien argumentada y rotunda refutación de la enseñanza católico-romana en torno a la intercesión de los santos. Como era de esperarse, en la estructura de esta obra también encontramos una bella exposición del Padre Nuestro, donde se nos explica bella y devotamente cada sección de la oración dominical.

Desde la eternidad y hasta la eternidad

El tercer libro de la *Institución* se cierra con la exposición de dos sublimes doctrinas evangélicas que enmarcan toda la discusión del artículo sobre la obra del Espíritu Santo en el asombroso contexto de los propósitos eternos del Dios Soberano. Desde toda la eternidad, Dios se ha propuesto llevar a cabo su portentosa obra de gracia y redención, que será consumada hasta el día de la eternidad. El punto de partida de este amoroso y sapientísimo plan se identifica con la doctrina de la elección de gracia o predestinación, mientras que el punto de llegada se identifica con la proclamación de la consumación final resumida en la enseñanza sobre la resurrección de los muertos.

La controversial doctrina de la predestinación fue desarrollada y expuesta por Calvino en distintos contextos. Pero, al parecer, no se sintió satisfecho con el resultado sino hasta la última edición de la *Institución* de 1559. Además de que expuso la doctrina específicamente a partir de la enseñanza bíblica, y no como una deducción lógica o especulativa, para Calvino fue especialmente satisfactoria la ubicación de esta doctrina en la estructura de la obra hacia el final de la discusión sobre la forma en que experimentamos la salvación ganada por Jesucristo, y fue sellada, aplicada y hecha real en nuestra vida mediante la acción vivificante del Espíritu Santo. Así pues, no se trata de una fría teoría metafísica sobre una especie de determinismo religioso, ni de una especulación fantasiosa sobre el pasado eterno de Dios, ni mucho menos de una deducción lógica a partir del ser divino. Más bien se trata de la corona y remate de una fe madura y profunda, moldeada por la Palabra de Dios, que prorrumpe en una firme y gloriosa convicción que proviene después de que la fe se ha perfeccionado y ha sido fortalecida en una vida de profunda y vibrante comunión con su Señor.

El descubrimiento de nuestra seguridad eterna basada en el amor y la misericordia de un Dios que nos escogió desde antes de la fundación del mundo para que fuésemos personas santas y sin mancha delante de Dios, surge en la vida cristiana como resultado de una seria reflexión sobre el sentido más hondo y exaltado de la maravillosa e insondable misericordia de Dios que se manifiesta en la redención lograda mediante el sacrificio de Jesucristo. Esta vivencia se ha venido fraguando sabia y consistentemente a través de los hechos y complejidades que providencialmente nos han llevado hasta los pies de nuestro bondadoso Señor. Hacia el final de este heroico peregrinaje, cuando la persona creyente alcanza a vislumbrar desde la cima de su victoriosa fe, ya serena y robusta, los fulgores eternos de la gracia insondable de su Señor, finalmente descubre las dimensiones infinitas del evangelio que la rodea y abarca por todos lados. Y también confirma la seguridad inamovible de una salvación que ha sido suya desde la eternidad y que la acompañará, sin menoscabo ni duda alguna, hasta la eternidad. Ese es el sentido en que Calvino expuso aquí el gran misterio de la predestinación.

Dado que este varón de Dios sintió que estaba pisando sobre el terreno firme de esa celestial certidumbre que ya era propiedad carísima y muy entrañable de la vida creyente, no dudó en formular la doctrina en los términos más contundentes y radicales, apegándose estrictamente al testimonio de la Escritura. El reformador recurrió al lenguaje más atrevido de la Biblia cuando enseñó que, desde la eternidad, Dios había elegido a quienes recibirían vida y salvación eternas, en tanto que también escogió los vasos de maldición preparados para deshonra y condenación perpetuas. Esta formulación, conocida como la «doble predestinación», es vigorosamente propuesta, explicada y defendida sin ambages por Calvino puesto que resolvió atenerse rigurosa y consistentemente a la revelación bíblica. Es decir, por cuanto nuestro teólogo escogió ser fiel a toda la enseñanza de la Escritura, no dudó ni temió usar sus más profundas y hasta aparentemente dolorosas enseñanzas para comunicarlas con fidelidad hasta donde su brillante intelecto se lo permitió.

Ahora bien, en ningún momento ignoró que este bendito y recóndito misterio resultaba repugnante no sólo a la sensibilidad religiosa, sino aun a la misma razón humana no santificada, y hasta para un entendimiento superficial del evangelio. Así pues, incluso pudo reconocer que se trataba de un «espantoso decreto» (latín = *decretum horribile*) por el cual Dios positivamente decidió escoger a los réprobos para su justa condenación a causa de sus pecados. Tal vez aquí conviene recoger lo que el reformador recomendó a sus lectores con respecto a la predestinación cuando respondió a la objeción de quienes creían que esta enseñanza favorecía la despreocupación y la disolución moral:

> Pero la Escritura, al mandarnos con cuánta reverencia y temor debemos meditar en este gran misterio . . . no nos habla de la predestinación para que nos permitamos demasiado atrevimiento, ni para que presumamos con nuestra nefanda temeridad de escudriñar los inaccesibles decretos de Dios; sino más bien para que con toda humildad y modestia aprendamos a temer su juicio y a ensalzar su misericordia. Por tanto, todos los fieles han de apuntar a este blanco (III. xxiii, 12).

Partiendo, pues, del testimonio general de las Sagradas Escrituras, y confrontando con ellas las diferentes objeciones que se han alzado contra esta doctrina, Calvino estableció la siguiente definición:

> Llamamos predestinación al eterno decreto de Dios, por el que ha determinado lo que quiere hacer de cada uno de los hombres. Porque Él no los crea a todos con la misma condición, sino que ordena a unos para la vida eterna, y a otros para condenación perpetua. Por tanto, según el fin para el cual el hombre es creado, decimos que está predestinado a vida o a muerte» (III. xxi. 5).

Y si bien aquí nuestro teólogo nos enfrenta con un resumen fuertemente provocativo y hasta sombrío de la enseñanza bíblica, su exposición carece de negatividad, pesimismo, malicia o curiosidad perversa que pudiera percibirse, especialmente tras la segunda parte de su enunciado, es decir, el decreto de reprobación.

En su sesuda e inspiradora explicación, Calvino consideró y organizó todo el caudal de enseñanzas bíblicas, dejando al descubierto el carácter evangélico, festivo, exultante y doxológico propio de la proclamación bíblica de esta doctrina. Desde la elección de Israel quedaba claro que la dignidad de este privilegio «consiste únicamente en el amor gratuito de Dios» (Dt. 7:7-8), ya que es evidente que la nación no poseía mérito alguno, pues era «un pueblo duro de cerviz» (Dt. 9:6). De la misma forma, la elección es gratuita en el caso de los individuos a quienes Dios no solamente ofrece la salvación, sino que además la sella de tal forma que la certeza de conseguir su efecto no queda en suspenso ni dudosa. Esta doctrina elimina toda arrogancia o pretensión de méritos de parte de los seres humanos, y genera necesariamente una genuina humildad sin la que es imposible comprender la gratuidad de tal misterio. Así pues, ni quienes argumentan que la elección se hace en vista de que la presciencia divina prevé la fe de quienes han de creer, ni quienes se rebelan enconadamente contra ella, expresan apropiadamente la verdad de esta grandiosa expresión del evangelio de la gracia.

Por otra parte, siempre es importante recordar que el fin de nuestra elección es vivir santamente (Ef. 1:4, 12-13), lo que nos estimula a emplearnos alegremente en la santidad, y no buscar pretextos con qué encubrir nuestra pereza y descuido, ya que fuimos creados para las buenas obras que Dios preparó de antemano para que anduviéramos en ellas (Ef. 2:10). La predestinación no elimina ni hace superflua la necesidad de la predicación; antes bien la corrobora y exige, pues el llamamiento eficaz de Dios, que confirma la elección, está indisolublemente unido a la predicación de la Palabra acompañada de la secreta y poderosa obra iluminadora del Espíritu Santo. En resumen, dice Calvino, «es preciso concluir como san Pablo, llenos de estupefacción ante tal profundidad; . . .» (III. xxiv. 16).

Una vez que el origen eterno de nuestra salvación ha quedado firmemente establecido y anclado en la elección gratuita, Calvino mira hacia su plena consumación y perfeccionamiento en la resurrección final. Para el teólogo ginebrino, «no podemos gozar de ningún beneficio de Cristo, si no levantamos nuestra mente a la resurrección» (III. xxv. 2). Esto es así en virtud de que en la enseñanza bíblica de esta sublime verdad se resume la victoria inconmensurable de la fe cristiana. Así, Calvino pasó revista a todo el testimonio bíblico al respecto para exponer admirablemente la dulce esperanza y la excelsa bienaventuranza que es herencia segura e indescriptiblemente gloriosa de quienes creen. Anticipada ya en el Antiguo Testamento, la resurrección del cuerpo encuentra su asidero central en la resurrección de Jesucristo y alcanzará su plenitud en la resurrección corporal de todo su pueblo, ya que Jesucristo mismo no verá perfeccionada su obra aparte de ese pueblo. Y no se trata de una nueva creación de cuerpos inexistentes por ahora, sino de una real transformación de nuestra humanidad corporal histórica. Así, no sólo se logrará la continuidad de nuestra total identidad, sino también la continuidad entre nuestro ejercicio fiel del paciente y esperanzado discipulado cristiano y el gozo de la recompensa gloriosa que constituirá la inefable experiencia de la presencia de Cristo en la plena participación de su naturaleza divina y de su resurrección portentosa.

De esta manera, el misterio insondable de la gracia infinita de nuestra elección se concentra y culmina en el pleno disfrute de la salvación mediante nuestra unión con Cristo en su resurrección. Por eso, Calvino puede decir: «Si el Señor ha de hacer partícipes a sus elegidos de su gloria, virtud y justicia, e incluso se dará a sí mismo para que gocen de Él, y lo que es más excelente aún, se hará en cierta manera una misma cosa con ellos, hemos de considerar que toda clase de felicidad se halla comprendida en este beneficio» (III. xxv. 10).

La excelsitud de esta gracia, sin embargo, no se puede describir dentro de los límites de la existencia cristiana que al momento disfrutamos, pues la rebasa. Así que debemos evitar toda especulación: «Por más que aprovechemos en la meditación de estas cosas, entendamos que aún estamos muy abajo y como a la puerta, y que mientras vivimos en esta vida mortal no podremos comprender la sublimidad de este misterio» (III. xxv. 10).

Post tenebras lux

Como dijimos en páginas anteriores, en la literatura humanista del Renacimiento se solía describir a la era medieval como una larga época de oscuridad. Esa oscuridad se debía a que en esa época reinaba la sinrazón, el fanatismo y la ignorancia, con las que se había esclavizado a la conciencia humana. Según argumentaban los humanistas, la luminosa belleza del mundo clásico pre-cristiano fue eclipsada por este largo período histórico en que la iglesia medieval aprovechó los diversos factores sociales, políticos, religiosos y culturales que ocurrieron durante esos siglos para promover sus propios intereses. Así pues, no resulta extraño que uno de los lemas favoritos usados por los promotores de la incipiente Reforma fuera precisamente: *Post tenebras lux* («Tras tinieblas, luz» o «Después de las tinieblas, la luz»). Con esto se resumía el reconocimiento de la lamentable situación que había vivido la iglesia institucional durante esos siglos, y el entendimiento que tenían los reformadores de que, mediante su misión, el Sol de justicia (Jesucristo) finalmente había vuelto a brillar sobre la humanidad, y la estaba liberando de las cadenas de la superstición y la opresión espiritual que había soportado por tanto tiempo.

En cierto sentido, esta es la forma en que se podría leer y entender el contenido del cuarto y último libro de la *Institución*. Cuando en esa parte Calvino habla de «los medios externos o ayudas de que Dios se sirve para llamarnos a la compañía de su Hijo, Jesucristo, y para mantenernos en ella», se estaba refiriendo a la iglesia como el medio divino para la proclamación y extensión de la obra de salvación entre la humanidad. Este tipo de eclesiología estaba construida de tal forma que a lo largo de ella se pone de manifiesto vivamente el contraste entre el concepto medieval y el reformado acerca de la «comunión de los santos». Así como los humanistas seculares pedían volver a las fuentes de la cultura clásica, Calvino también nos lleva a las fuentes del evangelio para descubrir y rescatar en ellas el propósito y la enseñanza original que iluminó al mundo en el primer siglo (aunque lo hizo recurriendo constantemente a una severa crítica de las desviaciones eclesiásticas de los siglos anteriores a la Reforma).

En la enunciación de los capítulos del también extenso cuarto libro, una y otra vez se suceden títulos y subtítulos como los siguientes:

«Toda la forma antigua del régimen eclesiástico ha sido destruida por la tiranía del papado» (v);

«Origen y crecimiento del papado hasta que se elevó a la grandeza actual, con lo que la libertad de la Iglesia ha sido oprimida y toda equidad confundida» (vii);

«Potestad de la iglesia para determinar dogmas de fe. Desenfrenada licencia con que el papado la ha usado para corromper toda la pureza de la doctrina» (viii);

«Poder de la Iglesia para dar leyes. Con ello el Papa y los suyos ejercen una cruel tiranía y tortura con las que atormentan a las almas» (x);

«Jurisdicción de la Iglesia y abusos de la misma en el papado» (xi);

«Los votos. Cuán temerariamente se emiten en el papado para encadenar miserablemente las almas» (xiii);

«La misa del papado es un sacrilegio por el cual la Cena de Jesucristo ha sido, no solamente profanada, sino del todo destruida»;

«Otras cinco ceremonias falsamente llamadas sacramentos. Se prueba que no lo son» (xix).

Aunque no se menciona específicamente al papado, también otros títulos implican la misma controversia. En general, el cuarto libro intensifica la polémica anti-romana. Al principio de este libro, Calvino resumió su contenido diciendo que

. . . el orden y método de enseñanza requiere que primero tratemos de la Iglesia, de su gobierno, de los oficios comprendidos en ella, de su autoridad, de sus sacramentos, y finalmente de su orden político; y que al mismo tiempo procuremos apartar a los piadosos lectores de las corrupciones y abusos con que Satanás, mediante el papado, ha ido falsificando lo que Dios había ordenado para nuestra salvación (IV. i. 1).

En el clima actual de tolerancia religiosa y de amistoso y fraternal diálogo entre todas las ramas del cristianismo, tal vez este tipo de lenguaje nos parezca excesivamente antagónico. Sin embargo, es necesario entenderlo a la luz de la intensa fricción, profunda enemistad y abierta hostilidad que caracterizó esa época.

En todo caso, el lado positivo de esta doctrina constituye una explicación de la vida y el ministerio de la iglesia cristiana, a la que Calvino —a pesar de los muchos vicios, desviaciones, contradicciones y pecados en que había caído a través de los siglos— tiene en muy alta estima y reconoce su glorioso lugar en los planes de Dios. Por eso la llama «la madre de todos aquellos de quienes Dios es Padre» (IV. i. 1). Además, por eso es necesario conocerla, ya que no hay otro camino para llegar a la vida, sino que «seamos concebidos en el seno de esta madre, que nos dé a luz, que nos alimente con sus pechos, y que nos ampare y defienda hasta que . . . seamos como los ángeles» (IV. i. 4).

Aunque Calvino no deseaba discutir por cuestión de palabras, explicó que la frase original del Credo no es «Creo . . . *en* la Santa Iglesia», sino «Creo . . . *la* Iglesia». O sea, que ella no es objeto de nuestra fe de la misma manera que Cristo lo es. No creemos *en* ella, pero sí aceptamos su realidad trascendente como parte de nuestra fe. La aceptamos como una realidad que en su santidad y universalidad solamente puede ser aceptada por fe en obediencia, ya que históricamente no podemos ni reconocerle tal santidad, ni percibir tal unidad, aunque sí tenemos que creer que estos son atributos que Dios —sabia y generosamente— le ha concedido. Fundamentada con toda firmeza en la elección de gracia, la «comunión de los santos» exige que nos mantengamos en fraterna concordia con todos los hijos e hijas de Dios, que se congregan en Cristo «con la condición de comunicarse mutuamente los beneficios que de Dios han recibido» (IV. i. 3).

La conformación de la Iglesia y el crecimiento y edificación de sus miembros, esencialmente se deben al eficaz ministerio de la Palabra que solamente es posible por el Espíritu Santo. Por ello, la predicación y la enseñanza adquieren un inestimable valor que hemos de reconocer y honrar. La verdadera iglesia se distingue por dos señales o marcas particulares: 1) la predicación de la Palabra y, 2) la administración de los sacramentos. Dice Calvino: «dondequiera que veamos predicar sinceramente la Palabra de Dios y administrar los sacramentos conforme a la institución de Jesucristo, no dudemos que hay allí Iglesia» (IV. i. 9). Independientemente de las diferencias de opinión sobre asuntos secundarios, estas marcas, observadas con sincera fidelidad, confieren su unidad a la iglesia. De igual forma, la santidad de la iglesia subsiste a pesar de las faltas y pecados de sus miembros o sus ministros. No obstante, es necesario que la iglesia se dé a la tarea de romper con el pecado y vivir en santidad mediante el uso sabio, moderado y oportuno de la disciplina eclesiástica.

Puesto que la verdadera iglesia se caracteriza por la proclamación de la Palabra, es claro que donde no se honra ni enseña la sana doctrina apostólica, no existe la iglesia. Y es que la verdadera sucesión apostólica no consiste en una sucesión de personas, sino en una sucesión en la doctrina de los apóstoles. Es verdad que Dios usa a las personas para el gobierno de su iglesia, pero este gobierno también se realiza por medio de la Palabra. Por eso, los oficios relacionados con el ministerio de la Palabra son muy excelentes y exigen preeminencia. Sin embargo, todos estos ministerios encuentran su validez en la vocación o llamado celestial, que es esa conciencia firme o seguridad interior de que entramos en el ministerio no por avaricia o usurpación, sino por un verdadero temor de Dios y por el celo de edificar a la Iglesia.

Así, pues, los oficios de profeta, doctor, apóstol, evangelista y pastor han sido otorgados e instituidos por Cristo, pero mientras que los de apóstol, profeta y evangelista fueron de carácter temporal, los de pastor y doctor han de permanecer para siempre. En la Biblia también se mencionan palabras como obispo, anciano, pastor y ministro, pero dice Calvino que todas designan al mismo oficio, ya que consisten en el cargo de anunciar la Palabra. El caso de los diáconos es bien claro: eran oficiales dedicados a administrar limosnas y servir a los pobres. Pero lo que sobresale en la enseñanza bíblica, y en la práctica de la iglesia durante los primeros siglos, es que todos estos oficios eran desempeñados por personas intachables, santas y capaces, cuya dignidad residía en el carácter superior de sus vidas ante Dios y ante el pueblo. Así se entendía que, según el orden divino, el pueblo mismo estaba encargado de participar en la elección de sus pastores y obispos.

Por desgracia, y con el correr de los años, la integridad moral, espiritual y doctrinal de los siervos de Dios de los antiguos tiempos pereció ahogada por la avaricia, la inmoralidad y la ignorancia entre los miembros del clero. Esto dio lugar al desplazamiento, el olvido y, finalmente, la extinción de la enseñanza de la Palabra de

Dios en la iglesia. Calvino decía que esa había sido la razón de su triste y decadente estado durante los últimos cien años, pues a duras penas se hallaba un obispo entre cien que fuera versado en las Escrituras. Así pues, al comparar la falsa iglesia con la verdadera que se nos revela en la Escritura, Calvino hizo un recuento muy amplio y con múltiples referencias y testimonios históricos, patrísticos, conciliares y bíblicos, de los muchos errores doctrinales, éticos y administrativos que terminaron sumiendo a la iglesia en un estado deplorable. No obstante, debido a la fidelidad de la gracia divina, e incluso yendo en contra de la astucia misma del clero romano y a pesar de su negligencia, Dios había mantenido y preservado algunas reliquias y vestigios de la verdadera Iglesia en el papado. Toda esta extensa sección puede resumirse con las palabras del reformador cuando afirma que:

> De aquí se deduce claramente que nosotros no negamos que sean iglesias aquellas sobre las que [el Papa] ejerce su tiranía; sino que decimos que él las ha profanado con su impiedad, que las ha afligido con su humano imperio, que las ha envenenado con falsas e impías doctrinas, y que casi las ha metido en el matadero, hasta tal punto que Jesucristo está medio enterrado, el Evangelio ahogado, la piedad exterminada y el culto divino casi destruido. [. . .]
> Concluyendo, digo que son iglesias, primero, porque Dios conserva milagrosamente las reliquias de su pueblo, aunque estén miserablemente dispersas. Y segundo, porque quedan aún ciertos indicios de iglesias, principalmente los que no han podido deshacer ni la astucia ni la malicia de los hombres (IV. ii. 12).

Un remanso de paz en el camino

No sólo en esta porción del cuarto libro, sino a lo largo de toda esta obra, el estilo retórico y el espíritu que se advierte es intensamente controversial. Esto no debe extrañarnos, pues estaba de por medio la verdad, la validez y la integridad de la Reforma, que de por sí ya era un polémico movimiento religioso, cultural e histórico de proporciones internacionales y de enormes dimensiones espirituales.

Recordemos que esta obra es una «apología», una defensa de la fe reformada que tenía que exhibir el error de su adversario para poder destacar la virtud de su causa. Sin precedente en la historia de la humanidad, la Reforma había puesto a temblar todo el edificio medieval al perturbar cada área e intereses de la vida intelectual, cultural, política, económica, social y estructural del mundo europeo. También debemos recordar que este fue el estilo dominante en la educación humanista y Calvino fue formado intelectualmente en ese ambiente académico y cultural.

La formación universitaria enseñaba y exigía enormes ejercicios de polémica formal y formidables facultades retóricas. Con esas herramientas, Calvino atacó frontalmente la ciudadela de esa civilización, de manera demoledora, contundente e inmisericorde. Precisamente por eso nos sorprende lo que sucede cuando Calvino toca el tema de los Sacramentos, el núcleo espiritual de su eclesiología. De pronto, el reformador cambia su lenguaje combativo y de nuevo encontramos al maestro de la edificación espiritual, donde la palabra vuelve a ser consoladora, pastoral y de reverente reflexión sobre la comunión con Dios. La siguiente es una muestra de esta feliz combinación de teología profunda con lenguaje pastoral sencillo y edificante:

> Por tanto, los sacramentos son unos ejercicios que nos dan una certidumbre mucho mayor de la Palabra de Dios. Y como nosotros somos terrenos, se nos dan en cosas terrenas, para enseñarnos de esta manera conforme a nuestra limitada capacidad y llevarnos de la mano como a niños. Esta es la razón por la que san Agustín llama al sacramento «palabra visible», porque representa las promesas de Dios como en un cuadro, y las pone ante nuestros ojos al vivo y de modo admirable.
>
> Se pueden proponer otras semejanzas para explicar más clara y plenamente los sacramentos, como llamarlos columnas de nuestra fe. Porque así como un edificio se mantiene en pie y se apoya sobre su fundamento, pero está mucho más seguro si se le ponen columnas debajo, igualmente la fe descansa en la Palabra de Dios, como sobre su fundamento; pero cuando se le añaden los sacramentos, encuentra en ellos un apoyo aún más firme, como si fueran columnas. También se les podría llamar espejos en que podemos contemplar las riquezas de la gracia de Dios, que su majestad nos distribuye. Porque en ellos, como queda dicho, se nos manifiesta en cuanto nuestra cortedad puede comprenderlo,

y se nos atestigua más claramente que en la Palabra, su benevolencia y el amor que nos tiene (IV. xiv. 6).

Ya entrando en definiciones, leemos que un sacramento es «una señal visible de una cosa sagrada» o «una forma visible de una gracia invisible» (IV. xiv. 1). Así recoge y cita Calvino la enseñanza de san Agustín, su mentor favorito. Pero, no contento con la brevedad de esta formulación, nos dice que se trata de «una señal externa con la que el Señor sella en nuestra conciencia las promesas de su buena voluntad para con nosotros, a fin de sostener la flaqueza de nuestra fe, y de que atestigüemos por nuestra parte, delante de Él, de los ángeles y de los hombres, la piedad y reverencia que le profesamos» (IV. xiv. 1). De la misma forma, se puede decir más sencillamente que un sacramento «es un testimonio de la gracia de Dios para nosotros, confirmado con una señal externa y con el testimonio por nuestra parte de la reverencia que le profesamos» (IV. xiv. 1). Sobre la base de esta sencilla fórmula, el arquitecto teológico construye su profunda, accesible y fresca exposición de las prácticas litúrgico-espirituales más entrañables del cristianismo: los sacramentos instituidos por Jesucristo para celebrar y prolongar perpetuamente la certeza y eficacia de su obra salvadora en el tiempo y en el espacio.

Calvino explica el significado del término *sacramento* —que es una traducción al latín de la palabra griega *misterio* (p. e. en Ef. 1:9; 3:2-3; 5:32; Col. 1:26-27; 1 Ti. 3:16)— diciendo que denota la gloriosa trascendencia escondida en las cosas sagradas y pone de manifiesto, entonces, el sentido del secreto que entrañan aquellas señales que por disposición divina contienen una representación de las cosas espirituales. Así pues, el sacramento representa y confirma las promesas divinas de la misma manera en que un sello confirma la validez del contenido de un documento. Esto significa que la Palabra va siempre unida al signo y hace de él un sacramento. Esto no quiere decir que las palabras pronunciadas sin sentimiento ni fe tengan virtud en cuanto mero sonido y como por arte de magia, sino que se refiere a una Palabra que nos es predicada para hacernos saber lo que significa el signo visible. Sin embargo, esto también significa que la eficacia de los sacramentos no reside en alguna virtud escondida o almacenada en ellos mismos, ya que por sí solos serían frívolos e inútiles para confirmar y aumentar la fe. Su eficacia reside en que Dios los instituyó para este fin y el Espíritu Santo añade su propia virtud para penetrar nuestros corazones, mover nuestros afectos e inundar nuestra alma. De esta forma nuestra fe es nutrida con verdadero alimento de inmortalidad y no solamente refrescada con el simple efecto mental de un acto simbólico externo.

Al mismo tiempo, es necesario rechazar la enseñanza de que los sacramentos operan la gracia, es decir, que poseen en sí mismos la virtud de justificar y dar gracia. Para esto es necesario distinguir el sacramento de la realidad sacramental, de modo que no atribuyamos al signo la realidad que éste representa. Como resumen y aclaración se puede decir que únicamente Cristo es el centro y fundamento espiritual de los sacramentos o, en lenguaje más teológico, la materia o sustancia de ellos. Así pues, al participar de ellos somos unidos espiritualmente a Cristo, elevados hasta su presencia y alimentados de su cuerpo y de su sangre. Este particular beneficio, además, no es exclusivo de la enseñanza neotestamentaria, pues ya en el Antiguo Testamento, en esencia se nos presentan los mismos beneficios en vista de que tanto la circuncisión como la pascua (sacramentos del pacto antiguo), también tenían a Cristo por sustancia y contenido.

Cristo nos injerta y nos nutre de sí mismo

«El Bautismo es una marca de nuestro cristianismo y el signo por el cual somos recibidos en la sociedad de la Iglesia, para que injertados en Cristo seamos contados entre los hijos de Dios» (IV. xv. 1). En él se nos atestigua la remisión de nuestros pecados pasados, presentes y futuros, al ser purificados por el lavamiento de nuestras manchas para participar en la comunión del pueblo santo de Dios. La virtud del bautismo ha de extenderse a toda la vida, de modo que cuando quienes creen en Cristo sufren el asalto de la conciencia de sus pecados, «han de renovar el recuerdo de su bautismo, para confirmarse de este modo en la confianza de aquel único y perpetuo lavamiento que tenemos en la sangre de Cristo» (IV. xv. 4).

Por el bautismo también nos identificamos en la muerte y resurrección del Señor, y por este medio testificamos nuestra propia mortificación, es decir, nuestra propia muerte a la concupiscencia, para luego levantarnos a una nueva vida de justicia y pureza. Además, el bautismo nos sirve para confesar a Cristo delante de los seres humanos, pues por medio del sacramento todos nuestros miembros alaban a Dios y además estamos testificando en público que nos identificamos con el número de quienes adoran y sirven al Dios único cuyo nombre invocamos sobre nuestra vida.

Dado que el bautismo se hace en el nombre del Padre, del Hijo y del Espíritu Santo, Calvino señala que esto muestra que el sacramento del bautismo no es de los seres humanos, sino de Dios. Por lo tanto, debemos reconocer y tener en cuenta que lo recibimos de Dios, sin importar cuál es la mano que lo administra. Al mismo tiempo, el reformador aboga por eliminar las muchas otras acciones que se agregaron al bautismo y contaminaron la sencillez y el sentido con que Cristo lo instituyó.

La Escritura también enseña que el bautismo se puede administrar legítimamente a párvulos, ya que esto está de acuerdo con la institución de Cristo y la naturaleza del signo. Es decir, los párvulos están incluidos dentro del pueblo del pacto, de acuerdo con la promesa dada a Abraham: «Estableceré un pacto contigo y con tu descendencia después de ti, de generación en generación: un pacto perpetuo para ser tu Dios y el de tu descendencia» (Gn. 17:7). La señal sacramental del pacto en la antigüedad fue la circuncisión, la eficacia de la cual (igual que en el bautismo, que la ha sustituido), reside en Cristo, quien recibió a los párvulos, puso sus manos sobre ellos, los bendijo y declaró que suyo era el reino de los cielos. También por eso Pedro afirmó en Pentecostés, «Porque para vosotros es la promesa, y para vuestros hijos, y para todos los que están lejos; para cuantos el Señor nuestro Dios llame» (Hch. 2:39). Si bien los párvulos no pueden entender ni creer lo que se proclama en el bautismo, no por eso dejan de recibir el sello y la promesa de la misericordia que Dios les extiende, y a la que Cristo una eficacia que depende de las secretas formas en que el Espíritu puede impartir el perdón, la santificación y la regeneración, honrando y confirmando soberana y misteriosamente sus promesas y su llamamiento.

Al igual que en el *Breve tratado sobre la Santa Cena*, aquí Calvino también comenzó su exposición del sacramento de la comunión

—«este misterio de comunicar»— con la figura del padre amoroso que cuida de sus hijas e hijos ofreciéndoles el sustento en su mesa:

> Después de recibirnos Dios en su familia, y no para servirse de nosotros como criados, sino para tenernos en el número de sus hijos, a fin de conducirse como un buen padre de familia, que se preocupa de sus hijos y descendientes, piensa en el modo de sustentarnos durante toda nuestra vida. Y no contento con esto, nos quiso dar seguridad de su perpetua liberalidad hacia nosotros, dándonos una prenda de ello. A este fin instituyó por medio de su Unigénito Hijo otro sacramento; a saber, un banquete espiritual, en el cual Cristo asegura que es pan de vida (Jn. 6:51), con el que nuestras almas son mantenidas y sustentadas para la bienaventurada inmortalidad (IV. xvii. 1).

Señalando que casi toda la virtud y fuerza del sacramento consiste en las palabras «que por vosotros es partido», y «que por vosotros es derramada», Calvino hace resaltar la confianza y dulzura que nuestras almas pueden sacar de él, pues Cristo se nos incorpora, y nos incorporamos a él de tal forma que todo lo suyo lo podemos llamar nuestro y viceversa:

> aceptando toda nuestra pobreza, nos ha transferido todas sus riquezas; tomando sobre sí nuestra flaqueza, nos ha hecho fuertes con su virtud y potencia; recibiendo en sí nuestra muerte, nos ha dado su inmortalidad; cargando con el peso de todos nuestros pecados, bajo los cuales estábamos agobiados, nos ha dado su justicia para que nos apoyemos en Él; descendiendo a la tierra nos ha abierto el camino para llegar al cielo; haciéndose hijo del hombre, nos ha hecho a nosotros hijos de Dios (IV. xvii. 2).

De esta manera la Cena del Señor contiene y resume todo cuanto nos es útil como creyentes. En realidad es totalmente indispensable para el sustento e incremento de nuestra fe. Cristo, nuestro pan de vida, nos es comunicado en plenitud. Con él recibimos el alimento de vida eterna. Por su promesa y Palabra, el signo externo queda unido a la gracia interna de manera tan real y profunda que, por la acción del Espíritu Santo, nuestros espíritus son alimentados con el cuerpo y la sangre del Señor tan real y verdaderamente como nuestro cuerpo es alimentado con el pan y el vino. Este profundo misterio fue distorsionado por las doctrinas de la transubstanciación y la consubstanciación, que deberían rechazarse. De la misma forma, costumbres como la de la adoración del sacramento, comulgar en una sola especie o hacerlo solamente una vez al año, disminuían el valor, significado y trascendencia del sacramento. Calvino también trató extensamente estos asuntos en el capítulo siguiente donde refutó la misa del papado, y luego los otros cinco sacramentos de la Iglesia Católico-Romana.

El Estado, ¿ministro o adversario de la voluntad divina?

La *Institución* concluye, como muchos de los documentos de la Iglesia Reformada que continuaron este patrón, con una discusión sobre las relaciones entre el estado y la Iglesia. Este tema fue un punto de discusión obligatoria en las confesiones y declaraciones protestantes de la época.

En efecto, los credos de la antigüedad apenas mencionaron pasajeramente el asunto de las relaciones entre el estado y la iglesia (p.e. «padeció bajo el poder de Poncio Pilato»), pero que se volvería inevitable en los días de la Reforma. La discusión ya se había dado en el contexto de la historia de los conflictos y rivalidades entre los intereses del imperio y los de la iglesia, que había seguido el modelo imperial de organización, estructura y espíritu durante la Edad Media. Pero en esta sección Calvino formuló una de las presentaciones clásicas desde la perspectiva bíblica protestante, y que ordenó en tres niveles: a) el magistrado como guardián y conservador de las leyes; b) las leyes conforme a las cuales el magistrado ordena; y, c) el pueblo que obedece las leyes y sostiene al magistrado. Los principios que estableció Calvino se pueden resumir de la siguiente forma:

1. Aunque el asunto del gobierno humano, que consiste en «ordenar la justicia civil y reformar las costumbres y conducta exteriores», no pareciera ser de la competencia de los teólogos, ni propio de la fe, Calvino dijo que, en su tiempo algunos eran «tan desatinados y bárbaros que hacen cuanto pueden para destruir esta ordenación que Dios ha establecido». Mientras que, por otra parte, los «aduladores de los príncipes, al engrandecer sin límite ni medida su poder, no dudan en ponerlos casi en competencia con Dios» (IV.

xx. 1). Esto, entonces, justificaba el tratamiento de la política desde la perspectiva de la fe.

2. El poder civil, por otro lado, no era más que «una vocación no solamente santa y legítima delante de Dios, sino también muy sacrosanta y honrosa entre todas las vocaciones» (IV. xx. 4).

3. Los magistrados (a quienes Calvino llamaba «siervos de Dios», «ministros de la justicia divina», «lugartenientes de Dios» o «vicarios de Cristo»), eran constituidos en dignidad y autoridad por Dios, y no solamente para ejercer bajo la segunda tabla de la ley, sino que su oficio se extendía al mantenimiento del culto y la piedad entre los seres humanos, pues eran tutores y guardianes de la iglesia (1 Ti. 2:2).

4. La autoridad de los gobernantes estaba sometida a la de Dios y la de Cristo. Por tanto, debían servir a la justicia divina, empleando toda su diligencia para ofrecer a los humanos «una cierta imagen de la providencia divina, de la protección, la bondad, dulzura y justicia de Dios» (IV. xx. 6).

5. Debido a los vicios y defectos de los individuos, la forma de gobierno más pasable y segura era donde «gobiernan muchos, ayudándose los unos a los otros y avisándose de su deber» (IV. xx. 8). En otras palabras, era mejor un sistema democrático donde los poderes se compartían y equilibraban entre sí.

6. La potestad civil se extiendía al ejercicio de la fuerza necesaria para conservar el bien y castigar al mal, pues no en vano le había sido dada la espada. Así pues, y para la protección del pueblo, el magistrado podía echar mano de la expedición de leyes justas, de la pena de muerte, de la formación de ejércitos y fuerzas, de la guerra justa, y del establecimiento y buen uso de tasas e impuestos.

7. Por su parte, quienes eran fieles a Jesucristo, lejos de rechazar la función del magistrado, debían aceptarla y servirse legítimamente de ella como la de un ministro de Dios y, para que con su poder y asistencia fueran «defendidos y amparados contra la maldad y la injusticia de los inicuos y vivamos tranquilamente debajo de su protección y amparo», como nos enseña san Pablo (Ro.13:4). Pero, dado que este es un «don santo de Dios, debemos tanto más guardarnos diligentemente de mancillarlo con ningún vicio nuestro» (IV. xx. 18).

8. El primer deber y obligación de los súbditos para con sus superiores era «tener en gran estima y reputación su estado» (1 P. 2:17; Prov. 24:21), (IV. xx. 22).

9. Además del respeto, se les debía una sincera obediencia al acatar sus órdenes y constituciones. Si alguno creía que podía enfrentarse al magistrado y salir airoso, debía saber que se estaba oponiendo a Dios quien «está perfectamente armado para vengar el menosprecio de su disposición» (IV. xx. 23). Esta obediencia se debía extender «no solamente a los príncipes que cumplen justamente con su deber y obligaciones, sino también a todos aquellos que tienen alguna preeminencia, aunque no hagan lo que deben, según su cargo lo exige» (IV. xx. 25).

10. Además, todos los creyentes debían al magistrado el ministerio de la intercesión, pues Dios nos exhorta a que hagamos oraciones «por todos los que están en eminencia», para que «vivamos quieta y reposadamente, en toda piedad y honestidad» (2 Ti. 2:1-2).

11. El gobernante, sin embargo, debía comportarse de tal manera que efectivamente pudiera ser reconocido como «padre de la patria . . . pastor del pueblo, guarda de la tierra, mantenedor de la justicia, conservador de la inocencia» (IV. xx. 24). Por tanto, no debía actuar para su placer y enriquecimiento saqueando al pueblo y atropellando el derecho, pues debía saber que funciona bajo el dominio y la voluntad de Dios, incluso aun cuando no lo supiera o reconociera.

12. Sin embargo, de muchas maneras Dios establecía límites al poder de los príncipes para castigar su tiranía. Pero era necesario entender que esta tarea no correspondía a los particulares (ciudadanos comunes y corrientes), sino a quienes Dios despertaba para ello, ya fuera por el poder y superioridad que les asistía o bien por mandato específico y providencial de Dios. Dice el teólogo francés, «guardémonos sobre todas las cosas de menospreciar y violar la autoridad de nuestros superiores y gobernantes, . . . aun cuando es ocupada por personas indignas» (IV. xx. 31). Si bien Dios se cobra venganza sobre ellos, «no por ello se sigue que nos la permita y la ponga en mano de aquellos a quienes no ha ordenado sino obedecer y sufrir» (IV. xx. 31).

13. Correspondía a otras autoridades —las establecidas para ello dentro de la estructura del gobierno— frenar la excesiva licencia de los reyes y defender al pueblo. Y si por cualquier razón no se oponían y resistían al tirano que oprimía al pueblo infeliz, entonces Calvino declara «yo afirmaría que tal disimulo ha de tenerse por una grave traición» (IV. xx. 31).

14. El límite supremo de la obediencia debida al magistrado lo establecía una regla fundamental que no se debía olvidar: «que tal obediencia no nos aparte de la obediencia de Aquel bajo cuya voluntad es razonable que se contengan todas las disposiciones de los reyes, y que todos sus mandatos y constituciones cedan ante las órdenes de Dios, y que toda su alteza se humille y abata ante Su majestad» (IV. xx. 32).

Como lo hemos visto, para Calvino no había en la sociedad una profesión más digna ni honorable que la del magistrado, ni un orden más encumbrado que el del estado. Sin embargo, de acuerdo con la cita del último párrafo, todo quedaba sometido a, y era eclipsado por, la supereminente grandeza, dignidad y majestad de la gloria divina que las había establecido. Así pues, la revelación de la soberana majestad de Dios —quien es el Señor de toda la historia y del universo, el Rey de reyes y Señor de señores— era el punto dominante y normativo de toda reflexión teológica y de toda acción e institución humana. Ese es el hilo que domina toda la *Institución* y toda la teología de Calvino.

Sin embargo, y aún más importante en el caso de Calvino, ésta fue la fuerza y la dinámica espiritual que dominó toda su vida y su obra. Y es que su teología es una extensión organizada y reflexionada de la vida cristiana en su sentido más práctico y concreto, una sabia e iluminadora expresión de la pasión dominante de este siervo de la Palabra de Dios. Es el desdoblamiento intelectual, pero ardientemente apasionado, de la suprema obra interna de la gracia divina que conquista un corazón y opera desde su interior para la diseminación del conocimiento de la gloria Dios en la faz de Jesucristo. Al final de esta majestuosa obra, Juan Calvino solamente agregó la frase GLORIA A DIOS.

Para que las almas cristianas y las personas interesadas en el estudio de la teología pudieran acercarse a la Escritura y emprender su estudio de una manera productiva, sabia y coherente, fue que el genial teólogo procuró organizar en un conjunto armonioso, significativo y sistemático todo el consejo de Dios. Por más de veinte años, su brillante mente y ardiente corazón se dedicaron a revisar, corregir y perfeccionar esta obra, y así entregarnos lo que ahora es un gran clásico sobre la fe, la piedad y el conocimiento de nuestro buen Dios y Salvador tal como nos es revelado en la Biblia.

TERCERA PARTE

Un latino de corte universal. Pertinencia de la teología de Calvino para la iglesia hispana/latina de hoy

No importa cuán abundantes ni cuán redituables sean las mentiras del gobierno de los EE.UU., las perpetra en nombre de lo que considera una Verdad Más Grande. Desde la perspectiva del gobierno, la aureola sirve para mantener en su lugar «nuestro credo Americano» y la «Doctrina Bush»: característica definitoria de lo que se entiende por guerra preventiva de apropiación preferencial. La aureola mantiene juntos nuestro poder militar y la supuesta bondad que nos atribuimos nosotros/as mismos/as.

[. . .]

Como ha demostrado David Griffin, es Calvino quien con más fuerza expone las implicaciones del teísmo tradicional. Calvino confronta directamente la difícil lógica de un poder que controla todas las cosas. Rechaza la salida fácil —común tanto en su día como en el nuestro— que consiste en afirmar que el Dios omnipotente solamente permite, pero realmente no causa que sucedan cosas malas. «Dios no permite», truena Calvino, «sino gobierna por su poder». [. . .]

¿No percibimos un eco de esta doctrina de la providencia en la doctrina de la apropiación preferencial preventiva? [. . .]

A pesar de que he usado a Calvino como ejemplo de un pernicioso concepto del poder, me apresuro a agregar, Calvino no es menos importante para una deslegitimación del proyecto de dominio de los EE.UU.

Catherine Keller, "Omnipotence and Preemption," en *The American Empire and the Commonwealth of God: A Political, Economic, Religious Statement* (Louisville-Londres: Westminster John Knox Press, 2006), pp. 130-133. Catherine Keller es escritora de temas religiosos y profesora de Teología Constructiva en la Universidad Drew, de Madison, NJ.

Capítulo Nueve
La influencia de Juan Calvino

*D*esde muy temprano en su carrera cristiana, Juan Calvino tuvo un notable impacto en las personas que lo conocieron personalmente, o que después conocieron su obra literaria, reformadora y de predicación. Una vez que sus libros comenzaron a circular por toda Europa, los editores e impresores que simpatizaron con la Reforma reconocieron su gran valor, y ansiosamente estaban dispuestos a publicar los nuevos documentos que salían de la pluma del reformador. Esto incluso sucedió después de su muerte, cuando un equipo de sus hábiles estudiantes y colegas recogieron sus últimas predicaciones y las enseñanzas que dictó desde su lecho de enfermedad.

Ya hemos visto que, desde sus primeras ediciones, la *Institución* se agotó en breve tiempo. Lo mismo pasó con sus panfletos y tratados breves, así como con sus comentarios y sermones. Tal vez también (aunque no está muy bien documentado hasta ahora), sus catecismos ayudaron a moldear la mentalidad de una multitud de jóvenes que con el tiempo constituyeron la sólida avanzada de la Reforma calviniana. Incluso su correspondencia personal y privada se llegó a valorar en gran manera y a publicarse en colecciones que han sido muy útiles a los eruditos e investigadores a lo largo de varios siglos.

Por una parte, la amplia diseminación de toda esta literatura seguramente se debió al hecho de que se había redactado en latín, el idioma que en Europa era común entre los predicadores, los académicos y la gente educada. Pero sus obras escritas en francés, o traducidas por el mismo Calvino, también tuvieron una intensa y muy vasta divulgación. Traducidos por los fieles que abrazaron la Reforma en distintos países europeos, sus escritos pronto también aparecieron en otros idiomas. En toda esta creciente literatura se podía percibir el aire fresco y la rica sustancia del evangelio que habitaba en ella, de modo que se convirtió en el sustento de muchos corazones piadosos y en el recurso educativo de numerosos predicadores, los cuales leyeron esas páginas para edificación, consuelo e instrucción de su también creciente rebaño.

A todo esto se debe agregar el hecho de que la Academia de Ginebra, fundada por Calvino, se convirtió en el centro educativo más popular de Europa para la formación de pastores y para la instrucción de educadores, académicos e intelectuales protestantes. Personas —refugiados— de diferentes países acudían a capacitarse para luego volver a su tierra con el objeto de difundir la luz del evangelio desde la perspectiva reformada. De esta manera, Ginebra se convirtió en un centro misionero que envió numerosos predicadores, catedráticos, expertos y agentes de transformación social a través de sus fronteras. Ya en esos lugares, estos "misioneros reformados" ministraban la Palabra a numerosos grupos de simpatizantes y fieles de la Reforma, incluso arriesgaban su vida por hacerlo en territorios donde estaba prohibida la predicación del evangelio.

Este fue el caso de la primera comunidad reformada en América, que se formó con colonizadores europeos, algunos de los cuales fueron pastores comisionados por Calvino para ir a Brasil. Esa comunidad fue luego brutalmente reprimida y aniquilada por las autoridades portuguesas. Toda esta hueste de misioneros había recibido la instrucción, la influencia y el espíritu del reformador ginebrino.

Reverenciado y odiado

Mucho se ha escrito sobre la influencia que Calvino ejerció no solamente sobre quienes aprendieron a estimarlo desde los días de su actividad teológico-pastoral, o quienes después lealmente continuaron o registraron su labor, sino también en quienes fueron sus detractores y críticos a través de varias generaciones. Entre estos últimos hubo tanto moderados como recalcitrantes, pero todos contribuyeron a difundir una imagen distorsionada y grotesca del reformador.

A través de este libro hemos podido advertir la tensión que en vida del mismo Calvino ya era un hecho evidente. Episodios como el de la aterradora noche que precedió a su expulsión de Ginebra (¡apenas un año y medio después de haber iniciado su ministerio en esa ciudad!), muestran la enconada oposición que este pastor podía despertar. La historia deja bien claro que Juan Calvino nunca fue un predicador al que le gustara ser popular, reverenciado o adulado. Más bien, él sólo buscaba ser fiel a su Dios, a su rebaño y a la Palabra que se le había dado para predicar. Cuando la chusma ginebrina celebró la decisión de los síndicos de terminar los servicios de sus pastores a la que siguió una larga noche de infernal y violento desenfreno frente a la casa de Calvino (amenazándolo de muerte, blandiendo palos y armas, lanzando insultos y blasfemias, haciendo burlas desvergonzadas, bebiendo sin medida, gritando improperios salvajemente, y golpeando las puertas y ventanas de la casa), quedó bien claro que la influencia del predicador podía haber sido realmente notable, pero de ninguna manera fue aceptable en opinión de los libertinos y la gente sin piedad ni temor de Dios. Sin embargo, tampoco lo fue en opinión de las respetables y piadosas autoridades que a ciencia y paciencia toleraron disimuladamente la vergonzante e inaceptable conducta del populacho, porque así convenía a sus intereses políticos y económicos.

Por otro lado, las insistentes diligencias oficiales y los cuidadosos esfuerzos que —tres años después de aquella interminable noche— el Concejo de la Ciudad estuvo dispuesto a prodigar para lograr que el ministro aceptara la invitación para regresar, y la entusiasta y reverente recepción que le mostraron a su entrada a la ciudad cuando lo hizo, también demuestran que su influencia no sólo fue bienvenida, sino amada, muy necesaria y definitivamente vital para la permanencia y el futuro de la ciudad y de la Reforma.

Desde los primeros momentos de su trabajo se hizo evidente que el impacto de Calvino sería controversial durante el resto de su ministerio. Mucha gente, en los años posteriores a la Reforma calviniana, han considerado al pastor ginebrino como un monstruo tiránico y déspota que, desde su privilegiado puesto de influencia y poder, gobernó oblicuamente pero con mano de hierro los asuntos de Ginebra. Otros lo han visto como ese austero predicador que, amargado por la educación represiva y la tormentosa relación con un padre autoritario, se tornó en el teólogo gris y negativo que elaboró e intentó imponer una antropología pesimista, lúgubre y sombría, incurablemente obsesionada por el sentido del pecado y el peso de la culpa. También se le acusa de haber destruido el verdadero ideal humanista de la libertad y la expresión del genuino espíritu humano; y que el puritanismo mórbido, farisaico y opresivo habría sido su único hijo legítimo.

Como quiera que sea, la alabanza de sus admiradores, al igual que la detracción de sus adversarios, sólo pone de relieve la indiscutible trascendencia de su obra reformadora en materia religiosa, teológica, moral y social. Para otros, la obra de Calvino en realidad revela que no es la luminaria que algunos de sus seguidores quieren ver, sino un hombre de mediana inteligencia y poca creatividad, aunque con buena educación. Para ellos, Calvino no fue sino un mero repetidor de todo lo que ya había enseñado tanto la tradición teológica como los mismos reformadores que lo antecedieron.

Sin embargo, la verdad es que Calvino no fue sino un hombre común. Es decir, una persona con defectos que, como él mismo humilde y sinceramente confesó, le eran una peste a su misma conciencia. Sin embargo, esos defectos no fueron ni mayores ni menores que los de la persona común de su propia generación, y de cualquiera otra época. Lo extraordinario es que, cuando la gracia y la potencia de Dios se manifiestan en la debilidad e imperfección humanas, es cuando las siervas y siervos de Dios rinden todo su ser y sus talentos al servicio del Altísimo. Calvino sí fue un excelente ejemplo de esto. Su consagración a la gloria y servicio de Dios, así como su infatigable disciplina de trabajo, su actividad literaria, de predicación y enseñanza las puso a disposición de su Maestro para edificación de su pueblo, y rindieron el fruto que le ha ganado el influyente lugar que ahora el activista de Joyón tiene en la historia de la iglesia y del mundo.

Muchos ingredientes en la vida de Calvino se combinaron para convertirlo en el líder de la Reforma en toda Europa, y para que pudiera implementar una forma de vida y militancia cristiana que habría de cambiar para siempre el panorama histórico de su tiempo y para más adelante. Entre esos ingredientes figuran su sincera integridad rendida plenamente a la obediencia de la Palabra de Dios y la continua pobreza en que vivió toda su vida renunciando a los privilegios. A ello también contribuyó su disposición para arriesgar toda comodidad o propiedad personal en servicio de sus ovejas y hermanos, su humildad para doblegarse ante la providencia divina y para perdonar y ministrar incluso a sus más acérrimos opositores. La nobleza de su carácter atemperado por la espiritualidad vigorosa y genuina que lo caracterizó, así como su inconquistable empeño en producir recursos para la instrucción, admonición y edificación de su rebaño y el progreso de la Reforma fueron factores igualmente decisivos de su gran influencia. Finalmente, su obra e influencia se vio coronada por la incuestionable profundidad, sabiduría y brillo de su teología bíblicamente conformada.

Riqueza y seriedad teológica

En parte, la obra de Calvino es responsable —después de la de Lutero y otros reformadores— del rescate de la teología cristiana que había degenerado en especulación metafísica, superstición ignorante, trivialidad religiosa o ideología justificante de prácticas y condiciones corruptas, en manos de mercaderes inescrupulosos de la religión. Desde los reformadores —y con Calvino como ejemplo sobresaliente— la teología vendría a entenderse como un empeño revestido de seriedad infinita de cara al Dios majestuoso y santísimo que retiene el derecho de juzgar la obra de sus profetas, siervos y siervas. Tal ministerio habría de llevarse a cabo con responsabilidad absoluta sobre una base de *solemne fidelidad a la Palabra de Dios*.

En nombre de Dios y delante de Dios, los pastores y pastoras tendrían ahora que vivir, pensar y actuar, ya no de acuerdo con sus intereses personales o sobre la base de la conveniencia institucional, sino en apego irrestricto a su vocación, al mensaje y la persona del Señor Jesucristo tal como se transmite en la revelación bíblica. Si algo tiene de característico la teología calviniana, es precisamente su arraigo y fundamento en la Biblia. Como teología bíblica, la labor calviniana no sólo es otra modalidad del rescate de la Biblia logrado por la Reforma protestante, sino su expresión más alta y delicada, asociada al estudio serio, profundo y esmerado de la exégesis y las ciencias bíblicas.

Como explicaremos más ampliamente en el siguiente capítulo, esta característica de la enseñanza de Calvino le confirió a su obra una especificidad singular que dio paso a lo que se ha dado en llamar una verdadera ruptura epistemológica. En línea con la exigencia de la Reforma, Calvino activó esta concentración metodológica al privilegiar el texto bíblico y ponerlo por encima de la especulación filosófica. Así, la teología del reformador es esencialmente una exposición bíblica determinada por los patrones, ejes de sentido y reglas de discurso engendradas por la Biblia misma.

Junto con esta normatividad metodológica, la teología calviniana se hizo con miras a una labor comprometida de *carácter pastoral*. Quien hace teología no se arrinconará en el ambiente académico, ni en su estudio o biblioteca, sino que entrará a la arena del acompañamiento del pueblo de Dios en sus luchas cotidianas. En la teología latinoamericana contemporánea esto se ha descrito como el papel del intelectual orgánico. Tampoco pasará por teología el ejercicio jerárquico del sacerdocio elitista que, asegurado desde su trinchera de poder eclesiástico, se entrega a las funciones de la política clerical (a imagen y semejanza de la imperial). Esa falsa teología refleja el afán de asegurar el propio poder temporal frente al de reyes, nobles, príncipes, señores, aristócratas y demás detentadores de propiedad, poder y prestigio. Contrario a todo ello, hacer teología es pastorear. Esta es la gran característica del ministerio teológico cristiano. Otras religiones han producido videntes, profetas, sacerdotes y caudillos. Solamente el cristianismo ha producido pastoras y pastores en imitación de su Señor y fundador. Así, la teología en clave calviniana se convirtió en un ejercicio concreto y práctico (de *praxis* o acción histórica crítica) comprometido con el pueblo de Dios que se ejerce sumergidos en la vida de la comunidad y en favor de su edificación, promoción y salvación. Por eso la teología de Calvino no se redujo a lo que se decía o acontecía dentro del templo de San Pedro, sino que penetró y caracterizó la vida de toda la comunidad ginebrina. Por eso hablamos de la reforma en la ciudad y no meramente de la reforma de lo que acontecía dentro del templo ginebrino.

Extensión de la influencia calviniana

Estas dos características fundamentales de que hablamos en los párrafos anteriores, confirieron a la teología calviniana su enorme poder, influencia y efectividad para la conformación de comunidades entregadas a las labores del Reino reformador de Dios. En la opinión de este autor, aquí reside la riqueza y seriedad del proyecto teológico calviniano. Este esquema ha llegado a influir en la forma de hacer teología desde los años que siguieron a la reforma de Calvino en Ginebra y hasta nuestros días. Aunque no siempre con el mismo éxito que en Ginebra, las comunidades generadas por este movimiento histórico se extendieron por toda Europa, constituyendo una nutrida red de pequeñas y grandes congregaciones que pronto lograron hacer sentir su presencia en el escenario religioso, social, político y económico de Europa.

Desde el mismo siglo XVI, la reforma calviniana –o lo que fue su continuación en el calvinismo– habían conquistado el corazón, la mente y los proyectos de miles de comunidades creyentes en países fronterizos con Suiza y en remotas tierras y dominios. Por ejemplo, los hugonotes de Francia –grupos de protestantes que surgieron desde antes de Calvino– no lograron constituir un movimiento sólido y unificado hasta que encontraron un poderoso vínculo doctrinal, una vigorosa inspiración y una eficaz estructura política en la *Institución*. Esto les proporcionó una forma práctica de asociación y gobierno que ya para 1550 había hecho de ellos una presencia innegablemente reconocida en la nación más activamente anti-protestante de Europa.

La *Confesión Gálica*, adoptada en 1559 por el Primer Sínodo Nacional de Protestantes reunido en París, fue obra nada menos que de Calvino, aunque revisada por su discípulo Antoine de la Roche Chandieu. Una segunda revisión de esa misma obra fue ratificada por el Sínodo de La Rochelle en 1571. Así pues, la iglesia evangélica de Francia se conformó al patrón calviniano tanto en forma como en espíritu, aunque las condiciones de opresión en que se desarrolló eran enormemente adversas y la forzaron a militar como partido político y hasta como fuerza armada. El fallido intento de asesinato (negociado entre la corona y la mitra) para eliminar al Almirante Gaspar de Coligny, destacado líder laico hugonote, y la subsiguiente y salvaje masacre de setenta mil protestantes la noche de San Bartolomé (24 de agosto de 1572), revelan el grado de desarrollo y de influencia que el protestantismo había alcanzado en Francia gracias a la inspiración de Calvino, su desterrado paisano y líder espiritual.

En medio de esta deplorable tragedia, pensadores notables de profunda convicción reformada se vieron inspirados a producir obras que llevaron los principios calvinianos hasta sus consecuencias lógicas en la esfera de la vida y teoría política. Francisco Hotman, Humberto Languet y Felipe du Plessis Mornay desarrollaron las ideas de Calvino acerca de los límites del poder monárquico y la necesidad de resistir la tiranía. Así produjeron una firme y coherente argumentación en favor de la lucha por la libertad religiosa aun en el plano de la fuerza militar. Obras como *Franco-Gallia*, de Hotman, y *Defensa contra tiranos*, de Languet y Mornay, no solamente defendieron el valor del gobierno democrático representativo y la necesidad de establecer límites constitucionales al poder de los reyes, también se extendieron hasta la necesidad de resistir con las armas la tiranía de los gobernantes opresores que usurparan el lugar de Dios.

Otro caso semejante de la influencia de Juan Calvino en el desarrollo socio-religioso de una nación fueron los Países Bajos. Como en Francia y otros lugares, aquí también la reforma luterana ya había echado raíces profundas. Pero tanto luteranos como reformados, en cierta forma fueron precedidos por dos siglos de influencia de corte evangélico a través de «Los hermanos de la vida común». Este movimiento de carácter místico, teología agustiniana y compasión evangélica influyó grandemente en la educación popular y en otras formas de vida comunitaria. Sin embargo, fue la influencia de las obras de Calvino la que contribuyó a dar a los numerosos grupos protestantes un carácter estable y una organización dinámica. Por supuesto, las provincias valonas de habla francesa (al sur de Bélgica) se vieron más inmediatamente influidas por la lectura de Calvino; pero incluso en las provincias de habla holandesa (*Dutch*) su impacto fue notable debido a que varios de los más prominentes líderes de la Iglesia habían estudiado en Ginebra bajo Calvino. Además, la inmigración de reformados de habla francesa que habían sido instruidos por Calvino en Estrasburgo fue muy copiosa. En un período relativamente breve, la influencia calviniana constituyó la nota dominante del protestantismo en las diecisiete provincias del reino.

Identificados e instruidos en la doctrina calviniana, los pastores evangélicos de los Países Bajos solicitaron a Calvino la traducción de su Catecismo de 1545 al latín, algo que el ginebrino hizo de inmediato y con mucho agrado, dedicándolo expresamente a dichos ministros. La primera confesión de fe evangélica en aquellas tierras fue elaborada en 1561 por un fiel seguidor de Calvino, Guy de Bres. Este documento, conocido como la *Confesión Belga*, fue aprobado por Calvino aunque no para su publicación inmediata. En 1566 fue adoptado por un Sínodo en Amberes y hasta el día de hoy figura como expresión doctrinal de las Iglesias Reformadas de los Países Bajos. La influencia del Renacimiento también fue notable en aquellas tierras, y junto con la prosperidad económica de la región, hizo de esa comunidad un pueblo moderado y tolerante, amante de la libertad y la justicia.

Carlos V, de formación católica romana y el Emperador, heredó el reino en1506. Aunque ausente, gobernó por medio de representantes de formación intensamente antagónica al protestantismo. En 1555 Carlos abdicó a favor de su hijo, Felipe II, que de inmediato emprendió una campaña para eliminar el protestantismo. Sin embargo, en 1559 se vio obligado a regresar a España y envió al Duque de Alba a proseguir con la destrucción de los protestantes. Estos dos personajes fueron los más enconados, intolerantes y crueles enemigos de la Reforma. Miles de luteranos fueron perseguidos y muertos junto con miles más de anabaptistas e innumerables reformados. La extrema crueldad y opresión de los españoles provocó el levantamiento de los patriotas de orientación protestante. La revolución resultante en contra de la tiranía española fue un movimiento de pura cepa reformada. Nuevamente, los principios calvinianos que, unidos al sentimiento patriota local, promovieron la resistencia armada encabezada por el príncipe Guillermo de Orange. A diferencia del caso de los hugonotes franceses, y después de muchos años de intensas y dolorosas batallas (1566-1578), la revuelta logró la victoria e independencia de un reino ahora fuertemente identificado con la Reforma y su cultura. Fue así como los Países Bajos llegaron a integrar un pueblo profundamente identificado con la Reforma calviniana, que después exportarían a otras partes del globo, especialmente a Sudáfrica, a través de su actividad económica como potencia colonial.

Sin embargo, durante las últimas décadas del siglo XVI y las primeras del XVII, y especialmente en suelo holandés[1], la teología reformada –como ejercicio doctrinal– experimentó un cambio notable. La relativa estabilidad, buena organización y firme sustento financiero de las escuelas teológicas de los Países Bajos facilitaron el florecimiento de la actividad teológica en la Iglesia Reformada. Sin embargo, en ese tiempo el contexto histórico era diferente, la reflexión se había hecho menos creativa aunque más precisa y lógica y, sobre todo, muy especulativa. A este desarrollo histórico se le ha llamado el período del «escolasticismo protestante» por su parecido metodológico con el antiguo escolasticismo medieval que los reformadores originales habían abandonado.

Durante esta época se recuerda especialmente el Sínodo de Dort (1618– 1619), donde se debatieron y rechazaron los «errores» de Arminio. Los cánones resultantes se han llegado a conocer como *los cinco puntos calvinistas* (aunque ha sido necesario aclarar que la teología calviniana no se puede reducir a esos cinco asuntos discutidos en el sínodo). Esta nueva sistematización de la teología reformada, junto con las formas eclesiásticas y los estilos de vida que se desarrollaron en las comunidades protestantes, integraron el llamado *calvinismo*. Es decir, la expresión histórica de vida y pensamiento que asumieron las iglesias reformadas a finales del siglo que vio nacer a la Reforma. Ya no era la teología creativa y fresca de Calvino, estrictamente hablando. Ahora era un producto diferente, reflexionado y trabajado con un nuevo espíritu y una nueva metodología, algo más formalizado y lógico, pero menos dinámico. Tampoco era la «escuela de Cristo» que floreció en Ginebra, sino la nueva conformación social, cultural y política que asumía características diferentes en otras condiciones y posibilidades espirituales e históricas.

Así pues, la teología de Calvino no sólo fue adoptada, sino también re-elaborada por las nuevas generaciones de teólogos que así contribuyeron a su nueva formulación. Aunque modificada por la contribución de estos nuevos pensadores y las nuevas circunstancias históricas y eclesiásticas, la teología del reformador francés superó la barrera del tiempo y continuó contribuyendo a la formación y desarrollo de las comunidades evangélicas a lo largo y ancho de Europa continental. Alemania, Hungría, Polonia, Bohemia, Italia, Lituania, España, etc., es decir, prácticamente todo el continente europeo, se vio inundado por las obras, la teología, los discípulos y descendientes espirituales de Calvino. Su influencia incluso se dejó sentir en la teología griega al interior de la Iglesia Ortodoxa. Un destacado patriarca de Constantinopla, Cirilo Lucaris, en 1629 publicó una *Confesión de fe* cuyo contenido era abiertamente calvinista. En ella, el Patriarca enseñaba que la autoridad de la Escritura estaba por encima de la tradición; que la predestinación era enteramente libre e incondicional; aunque no rechazaba abiertamente la intercesión de los santos, sí afirmaba que Cristo era el único mediador; la salvación se basaba en la justicia de Cristo y se alcanzaba solamente por la fe; solamente reconocía dos sacramentos y rechazaba la veneración de las imágenes (*íconos*). Como era de esperarse, esta inusitada confesión provocó una serie de conflictos en la iglesia oriental, le costó a Lucaris su sede patriarcal, quien fue depuesto e instalado siete veces en total antes de ser asesinado en 1638.

También en el suelo británico, irlandés y escocés y después en el americano, la teología y la forma de vida eclesiástica desarrolladas por el reformador ginebrino se naturalizaron y produjeron una historia peculiar. Además, como resultado de la expansión misionera y comercial de tiempos más recientes, también se estableció como modelo eclesiástico en una hueste de comunidades evangélicas en todos los continentes alrededor del mundo. En la actualidad existen unos 75 millones de creyentes reformados dispersos por toda la tierra habitada que trazan su origen espiritual hasta ese momento histórico vital impulsado por Juan Calvino.

Otras esferas históricas de influencia

Hemos repetido que la reforma protestante constituyó un gran avivamiento espiritual que transformó para siempre el corazón, la fe y la vida de millones de creyentes. En una oscura época de angustiosa sequía espiritual, Dios derramó la gracia de su evangelio como una gran lluvia tardía que refrescó el alma sedienta del numeroso pueblo anhelante de vida y bendición. Junto a la formidable labor del campeón Lutero y los otros reformadores de la primera fase del avivamiento, se dice que la obra de Calvino proveyó al movimiento entero de renovado sustento bíblico, visión armoniosa, dinamismo coherente, estructura organizativa y liderazgo pastoral. Sin embargo, de manera prominente, fue la concentración espiritual y religiosa que caracterizó la obra del reformador francés. Pero esta «suma de piedad» —con su núcleo doctrinal-devocional-litúrgico-eclesiástico— constituyó la energía creadora que por la providencia divina enriqueció todas las áreas y esferas de la vida. La obra calviniana y el calvinismo subsiguiente pertenecen al tipo de fenómeno histórico espiritual que el teólogo reformado contemporáneo Nicolás Wolterstorff, caracteriza como «cristianismo mundo-transformante» (o *world-transforming Christianity* en inglés).

Así pues, pasaremos a hacer una revista, de forma muy sucinta, de algunas formas en que la influencia de Calvino se tradujo en acciones concretas de promoción humana.

La educación. El siglo XVI fue en sí una época de oro para la educación de la aristocracia en todos los países europeos. Calvino vivió cuando las universidades nacidas durante la Edad Media, junto con otras modalidades educativas y culturales, habían llegado a un momento de gran desarrollo y esplendor gracias al Renacimiento y al Humanismo. Además de la notable influencia del grandioso avivamiento cultural que Europa experimentó en esa época, tanto los monarcas ilustrados como la iglesia poseían riquezas suficientes, poderosas motivaciones y abundante tiempo libre como para impulsar grandes proyectos educativos. Esto se hizo tanto en los círculos cortesanos como en las universidades y los monasterios.

Calvino definitivamente fue favorecido por ese Renacimiento humanista. Incluso se ha dicho que pudo haber sido uno de los hombres más cultos e intelectualmente destacados de su época. Sin embargo, Calvino no solamente fue un producto moldeado por el espíritu de las universidades y los centros académicos de la élite social, también fue uno de sus promotores más entusiastas y efectivos entre las masas del pueblo común. Por principio de cuentas, el reformador asumió la responsabilidad de enseñar por igual en la iglesia y en la escuela pública diaria como una de sus funciones y responsabilidades más altas y principales. Como Lutero antes que él, Calvino introdujo la educación obligatoria de toda la niñez en Ginebra. La preocupación pedagógica del reformador también lo llevó a producir esos notables materiales educativos que son sus catecismos, obras con las que aseguraría el futuro de la Reforma, ya que fueron instrumentos de la formación de la niñez ginebrina.

Al asumir sus labores, tanto en Ginebra como en Estrasburgo, el nombramiento principal de Calvino fue precisamente como maestro y conferencista. Su ministerio fue primordialmente de enseñanza, pues aun sus sermones y comentarios tenían finalidades pedagógicas. También se distinguió por su capacidad para planificar, administrar e impulsar los proyectos docentes. Siguiendo el ejemplo de Lutero, quien impulsó de manera primordial la educación popular tanto de hombres como de mujeres (la co-educación), el ginebrino también fundó, enseñó, procuró financiamiento y dirigió la renombrada Academia o escuela pública que llegó a ser el centro educativo de mayor renombre para los protestantes europeos. Uno de sus talentos fue poder atraer y reunir en Ginebra a un grupo de los más célebres eruditos, teólogos, científicos y humanistas de la época.

Por encima de eso, y según la opinión de los expertos, donde más destacó Calvino fue en su magnífica visión unificada de la educación, pues él mismo planeó los programas educativos de la academia que incluían tanto Biblia y teología como matemáticas, filosofía, retórica y astronomía. En la filosofía educativa de Calvino no hubo lugar para la separación entre lo que hoy llamamos las ciencias seculares y las ciencias religiosas. Ambas iban de la mano por cuanto ayudaban a leer el gran libro de la creación en donde el Creador había plasmado las notas de su gloria y grandeza. Toda verdad, así la revelada en las Escrituras como la descubierta por las ciencias, procedía del Dios único, que es la fuente de toda sabiduría. El mundo explorado por las disciplinas humanas, según Calvino, no era mas que el «teatro» o escenario de la gloria de Dios.

Una indicación de la influencia del ministro de Ginebra la encontramos en lo que hoy día conocemos como las humanidades o artes liberales, núcleo que corresponde al plan de estudios que Calvino instituyó en Ginebra para la educación de ciudadanos, pastores y eruditos por igual. No es de extrañar que algunos de los pedagogos más notables de todos los tiempos, como Juan Enrique Pestalozzi o Enrique Rébsamen (educador de gran influencia en México donde reformó todo el sistema educativo), hayan sido suizos asociados con la Reforma en general y con Calvino y su pensamiento en particular. También lo fue el afamado educador Juan Amós Comenio, quien, aunque formado desde su infancia en las instituciones educativas de los Hermanos, recibió educación teológica formal, e incluso pedagógica, de un calvinista holandés, John Henry Alsted.

La política. En algunas obras dedicadas al estudio de la teoría política se ha dado atención particular a la obra de Calvino, a quien se reconoce y cuenta entre los más destacados contribuyentes a la formación del pensamiento y las prácticas políticas del mundo moderno. Aunque en realidad el reformador no desarrolló una teoría política en sí —dado que su interés principal lo constituía su labor específicamente pastoral— su tratamiento de la relación entre la Iglesia y el magistrado civil, como vimos en el capítulo anterior, contiene elementos que se han incrustado en la conciencia sociopolítica del mundo actual. Esto ha contribuido al desarrollo y ejercicio de la función del poder público y la autoridad instituida en la cultura occidental.

El liderazgo que Calvino desarrolló en Ginebra se dio como parte del período histórico que vio nacer el mundo moderno mediante los impresionantes y definitivos cambios histórico-políticos que se produjeron en el seno de Europa. Así pues, simplemente era inevitable que tanto la opinión como el liderazgo concreto de Calvino para el desarrollo de la ciudad-estado que contribuyó a formar en Ginebra, tuvieran un carácter social y, por tanto, un impacto notorio en las esferas de la administración de los asuntos comunitarios. Pero no fue simplemente debido a circunstancias fortuitas que Calvino tuviera que ver con la función del gobierno humano. Más bien fue la consecuencia lógica y necesaria de dos factores muy profundos y formativos: 1) sus convicciones teológico-religiosas y, 2) su formación jurídico-humanista.

Su experiencia de conversión, profundamente transformadora y significativa, le reveló y confrontó con un Dios majestuoso y soberano. Esta experiencia fue informada y moldeada por su serio estudio de las Sagradas Escrituras, y expresada mediante su vivencia y comprensión de la *doctrina de la soberanía de Dios,* que está presente en toda su teología como fuerza vital y criterio interpretativo. Su concepto de Dios como el supremo soberano del universo y la historia lo llevó a desarrollar todo su ministerio con un consistente esfuerzo por «llevar cautivo todo pensamiento a la obediencia a

Cristo» (2 Co. 10:5). Su experiencia práctica de esta verdad lo involucró en una lucha sin tregua contra todo estado o príncipe terrenal que intentara reclamar para sí el poder, los derechos y el lugar que le pertenecían exclusivamente a Dios.

Su concepto de la soberanía divina constituyó en sí una protesta contra la tiranía y el ejercicio despótico y abusivo de los nobles y reyes de su época. Así pues, su doctrina de la soberanía de Dios —donde el magistrado terrenal solamente es reflejo supremo y ministro eminente— no funcionó como legitimación religiosa del estado y sus agentes e instituciones; sino como norma, límite, correctivo y criterio del ejercicio de los príncipes tanto civiles como eclesiásticos. Así pues, no extraña que su teología introdujera de manera esencial y vital un elemento político en la comprensión de la realidad tanto histórica como trascendente. Jesucristo, Rey de reyes y Señor de señores, permanece supremamente de pie ante todo esfuerzo de los humanos por erigirse en «señores» del pueblo, usurpando el lugar que solamente pertenece a Dios. Calvino sabía muy bien que: «muy pocas veces acontece, y es casi un milagro, que los reyes dominen de forma que su voluntad no discrepe jamás de la equidad y la justicia. Por otra parte, es cosa muy rara que ellos estén adornados de tal prudencia y perspicacia que cada uno de ellos vea lo que es bueno y provechoso». (*Inst.*, IV. xx. 8). El Estado se halla de continuo ante la tentación y la tendencia idolátrica y demoníaca de erigirse a sí mismo en un dios dador de vida o muerte, de esta manera, en la teología calviniana advertimos claramente un elemento radical de rechazo a todo intento de tiranía humana.

Junto a esta convicción, la enseñanza bíblica respecto al ser humano como creación divina y hecho a imagen y semejanza de Dios, proporciona otro principio rector para entender las relaciones de poder en la organización de la sociedad. El ser humano, quien es *portador de la imagen de Dios* cualquiera que sea su condición social o económica, su grado de educación o, incluso, su condición moral o estado físico, es merecedor de la más alta honra y del respeto más profundo. No es admisible, entonces, que los seres humanos se superpongan unos a otros en una jerarquía que hace a unos más dignos que otros o superiores a ellos. Esta doctrina introdujo un elemento igualitario y democratizador que tuvo enormes consecuencias sociales, políticas y económicas en la sociedad feudal y aristocrática. Y es que, sin distinción, incorporó a todos los seres humanos en la posibilidad de ejercer funciones, deberes y privilegios políticos en igualdad de circunstancias. Y podemos ver que dondequiera que se enseña y practica puntual, respetuosa y apropiadamente esta verdad, existe un fuerte vínculo y ejercicio democrático que elimina los abusos del poder por parte de individuos, facciones, grupos o clases sociales. De ahí que se afirme que dondequiera que el calvinismo ha echado raíces, se han puesto las más firmes bases para la libertad y la igualdad entre los seres humanos. Si a esto agregamos el impacto de la doctrina del *sacerdocio universal de creyentes*, que contesta y desafía la autoridad y la mediación exclusiva del sacerdocio monárquico, advertimos claramente la manera en que la enseñanza de Calvino habría de afectar el pensamiento y la práctica política en los siglos subsiguientes.

Existen otros dos elementos teológicos en la visión calviniana del ser humano que, junto a los anteriores, proporcionan todo un conjunto de importantes implicaciones políticas. Por un lado, la controversial doctrina sobre la *depravación total del ser humano,* que ha sido frecuentemente mal entendida en el sentido de que el conjunto de la humanidad está totalmente sumida en una abyecta y desesperanzada situación contra la que ya nada se puede hacer. Calvino no enseña esto, pues indica que la imagen de Dios no ha sido del todo destruida en los humanos, sino que, aunque dañada y ofuscada, permanece en todos sin importar cuán bajo hayan caído en la degradación moral. Más bien, según esta enseñanza, se dice que todas las áreas o dimensiones de la persona han sido igualmente afectadas por la caída y el pecado, no dejando en el ser humano ninguna parte ilesa o intacta. Tanto los afectos como la voluntad y el entendimiento han quedado afectados y disminuidos.

Esta situación, entonces, como se ha reconocido en filosofías como el existencialismo, representa un importante dato precautorio que introduce la nota del realismo al considerar el potencial pecaminoso y destructivo de los humanos y de sus mejores instituciones y estructuras sociales. Aquí yace la semilla de la moderna noción latinoamericana del llamado «pecado estructural». Esto obliga a los seres humanos a ejercer una perpetua vigilancia de parte de todos para evitar la concentración del poder en pocas manos, y es un incentivo para mantener bajo escrutinio permanente la acción de sus gobernantes. De aquí se genera todo un programa de participación ciudadana que hizo de las comunidades reformadas modelos de actividad social en pro del bien común. Reinhold Niebuhr, teólogo reformado del siglo XX, identificó la depravación total del humano como la condición que hace necesaria la democracia. Es decir, cuando distintos sectores del gobierno se vigilan los unos a los otros para evitar que un grupo exceda sus atribuciones (lo que se conoce como la división de los poderes legislativo, judicial y ejecutivo), se logra un sistema de equilibrio del poder y de controles mutuos. La ciudadanía participa a través de estas instancias de gobierno diseñadas para controlar los excesos de un sector y la acumulación del poder en pocas manos.

La antropología calviniana, sin embargo, no solamente ve al ser humano de manera sombría, sumido en su depravación. De hecho, siempre lo contempla con los ojos de la gracia redentora y transformadora de Cristo Jesús. El potencial liberador de la gracia santificante le permitió a Calvino contemplar al ser humano como un *santo redimido, entregado a la gloria de Dios* en medio de la historia humana. A quien la siga, esta doctrina le permite poseer un gran potencial de bien para la sociedad y la historia. Se dice que un historiador del siglo XVII comentó: «Prefiero enfrentarme al ataque de todo un ejército armado, que a un calvinista de rodillas y dispuesto a hacer la voluntad de Dios». Y es que de acuerdo con esta doctrina, la posibilidad de la redención produce corazones y voluntades transformadas, liberadas del egocentrismo, y ser justificados por gracia para la promoción de la justicia.

Cuando esta doctrina se conjuga con la enseñanza de Calvino respecto a la *vocación secular,* estamos ante una de las vertientes teológicas potencialmente más transformadoras en el cuerpo político. Esto resulta especialmente eficaz si se hace dentro de una estructura adecuada de relaciones sociales que faciliten el ejercicio de las mejores contribuciones de todas las personas. La red de vínculos estables y conexiones estratégicas entre individuos y grupos de individuos que produjo el *sistema de gobierno* propuesto por Calvino para la iglesia de Ginebra, condujo precisamente a este fin. El orden democrático representativo conjugó lo mejor de los dones y capacidades individuales de los líderes más sabios y experimentados (llamados presbíteros o ancianos en el Nuevo Testamento), con la participación definitiva e intencional de toda la comunidad. Antes de que hubiera una república democrática representativa, organizada en instancias de gobierno y acción política a niveles locales, regionales y nacionales con el apoyo y participación activos del pueblo, ya existía una institución que practicaba precisamente ese orden: la iglesia calvinista. Como lo demuestra un teólogo italiano, los ideales de la revolución francesa —libertad, igualdad, fraternidad— se forjaron en la lucha por implantar el Evangelio de la Reforma y su estilo de relaciones sociales en la iglesia pastoreada por Juan Calvino.

Es evidente que la cuestión religiosa en el tiempo de la Reforma necesariamente tuvo inevitables repercusiones en la política. Las condiciones históricas incorporadas en la co-extensividad sobreentendida del estado y la iglesia, o sea, la antigua alianza de cristiandad, exigían que la Reforma tuviera en sí misma dimensiones políticas de incalculable trascendencia. Así pues, la radical transformación que el protestantismo representó en la esfera religiosa, también produjo una radical transformación en la conformación de las estructuras civiles, políticas y culturales que contribuyeron a efectuar el paso definitivo de la Edad Media a la Era Moderna, del absolutismo monárquico a la democracia, del feudalismo al capitalismo, de la tiranía espiritual a la libertad de conciencia. Esta situación creó las condiciones para que la influencia de Calvino se hiciera sentir hasta nuestros días a través de destacados pensadores como Juan Jacobo Rousseau, que se preciaba mucho de ser ciudadano de Ginebra, o Abraham Kuyper, notable pastor, teólogo y estadista holandés más reciente.

como ya lo hemos indicado, en el centro del inmenso caudal de energía transformadora del mundo social y político que fue inherente al calvinismo, se hallaba su núcleo teológico-espiritual alimentado por el evangelio de la gracia de Dios en Cristo Jesús. Fue el re-encuentro con el Señor y Redentor de la historia, del mundo y de la eternidad (resumido en la doctrina de la *justificación por la fe*), el que a la larga facilitó, orientó y potenció la acción reformadora del protestantismo en Ginebra y el resto del mundo. En esencia, el Evangelio de la Reforma evidenció, atacó y desmanteló el inmoral e ilegítimo uso del poder espiritual y religioso para someter las conciencias y las vidas de los seres humanos. La usurpación del poder temporal en manos del clero —que fue la causa fundamental y evidente de la miseria espiritual prevaleciente en la Edad Media— se vio de pronto eliminada. El formidable edificio de toda una cultura de opresión y abuso cayó demolido por el poder liberador del evangelio. Con un solo y magistral movimiento espiritual donde el centro del poder cambió de las manos de una institución humana y se redirigió hacia su legítimo Señor y dueño, la Reforma operó el trascendental acto político que cambió la faz del mundo.

En efecto, al acercar al ser humano pecador directamente hasta la fuente gratuita del amor y la misericordia divinas, la pretenciosa institución pontificia, clerical, sacerdotal y sacramental, ya no se hizo necesaria. La justificación únicamente por gracia mediante la fe en Cristo Jesús, accesible a todos los seres humanos mediante la predicación del evangelio, resultó ser una enseñanza poderosamente liberadora y transformadora de enorme potencial político trascendente. En su expresión calviniana, esta doctrina vendría a influir poderosamente en el desarrollo y la construcción del nuevo escenario espiritual, político e histórico de la sociedad hasta el presente.

La ética. Si bien la vida y obra de Calvino ha recibido severas críticas, nadie ha puesto en tela de juicio su influencia y su importante contribución en el campo de la ética. Uno de estos críticos ha sido el filósofo y erudito español José Luis Aranguren, quien, aunque considera que el reformador fue un simple repetidor de lo que sus antecesores ya habían dicho, reconoce su lugar como uno de los elementos dentro del desarrollo moral de Occidente. Según Leopoldo Cervantes[2], Aranguren opina que la doctrina calviniana de la predestinación, mucho más aterradora que la de Lutero, se encuentra en el centro de su teología y su ética e hizo que ésta última deviniera con el tiempo en todo un sistema de moral. Para el español, «ninguna confesión ha hecho estribar la esencia de la religiosidad tan abrumadoramente como la calvinista en el sometimiento a las órdenes divinas», lo cual reduce la personalidad humana a instrumento en las manos de Dios. No obstante, esta ética se ha ido haciendo «a través de la vida como ordenamiento práctico de la conducta humana y no en virtud de teorías»[3]. En ella sobresalen las virtudes del trabajo y la disciplina con énfasis en la vida activa y productiva.

Este planteamiento de Aranguren nos sirve para apuntar a lo que se ha dado en llamar, más específicamente, *la ética protestante del trabajo*. Uno de los rasgos más discutidos de la influencia de Calvino lo constituye su enseñanza e insistencia sobre el carácter creativo y productivo de la vida cristiana. Quien conoce la liberación del yugo de servidumbre al pecado para vivir en anticipación generosa la libertad gloriosa de los hijos e hijas de Dios, es una persona potenciada y entregada al trabajo productivo encaminado a la gloria de Dios. Quienes siguen la visión calviniana están en este mundo para alabanza de la gloria de Dios mediante toda una vida de adoración y servicio fieles, a fin de manifestar, engrandecer e impulsar los planes divinos para el bien total de la humanidad. Así, toda la vida ha sido santificada por Dios y constituida en escenario y santuario más amplio en el que se da la vida de adoración y vocación cotidiana de servicio. No hay área de la existencia en que Dios no reclame nuestra lealtad y nuestro servicio.

Por eso tenemos que adorar al Señor en todos nuestros actos diarios, que cobran el carácter de formas de obediencia y adoración dirigidos a manifestar la gloria divina. El trabajo constante, honrado y bien hecho en todas sus modalidades no solamente es dignificado, sino santificado y convertido en instrumento de devoción piadosa. El cristiano o cristiana no son más santos ni más devotas cuando ora con su corazón que cuando trabaja con sus manos. Su actividad manual, mental, intelectual o artística han llegado a constituirse en una verdadera vocación donde se ejerce la obediencia al llamado celestial. El culto cristiano no se reduce a los actos de la adoración pública en el templo y la devoción privada en el hogar, sino que se extiende a todas las acciones, prácticas y vivencias sociales, laborales, culturales y productivas de los seres humanos. Al actuar así, se hace todo para la gloria de Dios, y se ejerce el mejor y más completo esfuerzo por agradarle. Con esto se constituye todo un programa de acción entendido como una especie de santidad secular. El resultado del trabajo es una obra de calidad, digna de ser ofrecida a Dios. La obra de las manos del trabajador o la trabajadora, entonces adquirían una notable precisión y calidad que la hacía de gran valor comercial.

Junto con ello, otro factor religioso actúa en la vida del quehacer cotidiano. Quien sigue el calvinismo no puede permanecer en ocio, puesto que esto no agrada ni honra a Dios. Su vida de trabajo se convierte entonces en una dinámica y productiva esfera de creatividad y productividad incesantes. Esto no solamente produce obras de gran calidad, sino también en gran abundancia, lo cual genera prosperidad y se convierte en fuente de un gran potencial económico. A este factor hay que agregar todavía otro más. Se trata de la convicción calvinista de que se debe llevar vidas sencillas, frugales, modestas. Todo exceso en la vida y consumo es evidencia de la tendencia pecaminosa a proveer para los deseos de la carne, algo que desagrada a Dios y deteriora el carácter de la vida cristiana. Los vicios y los lujos excesivos quedan fuera de la perspectiva de una vida consagrada al servicio del Señor. Se elimina el despilfarro y se fomenta la mayordomía disciplinada en atención al servicio divino.

La consecuencia obvia de estos rasgos espirituales es que la sociedad organizada al estilo calviniano se convirtió en una comunidad industriosa, productiva y próspera, en la que se eliminó la ociosidad, el vicio, el desempleo y la pobreza. En su lugar florecieron la educación, el trabajo ordenado, la sociedad pacífica y el ambiente propicio para la vida de adoración, piedad y civilidad que hicieron de Ginebra un modelo de comunidad anhelado y seguido por muchas personas. De ahí que se tenga a Calvino, y su proyecto de reforma, como uno de los resortes más influyentes en la conformación de la economía moderna, factor determinante de la transición de la sociedad feudal a la sociedad democrática, libre y próspera.

Debido a esto, con frecuencia se ha relacionado la transformación espiritual y social de la Reforma con el surgimiento del capitalismo moderno, y se ha visto a Calvino como padre de este sistema económico. Hasta se ha llegado a sugerir que cada banco debería colocar un cuadro de Calvino en lugar prominente. Sin embargo, no hay nada más apartado de la verdad, particularmente si se entiende por capitalismo el inhumano sistema de explotación económica globalizada que impera en la actualidad.

Las controversiales tesis del sociólogo Max Weber en su famosa obra sobre *La ética protestante y el espíritu del capitalismo* han sido debatidas en múltiples ocasiones. Este autor argumenta y trata de demostrar que las ideas del espíritu humano, y no solamente las necesidades materiales, tienen una fuerza capaz de mover la historia. El calvinismo puritano inglés es una de esas pruebas que demuestran que el espíritu emprendedor de los protestantes se debió a una especie de «ascetismo intra-mundano» (*this-worldly asceticism*, en inglés) que les impulsaba a embarcarse en las actividades productivas del comercio con una pasión de tipo religioso, ya que mediante su prosperidad material darían evidencia de ser los elegidos de Dios.

Aunque es cierto que el «calvinismo» inglés de siglos posteriores pudo exhibir ese rasgo en algunos casos, la reforma «calviniana» original no estuvo marcada por ese «espíritu», de modo que no se puede decir que Calvino haya sido el promotor del sistema *per se*. De hecho, como han demostrado otros eruditos, la iglesia de Calvino y la de sus inmediatos continuadores, tanto en Ginebra como en el resto de Europa, mantuvieron una constante y enjundiosa lucha para evitar que el espíritu de la codicia y de la ganancia a base de la explotación de otros seres humanos echara raíces en sus comunidades. En todos sus estilos, pero de manera especial la calviniana, la Reforma combatió enérgicamente la usura y el préstamo de dinero con intereses a los pobres. Aunque a diferencia de otros reformadores y en contra de la ética aristotélica, Calvino aprobó el préstamo con intereses limitados a los ricos que lo solicitaban con finalidades productivas, nadie se opuso con mayor insistencia que él a permitir que los poseedores de riqueza incrementaran sus ganancias a costa de los necesitados. Al contrario, enseñó y defendió la idea de que no solamente era deber del rico prestar dinero al pobre sin demandar intereses, sino que su obligación era ayudarlo y sostenerlo en su necesidad por medio de donativos.

Y aun más, como ya hemos visto, Calvino desarrolló todo un sistema de ayuda, a través del diaconado de la iglesia, encargado del sostén de los desvalidos, los pobres y los refugiados mediante la redistribución social de la riqueza generada por la comunidad en general. Lejos de promover la ganancia por la ganancia misma (el lucro inmoral, y el uso del dinero para producir más dinero concentrándolo en pocas manos), Calvino fomentó el trabajo, la producción y la generación de bienes y servicios para el comercio y la industria en una economía de carácter urbano. De hecho, Ginebra era una pequeña ciudad que no poseía tierras para la actividad agrícola y no podía proveer su propio abastecimiento local. Admirablemente, esto se logró con toda la eficiencia y la calidad de la producción capitalista. Pero la distribución de la riqueza se hacía conforme a un patrón social orientado precisamente a favorecer a las clases más necesitadas: los inmigrantes y refugiados, los enfermos, la niñez, las familias desamparadas; y no para su acumulación o fines especulativos.

André Biéler, un destacado sociólogo y teólogo francés, ha mostrado de qué manera el pensamiento económico de Calvino estuvo orientado por el Sermón del Monte y las enseñanzas de los profetas y apóstoles, donde la compasión, el amor, la justicia, la generosidad, el abatimiento del egoísmo, el fomento de la igualdad, la búsqueda del bien común y la necesidad del prójimo se colocaba por encima del interés personal, y la vida social se entendía como evidencia del Reino de Dios. Estos *fueron los principios* que iluminaron y presidieron la conformación social y económica de la Ginebra del tiempo de Calvino. Según Biéler, el pastor trató de inculcar y establecer una visión donde los bienes que el Señor había concedido a la comunidad —bienes sobre los que solamente Dios seguía teniendo derecho absoluto de propiedad— se habían de compartir libre y generosamente con los más necesitados, creando así una especie de *socialismo humanista o humanismo socialista.*

Esta obra clásica y de gran autoridad sobre el pensamiento social y económico del reformador —que no está de acuerdo con el mito moderno en el mundo anglosajón de que el protestantismo y el capitalismo van de la mano— apenas ha sido traducida al inglés después de varias décadas, en anticipación a la celebración del quinto centenario del nacimiento de Calvino en 2009. La perspectiva de Biéler sobre el humanismo social de Calvino ha influido en la recuperación más reciente de la teología del maestro de la Reforma en Ginebra.

Pocas áreas de la vida cultural de la humanidad en los últimos cinco siglos escaparon a la influencia directa o indirecta de Calvino. El protestantismo, parte de la matriz cultural de la modernidad, propició la autonomía y el desarrollo de las ciencias, las artes y el conocimiento en general. Si bien el reformador no se dedicó a la reflexión filosófica en sí misma, su conocimiento y dominio del pensamiento filosófico clásico y medieval (como se puede ver en todas sus obras), le permitió contribuir con autoridad a la conversación académica respectiva y que hizo con brillantez y seriedad. Ya no tenemos que agregar más sobre su obra estética, pues ya hemos visto que su contribución a las bellas letras es reconocida universalmente.

Sin embargo, existe una esfera cultural en la que Calvino tuvo gran precaución debido a sus convicciones teológicas: las artes visuales. Su profundo sentido anti-idolátrico, aunque no tan radical como el de Ulrico Zwinglio (el reformador de Zurich), no le permitió impulsar las representaciones plásticas del arte religioso. A pesar de esto, se ha dicho que el famoso pintor reformado holandés Rembrandt von Rijn captó y expresó lúcidamente el espíritu de la Reforma y que, en el campo de la pintura, logró lo que Calvino en las letras. Es decir, una exégesis bíblica, pues por el uso magistral del *chiaroscuro*, sus obras retratan a los personajes bíblicos con un profundo sentido teológico en el que se revela el triunfo de la justicia de Dios por la fe en el conmovedor drama de la lucha entre el pecado humano y la gracia divina. Aunque en menor grado, se puede decir que lo mismo sucedió en el caso de la música. Mientras que Lutero inspiró el surgimiento de la grandiosa música sacra en la liturgia y el arte luterano de Alemania, Calvino se limitó a la introducción del canto de los salmos en la congregación de Ginebra y promovió los bellísimos y poderosos cánticos del *Salterio de Ginebra*, elevados con júbilo exaltado y reverente. En su opinión, la voz humana era el mejor y el único medio de alabanza cristiana. Rechazó el acompañamiento con instrumentos y la armonía polifónica, porque –según él– apelaban más a la carne que al espíritu y presentaban riesgos que eran inadmisibles para la adoración.

Las palabras de un notable erudito calvinista son las más propicias para concluir este capítulo:

> El sistema de doctrina y de gobierno eclesiástico de Calvino ha moldeado más mentes y penetrado en más naciones que el de cualquier otro reformador. En todas partes fortaleció a los hombres contra todo intento de interferencia del poder secular en los derechos de los cristianos. Infundió valor a los hugonotes; dio forma a la teología del Palatinado; preparó a los holandeses para la heroica defensa de sus derechos nacionales; ha predominado en Escocia hasta el presente; moldeó al puritanismo de Inglaterra; ha sido el fundamento del carácter de la Nueva Inglaterra; y por doquiera ha ido a la vanguardia de toda reforma práctica. Su teología asumió características diferentes en los distintos países donde penetró, al mismo tiempo que retuvo sus rasgos fundamentales[4].

[1] Aquí usamos el término «holandés» para referirnos a los Países Bajos en su conjunto. Aunque, estrictamente hablando Holanda era sólo una de las 17 provincias, en nuestro medio es común hoy día usar este nombre para referirnos a todo el reino, a su cultura y a su idioma.

[2] Leopoldo Cervantes-Ortiz, «José Luis L. Aranguren y el calvinismo», *Protestante Digital* (España, 2005).

[3] *Ibid.*

[4] Henry Boynton Smith, 'Calvin' en la American Encyclopedia de Appleton, Nueva York, 1858. Citado por John T. McNeil, *The History and Character of Calvinism* (Oxford: Oxford University Press, Primera edición rústica, 1967), p. 235.

CAPÍTULO DIEZ

La reapropiación del pensamiento de Calvino en perspectiva latina

Necesitamos empezar por decir lo obvio: Juan Calvino era latino. Quizá por ello se hace imperativa la labor de recuperar su riquísimo legado para nuestro pueblo. Por razones también obvias, la obra de Calvino ha sido adoptada, estudiada y desarrollada con mayor amplitud en latitudes y culturas no necesariamente latinas. Por el contrario, como es sabido y por razones históricas, el mundo latino ha gravitado hacia expresiones más bien tomistas (de Tomás de Aquino), o católico-romanas, en su vivencia teológica y religiosa.

No obstante, las colosales dimensiones y el carácter transformador de esta expresión teológica —que en su tiempo revolucionó a la sociedad europea y contribuyó a la formación de la sociedad anglosajona americana— constituyen un legado clásico que no debe ser ignorado por las iglesias evangélicas que han surgido en nuestro espacio. Quinientos años de cultura inquisitorial no pueden ocultar la brillante luz que irradia desde las páginas y la práctica histórica del célebre inmigrante, refugiado francés, pastor y benefactor de Ginebra.

Es necesario recordar que la tarea teológica de la Iglesia en todos los tiempos consiste en el ejercicio viviente de la fe que procura discernir la voluntad de Dios y, al mismo tiempo, entenderse y expresarse en el lenguaje, las necesidades y los acentos de cada época. Así pues, no se trata de repetir meramente lo que otros ya confesaron en su tiempo y circunstancia, sino de rescatar aquello que tienen de pertinente los testimonios cristianos de todas las edades.

El pensamiento teológico de Juan Calvino es uno de esos tesoros clásicos que desafían el paso del tiempo. Estos tesoros retienen lo que el filósofo alemán Hans-Georg Gadamer llama «contemporaneidad», es decir, esa cualidad que los hace siempre frescos y potencialmente transformadores cuando se recupera su significado. A semejanza de los textos de la Sagrada Escritura que hablan con renovado vigor y poder a cada nueva situación y realidad en el mundo, la producción teológica también suele proporcionar pistas para la acción, intuiciones, significados, recursos y dinamismos en nuevas circunstancias históricas.

En opinión de los expertos en misiología, el centro de gravedad del cristianismo contemporáneo se ha trasladado del norte al sur; en otras palabras, de los países del «primer mundo» a los del «tercer mundo» o «mundo de los dos tercios». Esto significa que el cristianismo protestante latino, parte integrante del entorno social del tercer mundo (aunque emparentado ideológicamente con el proyecto del primero), se encuentra providencialmente en el centro vital y estratégico de los movimientos espirituales del presente. Así pues, en virtud de su matriz cultural y horizonte histórico y geopolítico, las iglesias evangélicas de América Latina, y las hispanas en los Estados Unidos, están sometidas a la tensión histórica del momento y pueden jugar un papel importante en su ulterior desarrollo.

Debido a ello, nuestras comunidades requieren la luz de la eternidad para entender y ejercer con fidelidad su misión evangélica. Necesitan reflexionar urgentemente sobre su situación misionera *sub specie aeternitatis* (en la perspectiva de los propósitos divinos). Es decir, se encuentran bajo la obligación de generar una teología congruente con los designios del Señor de la historia y la eternidad que sea fiel y pertinente para la hora que en su providencia Dios les permite vivir. Y la realidad es que nuestras comunidades se encuentran nada menos que en el centro del huracán representado por los movimientos de la globalización imperial idolátrica. Esa globalización idolátrica reclama que nuestras comunidades vayan contra la corriente y presenten y actualicen las demandas del evangelio de Jesucristo. Debido al notable valor con que hizo frente a las aspiraciones totalitarias de una alianza imperial aplastante, la práctica pastoral y la teología de Calvino pueden ser de gran valor para nuestras congregaciones en ayudarlas a recuperar su papel y su militancia transformadora y solidaria. Esto también las ayudaría ir más allá de los límites ideológicos que se les han impuesto, y para seguir siendo fieles a la Palabra de Dios.

Para esta tarea, las contundentes y provocativas reflexiones de Catherine Keller[1] cobran una enorme trascendencia. El protestantismo hispano/latino vive —aunque tal vez sin plena conciencia de ello— en el centro mismo de los acontecimientos que en este momento son más determinantes para la humanidad. El incontenible poder del imperialismo global reclama la lealtad incuestionable de quienes creen en el evangelio y, para lograrlo, busca que todos los demás apoyen ese proyecto de dominio absoluto sobre pueblos y conciencias para así alimentar su insaciable sed de riqueza. A diario se sacrifican millones de seres humanos en los altares del control de los recursos de la humanidad. Es una civilización opulenta, peligrosamente poderosa y prácticamente auto-deificada, que no reconoce límite ni oposición. Su violencia a nivel universal ha pasado —y pasa— continua y principalmente por los pueblos latinoamericanos y su diáspora. Por lo tanto, el desafío consiste en hacer una lectura de los textos de la tradición reformada que puedan dar dirección y arrojar luz a las tinieblas y crisis del momento.

En otras palabras, es necesario hacer una reapropiación de la teología de Calvino, pero desde el contexto y necesidades particulares de la iglesia evangélica hispano/latina. Somos una de las ramas del protestantismo que hoy brega por ofrecer un testimonio fiel y eficaz en medio de circunstancias particularmente desventajosas y desafiantes. Así que esta tarea requiere una relectura o reinterpretación de los textos de Calvino bajo estas nuevas condiciones. Este sector del pueblo de Dios necesita comprender, asumir y reorientar su misión histórica en la sociedad. En el caso de la teología hispana en los Estados Unidos, Justo González ha expresado la necesidad de llevar a cabo este proceso cuando afirma que se requiere

> releer cada una de las áreas principales de la teología, no haciendo a un lado la tradición, ni necesariamente en contra de ella, sino más bien como un pueblo que se encuentra completamente arraigado en nuestra tradición y en nuestra situación

actual, y que está plenamente convencido de que el evangelio, propiamente entendido, predicado y vivido, es aún la única esperanza para la sanidad de nuestros huesos—y para la sanidad de nuestras naciones[2].

Semejante esfuerzo implica el proceso de reclamar esta herencia teológica y tradición espiritual desde la perspectiva de un pueblo marginado, explotado y severamente rechazado por los poderosos. Lo trágico de esta situación es que, quienes ejercen tal autoridad, en muchos casos son los mismos herederos espirituales de Calvino. De la misma forma que en la Edad Media quienes debían ejercer su poder para beneficio, liberación y salvación del pueblo necesitado eran precisamente quienes más lo explotaban para obtener beneficios personales, así también ahora el pueblo evangélico latino experimenta una dura servidumbre a manos de quienes se consideran «poseedores y propagadores del evangelio». A la raíz de esta lamentable situación se encuentra la lectura de los textos desde una perspectiva errónea y con una hermenéutica defectuosa. Como ha dicho André Biéler, la teología de Calvino ha inspirado tanto los movimientos fanáticos más intransigentes de la ultra-derecha conservadora y reaccionaria, como los apasionados esfuerzos revolucionarios del socialismo más audaz[3].De ahí que la recuperación del espíritu y la *praxis* originaria del pensamiento de Calvino exijan la movilización de su potencial liberador en favor de los pueblos oprimidos que más necesitan de la gracia reformadora integral de Jesucristo. Esta recuperación del carácter original del pensamiento de Calvino por parte de la comunidad creyente evangélica hispano/latina es urgente, tanto de la que se encuentra al sur del Río Bravo o Río Grande, como la que se encuentra en la diáspora al norte de dicho río.

Un ejemplo de la lucha para recuperar la herencia teológica y el potencial liberador del pensamiento del reformador de Ginebra, se puede encontrar en los conflictos de las iglesias reformadas en Sudáfrica, donde existen grupos antagónicos con lecturas divergentes de Calvino. Ahí, el teólogo reformado sudafricano John de Gruchy critica la forma en que la tradición calvinista se utilizó para legitimar las horrendas atrocidades del *apartheid*. El surgimiento del nacionalismo y racismo de los *afrikaners* (la minoría blanca que ejerció el poder por varios siglos), se vio facilitado por el uso ideológico del calvinismo. Esto se puede ver claramente en el caso de

Barend Strydom, un joven *afrikaner* blanco de 23 años de edad, devoto miembro de la Iglesia Reformada e hijo de un anciano gobernante, que fue declarado culpable del asesinato de ocho hombres negros. Barend confesó que antes de llevar a cabo su repugnante crimen pasó tres días y tres noches orando para asegurarse de que estaba haciendo la voluntad de Dios[4]. Esta devoción fanática sólo puede surgir en un medio violentamente corrupto, que facilita una lectura ilegítima y equivocada de la herencia de Calvino.

Sin embargo, y también en ese mismo lugar, otro sector de la Iglesia Reformada valientemente dio los pasos necesarios para combatir la herejía y la tiranía del *apartheid,* de acuerdo con el pensamiento de Calvino. Esto muestra que la teología calvinista posee tanto un potencial como una necesidad de liberación.

En ese sentido, se preguntaba Nicholas Wolterstorff, ¿cómo era posible que habiendo sido un movimiento tan dinámico de transformación evangélica liberadora, y paradigma prominente del cristianismo ascético intra-mundano capaz de transformar a la sociedad, la tradición reformada había llegado a convertirse en una ideología tan condescendiente y en algunos casos tan opresivamente conservadora?[5]

Esta punzante pregunta se puede responder por medio de una relectura de Calvino que tenga como punto de partida la recuperación de los aspectos liberadores, revolucionarios y sanadores del pensamiento calviniano. Tal tarea debe ser asumida solamente por personas que pueden leer con los ojos de la esperanza del Reino que todavía está por alumbrar las presentes tinieblas que impiden a los poderosos ver el evangelio de la gracia en su mundo de opresión y exclusión.

Leyendo la Biblia y la historia desde la perspectiva latina

En las páginas que siguen haremos un esfuerzo por señalar pistas de lectura que pueden contribuir a la manera en que el pueblo hispano-latino está recuperando o puede recuperar, desde su punto de vista, el potencial sanador y realmente transformador que se encuentra en el pensamiento del distinguido reformador.

Para lograr esto, y en vista de la imposibilidad de abarcar toda su obra, hemos escogido solamente la sección de su *Institución de la religión cristiana* que abarca los capítulos VI al X del Libro Tercero.

Desde 1545, Calvino publicó esta sección por separado en un pequeño libro que tituló *Tratado de la vida cristiana* y que se reeditó en múltiples ocasiones. Este texto enfatiza la relación vital e indisoluble que hay entre la doctrina cristiana y la vida de fe, entre nuestra comprensión teórica del evangelio y nuestra conducta moldeada por él. En ese documento Calvino refleja su visión de lo que debería ser una comunidad realmente reformada, es decir, que vive según la enseñanza del evangelio. En otras palabras, Calvino entendió muy bien que la cuestión medular para el cristianismo de su época fue la relación que había entre la teoría y la práctica. Este asunto vuelve a estar en el centro del debate actual respecto a la teología y su capacidad para transformar a la sociedad contemporánea.

El punto de donde parten muchos de los esfuerzos para recuperar la dimensión comunitaria e histórica del mensaje evangélico, es el enorme y doloroso descubrimiento de que la realidad que se vive en la sociedad no corresponde a la enseñanza que Dios ha dado a su pueblo. Esta punzante contradicción se vuelve mucho más molesta y más grave cuando se da en circunstancias donde quienes tienen el poder pero no hacen nada para corregirla, también profesan ser creyentes. ¿Cómo es posible que en América Latina —que se dice ser un continente cristiano, donde la Iglesia Católica ha imperado por quinientos años y la Iglesia Protestante ha estado presente por ciento cincuenta— la mayoría de la población sigue hundida en la miseria más vergonzante, sin educación, sin salud, sin derechos, sin tierra y sin trabajo? Por otro lado, ¿Cuáles son los beneficios que el conocimiento del evangelio ha reportado para los países del tercer mundo? ¿Cómo es posible que una nación que se autoproclamó como la encarnación definitiva del evangelio, haya «extendido la fe cristiana» hacia el oeste mediante la aniquilación de los pueblos nativo americanos? ¿Cómo es posible que en la actualidad esta misma nación se rehúsa a reconocer los derechos más fundamentales de doce millones de inmigrantes que han contribuido a su desarrollo, enriquecimiento y actual grandeza? La abismal distancia entre lo que se cree y lo que se practica provoca infinitas preocupaciones, incisivas cuestiones y urgentes planteamientos en el alma creyente.

Cuando Calvino fue alcanzado por la gracia de Dios y la luz del evangelio, su corazón fue sensibilizado y sus ojos abiertos a la extrema injusticia e impiedad practicadas por el «cristianísimo» y «clementísimo» rey, que se había coludido con los sacrosantos y «muy piadosos» representantes de Cristo sobre la tierra. Esto le pareció a Calvino un sacrilegio intolerable y requería que el mundo de su época fuera reformado de acuerdo a la Palabra de Dios. Una persona que sufre en el mundo porque es víctima de la sociedad y del pecado, se pregunta, «¿qué debo hacer para ser salva?» La fe reformada la ilumina con el conocimiento del evangelio de la justificación por la fe. Pero luego se pregunta, ¿cómo es posible que en una sociedad que se dice cristiana suceda esta odiosa tergiversación del evangelio? Así que de inmediato se involucra en las tareas necesarias para corregirla. Es decir, ahora su interrogante es «¿qué debo hacer para salvar a mi pueblo?» Y la Reforma le contesta: lucha por la justicia. Y esto se profundiza cuando nuestra fe nos enseña que ser víctima del pecado y la sociedad no es lo que Dios desea; cuando vemos que la situación presente que impera en la sociedad (falsamente identificada como cristiana) es contraria a la voluntad del Señor; cuando entendemos que el propósito divino es traer vida en abundancia; y cuando en el evangelio descubrimos que Jesucristo ofrece esta vida especialmente a sus hermanos y hermanas más pequeñitos, (a quienes son más débiles y vulnerables).

René Padilla identifica tres factores fundamentales para la deformación universal de la iglesia en el contexto donde ahora se mueve el cristianismo protestante latino. Los tres son parte constitutiva de la globalización imperial, y a ellos se debe la cautividad del cristianismo por los patrones culturales y los intereses económicos y políticos de Occidente, y que impiden la verdadera misión integral de la iglesia cristiana. El cristianismo necesita liberarse de estos tres factores si ha de ser fiel a su verdadera misión en el mundo.

El primero es el *materialismo idolátrico* que esclaviza las funciones eclesiásticas al dios Mamón (dios de las riquezas), y así reduce el valor de los seres humanos al de una mercancía cuya importancia descansa en la cantidad de sus posesiones materiales. Padilla pregunta «¿Cuál es el llamado de Dios a los cristianos y cristianas en un mundo que yace bajo el dominio de la globalización imperial y obedece a los dictados de Mamón?»[6]

En segundo lugar se encuentra el *individualismo ontológico* que, según Robert Bellah, es el resultado del proceso de modernización. Este individualismo ontológico fragmenta la sociedad en aras de la defensa de la «libertad», la «democracia», la riqueza y el poder de los individuos y sus intereses privados. El resultado es que se deteriora de raíz el principio del bien común. Esta situación demanda un urgente movimiento social que actúe en pro de la transformación de la comunidad humana y la recuperación de la ecología social (donde los intereses individuales se ligan al bien común, incluyendo el de las naciones más pobres). Porque, lo más trágico de esta idolatría a Mamón, es que nos lleva a distorsionar nuestra teología. Dice Padilla:

> Los efectos que ha tenido el individualismo sobre el cristianismo occidental difícilmente se pueden exagerar. Así por ejemplo, de la misma forma en que el «individualismo posesivo» ha marcado la teoría política, la comprensión de la salvación exclusivamente en función de la justificación del individuo por medio de la fe ha marcado casi todo aspecto de la teología occidental. Es también la raíz del concepto tan pobre de la iglesia que es común en círculos protestantes y que está relacionado íntimamente con el déficit tan difundido en el campo de la eclesiología[7].

Finalmente, el tercer factor del que necesita liberarse el cristianismo es la *fe en el progreso por medio de la tecnología*, porque éste ha sustituido la genuina expectación escatológica con un optimismo ciego respecto al futuro, y a pesar de que el capitalismo neoliberal ha fracasado para cumplir sus promesas. En el pasado, junto con el evangelio, la obra misionera impulsada por este tipo de optimismo también llevó la ideología occidental del progreso científico y tecnológico y —tal vez involuntariamente— se convirtió en cómplice de la expansión imperialista occidental.

Dentro de este contexto, muchas veces las comunidades evangélicas hispanas en los Estados Unidos (al igual que sus hermanas en América Latina) sin estar conscientes de su estatus de protestantismos dependientes, han jugado un papel de legitimación religiosa del poder del imperio y las oligarquías que lo defienden localmente para provecho personal. Irónicamente, y a pesar de su pretendida neutralidad y apoliticismo tradicional, de pronto las iglesias evangélicas se han hallado entusiastamente del lado de los dictadores y cantando las glorias de individuos como Pinochet o Ríos Montt (monstruos de violencia puestos al servicio del proyecto imperial y en contra de nuestros pueblos). Estas iglesias también se han alineado con la extrema derecha republicana en los EE.UU. para canalizar el voto de evangélicos en favor de las causas conservadoras del imperio.

Esto no podría haber sido posible en el proyecto de reforma emprendido por Calvino, porque él claramente percibió que la única posibilidad para el ejercicio del evangelio consistía en romper con las ataduras que ligaban a la Iglesia de Cristo a los intereses imperiales de la época. El nuevo contexto para la reforma evangélica del cristianismo universal contemporáneo que necesitan tener en cuenta las comunidades de fe hispano/latinas, es precisamente el de los intereses imperiales que una vez más, hoy simplemente le dan a la iglesia la función de conservación y legitimación del *status quo,* y hacen todo esfuerzo para ocultar o reprimir el potencial profético, liberador y transformador del auténtico cristianismo bíblico.

Este papel que se les ha asignado y que las iglesias han aceptado sin reflexionar, ha llevado a numerosos grupos y movimientos evangélicos a apoyar, vitorear e incluso justificar regímenes militaristas antidemocráticos, dictaduras y golpes de estado. Los evangélicos han estado dispuestos a ignorar las masacres y etnocidios de regímenes ilegítimos que pretextan defender asuntos o valores preciados por creyentes conservadores. Las medidas represivas, las políticas económicas inhumanas y los conflictos bélicos de baja intensidad o contrainsurgencia patrocinados por el imperio no han sido importantes ni materia de reflexión para las iglesias latinas. Y de esta manera se logra mantener el libre imperio de la codicia, la violencia y la explotación de los pueblos.

Sin embargo, cuando leemos las Sagradas Escrituras o la teología de Calvino y los movimientos históricos con los ojos de las víctimas, advertimos que la misión evangélica de la Iglesia es completamente otra. Por ejemplo, el celebrado y acelerado crecimiento del protestantismo latinoamericano de las décadas de los años 1970 y 1980, no se hubiera logrado sin la coordinación evangelística del coronel Oliver North desde la Casa Blanca y la instrumentación de la CIA, y sin los abundantes recursos financieros, estratégicos y logísticos provistos por los beneficiarios del estamento imperial transnacional[8]. Por lo tanto, la función social e histórica de muchas iglesias evangélicas latinas ha distado mucho de representar la enseñanza bíblica o el modelo ginebrino.

Instrumentos de lectura: la cuestión metodológica

¿Qué podría significar leer la teología de Calvino con ojos latinos? ¿Cómo hacer este tipo de lectura? Estas son cuestiones fundamentales que a menudo pasan desapercibidas. A partir de nuestra herencia colonial como pueblos espiritualmente conquistados, se nos enseñó a someternos ingenuamente y a tomar la lectura de los poderosos como verdadera y digna de toda autoridad. Sin embargo, la Reforma Protestante constituyó una verdadera «protesta» contra este patrón de dominio. Además, hoy en día los nuevos avances en la investigación social, literaria e histórica nos han mostrado que no hay una lectura neutral de textos y testimonios antiguos o recientes. Todos los seres humanos, limitados como somos, leemos la historia y sus textos desde nuestro particular y reducido punto de vista. De modo que, llegada la hora de «probar los espíritus», es necesario percatarnos críticamente de los recursos y criterios disponibles para esta tarea.

Así pues, en el ejercicio que sigue mantenemos la convicción de que, en el fondo del predicamento misionero (o misionológico) en que vive el pueblo evangélico hispano/latino, está un problema hermenéutico. Es decir, nuestras iglesias han fallado para comprender e interpretar la naturaleza y las demandas del evangelio para la coyuntura histórica en que nos encontramos. Filósofos como Hans-Georg Gadamer y Paul Riccoeur, nos recuerdan que todo nuestro pensamiento y conocimiento son de carácter histórico, que estamos dentro de una corriente de conciencia histórica que nos lleva a desarrollar nuestro horizonte de entendimiento en conversación con el pasado del que provenimos, aunque lo hacemos estando firmemente plantados en nuestro particular punto histórico de referencia.

De esto surge nuestra convicción de que toda reflexión teológica necesita mantener sus vínculos con su tradición histórica, al tiempo que la cuestiona críticamente a partir de las preocupaciones y perspectivas del presente. Para esto nos auxilia el *distanciamiento*. Este proceso nos permite, a pesar de la distancia cultural y temporal que nos separa de la antigüedad, alcanzar nuevas interpretaciones de nuestros textos clásicos[9]. Así que intentaremos hacer una relectura que toma en cuenta algunas dimensiones esenciales de la teoría contemporánea en torno a la interpretación.

1. De entrada destacamos la necesidad de *ubicar nuestros textos dentro de un horizonte de entendimiento o campo conceptual de vista e inteligibilidad que nos ayude a captar dinámicamente la enseñanza del texto en dos niveles diferentes*. El primer nivel consiste en entender las circunstancias históricas, sociales y culturales inmediatas dentro de las que se encuentra una persona, un texto o un evento cualquiera. Esto se refiere tanto al horizonte del texto mismo como al horizonte donde se encuentra el intérprete. Cada época obviamente pertenece a un horizonte distinto. El segundo nivel consiste en un entendimiento mejor del gran horizonte total que abarca y comprende todos los horizontes particulares y que hace posibles las conexiones mediante la «fusión» de ellos[10].

2. La lectura de un texto *debe tomar en cuenta los presupuestos histórico-contextuales que dieron lugar a su formación*. Es decir, tener presente las estrategias sociales y puntos de vista valorativos asumidos por el autor en vista de los factores culturales, sociales, religiosos, políticos y económicos que integraban el mundo en que surgió dicho texto. Ya sea explícita o implícitamente, todo texto responde, mediante su lenguaje, al debate ideológico corriente en la sociedad[11].

3. La lectura siempre *se hace desde la perspectiva definida de una persona o un grupo social, que se halla conformada e influida por las condiciones culturales y sociales dentro de las que se mueve esa persona o ese grupo*. Dadas las condiciones concretas que rodean al mundo hispano/latino, entre nuestros pueblos ya se ha hecho una costumbre leer la realidad *desde la perspectiva del pobre*. A esta opción ideológica, asumida crítica y conscientemente, se le ha llamado *la opción preferencial por los pobres,* en reconocimiento de la posición adoptada por Jesucristo en favor de los grupos marginados, indefensos y pobres de su tiempo. Como hemos dicho, toda interpretación humana conlleva, consciente o inconscientemente, una opción ideológica que permite al intérprete o intérpretes llevar a cabo la lectura de sus textos o situaciones históricas.

Es decir, nos acercamos a leer un texto con la carga de todo un universo de ideas, actitudes, conceptos, prejuicios, preferencias teóricas, expectativas y tendencias inconscientes que hemos adquirido previamente y que han sido establecidas social y culturalmente. Aunque muchas veces se ha luchado por lograr una interpretación «pura» o «neutral» que no esté viciada por nuestros prejuicios, la verdad es que, como ya se ha demostrado, esto es prácticamente imposible. Este arsenal de herramientas es lo que nos permite dar sentido a lo que leemos, algo que de otra manera no tendría ningún significado racional y coherente para nuestra situación. En nuestro caso, esta opción reviste el carácter de una decisión ética deliberadamente asumida con el fin de privilegiar una perspectiva hermenéutica que toma en consideración tanto las condiciones históricas de producción del texto, como las circunstancias específicas de la ubicación social de las iglesias que se dedican a la tarea de releer su herencia teológica.

4. Nuestra meta en este tipo de interpretación es *apropiarnos del mundo revelado por el texto*. Este esfuerzo necesariamente nos conduce al compromiso práctico por lograr la *construcción-transformación* del Reino de Dios y del estado presente de la realidad. Este es, propiamente hablando, el fin de toda interpretación legítima, pues a semejanza de la interpretación bíblica, los textos nos llaman a una recuperación de nuestro ser verdadero mediante la obediencia a la interpelación y al llamado que nos dirigen. Toda interpretación que *no* lleva a una aplicación o apropiación práctica del mensaje de los textos, queda sujeta a sospecha de insuficiencia o ilegitimidad. En la falta de aplicación obediente del evangelio reside el fracaso de las interpretaciones que han querido pasar por cristianas en la historia de las Américas y del mundo entero. En el caso de Calvino, esta insistencia en la relación coherente entre teoría teológica y práctica evangélica (es decir, en la aplicación histórica del evangelio de la justificación por la fe), explica el impresionante resultado de su labor reformadora.

Calvino y su teología orientada a la praxis

Por medio de su fuerte afirmación sobre la autoridad final de la Escritura, junto con los demás reformadores, Calvino introdujo un cambio de rumbo mayor no solamente en la vida de la Iglesia, sino en toda la estructura social, cultural y política de la Edad Media. Al argumentar que la Biblia recibía su autoridad de Dios y no de la Iglesia, y que, por el contrario, la Iglesia misma estaba fundada sobre la Escritura (*Inst.* I. vii. 2), Calvino de hecho contribuyó al eminente colapso de la autoridad, el poder y la influencia política de la iglesia papal en la sociedad medieval.

Más todavía, al cambiar el foco de interés de la investigación teológica del mundo natural (como en la teología escolástica) a la Palabra de Dios plasmada en las Sagradas Escrituras, estaba iniciando un movimiento cuya forma de conocimiento se apartaba de la «especulación metafísica» y la «teología abstracta del ser» y se redirigía hacia la «interpretación bíblica» y la «ética práctica». Es decir, mientras que los escolásticos se imaginaban a Dios como «una esencia pura» determinada conceptualmente, el reformador ginebrino afirmaba que sólo podíamos conocer a Dios por medio de la revelación registrada en la Escritura. La auto-limitación de Calvino a la Escritura constituyó un abandono definitivo de la doctrina de la analogía del ser y estableció una nueva configuración para la teología. El contexto de la reflexión ya no sería el «cosmos» o la «totalidad organizada, jerarquizada, ordenada y sacralizada, y mediante la cual era posible obtener cierto conocimiento de su autor concebido así como su causa primera o causa final, alcanzado por deducción lógica a partir del espectáculo mismo del orden del mundo»[12]. En oposición a esta *lógica cosmológica* (conocer a Dios deduciéndolo a partir del orden que se advierte en el universo), Calvino ofreció una *lógica ética* (conocer a Dios por medio de la obediencia moral a su Palabra). De acuerdo con Gilbert Vincent, el discurso filosófico acerca del «ser» que era propio de los escolásticos, en realidad «disuelve la experiencia ética o la vuelve inconcebible». Por el contrario, cuando Calvino se concentró en la interpretación de la Escritura, recuperó la «exigencia ética infinita» que es tan importante en el texto bíblico[13].

Tres aspectos de la hermenéutica de Calvino apoyan esta orientación hacia la *praxis*: 1) La atención que presta al *carácter histórico del mensaje bíblico*. Esta historicidad está presente en los dos polos del fenómeno hermenéutico: a) en la situación históricamente condicionada de profetas y apóstoles junto con su mensaje; y b) en las circunstancias históricamente determinadas de la comunidad de intérpretes a la que Dios habla hoy día. 2) La definición del *oficio interpretativo* del predicador o predicadora en términos de la «aplicación»; es decir, a base de la obediencia disciplinada a la Palabra de Dios. 3) La insistencia en la *demanda ética* de la enseñanza bíblica, según la cual el «bien», o lo «bueno», no se define a partir del «ser», sino a partir de la «justicia»[14].

Aun cuando en su exposición teórica de la doctrina de la providencia Calvino exhorta al pobre a no tratar de sacudirse la carga que Dios mismo le ha impuesto (*Inst.* I. xvi. 6, basado en Prov. 29:13), no obstante, en su *praxis* social contextual Calvino luchó ardua y sistemáticamente por eliminar la pobreza. Como ya lo hemos visto, el Hospital de Ginebra fue diseñado para ayudar a toda la gente que venía con necesidades materiales específicas: el «hospital para víctimas de la plaga» alojaba a quienes sufrían enfermedades infectocontagiosas; el «hospital para extranjeros» proveía alojamiento para inmigrantes refugiados de otros países; el «hospital para pobres que habían perdido su riqueza» estaba consagrado a auxiliar a personas que anteriormente fueron prominentes, pero que habían perdido su fortuna o su negocio; el «hospital común» daba atención a la gente en general dando protección y un lugar donde vivir a los pobres de la ciudad[15]. Además, a través de esta misma institución, Calvino organizó un proyecto industrial que fue diseñado para combatir la pobreza y el desempleo mediante la promoción de varios oficios, negocios, manufacturas e industrias entre las que destacan los textiles de seda y la relojería.

En fin, que la práctica pastoral de Calvino constituyó un esfuerzo dinámico y eficiente para canalizar los recursos de la iglesia y de la ciudad a fin de eliminar la pobreza, la enfermedad y otros males sociales, y para la transformación de las condiciones materiales y económicas de los pobres. Así pues, para Calvino, depender de la providencia divina no significaba una resignación fatalista y pasiva, como su expresión teórica podría sugerir; más bien incluía una creatividad transformadora que estaba bajo el designio divino, y que operaba mediante la obediencia humana. Su *praxis* (o aplicación de la exégesis bíblica), explica, complementa y aun corrige la tarea hermenéutica elaborada sobre el texto bíblico.

Inmerso como estaba en una era que esyuvo caracterizada por las batallas económicas del rey Francisco I —quien, como hemos dicho, impuso fuertes cargas a la nobleza y al campesinado francés

para pagar el rescate de sus hijos tras de su derrota en Pavía—
Calvino fue muy consciente de las implicaciones sociales y políticas de sus escritos. De hecho, de acuerdo a David Willis, su
Institución, dedicada precisamente al Rey, se puede leer como un
«manifiesto en favor de un movimiento, un esfuerzo apasionado y
serio para persuadir [al pueblo y al Rey] . . . de la verdad de la fe
evangélica y su importancia para la construcción de una sociedad
justa»[16]. De esta forma, entonces, la *summa pietatis* que Calvino
expone en la Institución, es precisamente «lo contrario de la devoción individualista con que a menudo se identifica al término 'piedad'». Más bien, la piedad calviniana se refiere a la adoración del
Dios verdadero «que va dirigida al bienestar de la sociedad»[17]. Así
pues, para el reformador, y en virtud de su propia naturaleza, el
cristianismo es una *praxis* social. Fue a partir de dicha *praxis* que
Calvino desarrolló su comprensión teológica del cristianismo y
cuya finalidad era la *reforma* de todas las estructuras. En este sentido, podemos convenir, aunque parcialmente, con la conclusión
que alcanza William Innes en el sentido de que

> . . .La historia de la preocupación social y la Reforma en Ginebra
> es, en gran medida, la interacción dinámica entre teología y
> acción. La política social y económica en Ginebra, como en
> muchas otras ciudades, se desarrolló como la expresión práctica
> de la teología «reformada», como la consecuencia lógica, dentro
> del énfasis particular del mundo de la Reforma sobre las aplica-
> ciones prácticas del Evangelio y la Iglesia del Nuevo Testamento
> en la vida cotidiana[18].

Ahora bien, aunque el proyecto de Calvino pertenece definitivamente a un ámbito histórico distinto, cuyas condiciones prácticas,
ideológicas y sociales difieren de las que se dan hoy día en el
mundo hispano/latino, su obra muestra ciertas preocupaciones,
expectativas y posibilidades que merecen ser consideradas entre
nuestras iglesias que están en la búsqueda de pertinencia misionera y eficacia histórica. Hace casi cuatro décadas, Fred Graham
expresaba su convicción de que «el pensamiento de Calvino todavía es capaz de ejercer un poder reformador directo en la sociedad
contemporánea». Y a continuación citaba las palabras de un historiador católico-romano que afirmaba: «Estamos persuadidos de

que la vocación reformadora de Calvino posee una significación positiva para la historia de la iglesia»[19].

Esta vocación reformadora, ausente en la reflexión misionológica de nuestras iglesias hoy día, hizo del logro histórico de Calvino un ejemplo sobresaliente de la instrumentación eficaz entre la teoría y la *praxis* de su teología. Su esfuerzo se tornó en una de las «mayores fuerzas que han moldeado nuestra sociedad occidental moderna»[20]. El objetivo perseguido por Calvino era la reforma completa de toda la sociedad de acuerdo con la Palabra de Dios. Esta es todavía una expresión válida de la misión de la Iglesia en la historia, y especialmente urgente y pertinente para nuestras congregaciones latinas.

La vida cristiana según Juan Calvino

De entrada es conveniente recordar lo que ya observamos en el capítulo ocho. En la edición de la *Institución* publicada en 1559, Calvino ubicó la discusión de la doctrina sobre la vida cristiana antes de su discusión de la doctrina sobre la justificación por la fe. Este fue un cambio muy significativo en el orden lógico de la discusión, ya que, obviamente, tanto la teología como la lógica exigen que primero se discuta la justificación y luego la santificación (que es consecuencia de la primera). Para Juan Calvino, sin embargo, esta inversión del orden tuvo una enorme importancia tanto metodológica como práctica. Para el reformador el evangelio no se podía entender meramente en términos de una experiencia subjetiva del perdón divino, sin que tuviera efectos reales en la vida cotidiana. Así pues, se adelantó a discutir los efectos antes que la causa, porque de esta forma dio respuesta a los críticos de la Reforma que acusaban al protestantismo de eliminar la necesidad de las obras en la vida cristiana. Calvino. Por medio de esta inversión del orden, mostró que la práctica de la fe es la evidencia de su verdad. En otras palabras, el reformador aplicó el enfoque epistemológico exigido por Jesucristo cuando dijo: «Por sus frutos los conoceréis» (Mt. 7:16), o por la convicción de Santiago: «Yo te mostraré mi fe por mis obras» (Stg. 2:18).

En las palabras iniciales de su discusión de la vida cristiana, Calvino declaró breve y claramente su comprensión de la continuidad entre la doctrina y la obediencia, entre la teoría y la *praxis*:

> Hemos dicho que el blanco y fin de la regeneración es que en la vida de los fieles se vea la armonía y acuerdo entre la justicia de Dios y la obediencia de ellos; y de ese modo, ratifiquen la adopción por la cual han sido admitidos en el número de sus hijos. Y aunque la Ley de Dios contiene en sí aquella novedad de vida mediante la cual queda restaurada en nosotros la imagen de Dios, sin embargo como nuestra lentitud y pereza tienen necesidad de muchos estímulos y empujones para ser más diligente, resultará útil deducir de pasajes diversos de la Escritura un orden y modo de regular adecuadamente nuestra vida, para que los que desean sinceramente enmendarse, no se engañen lamentablemente en su intento (III. vi. 7).

En su opinión, no puede haber separación entre teoría y *praxis*. Claramente enfatiza la «armonía y acuerdo» que correlacionan la justicia de Dios y la obediencia de quienes creen.

Con respecto a los «estímulos y empujones» que necesitamos a causa de nuestra «lentitud» a fin de que no nos engañemos, Calvino desarrolló su concepto de la disciplina evangélica para referirse a la contribución humana necesaria para ayudar a la conexión entre enseñanza cristiana y conducta cristiana. En el capítulo seis nos referimos a esto al repasar sus *Ordenanzas* de 1541, donde diseña la disciplina como la práctica de los ancianos de la iglesia encargados de atender a la edificación y conducta diaria del pueblo creyente, y a la práctica de los diáconos, encargados de canalizar recursos y auxilios en favor de las clases humildes más necesitadas.

Calvino expuso el tema de la vida cristiana en lenguaje religioso común, lleno de un espíritu de devoción. Su objetivo consistió en mostrar «un cierto orden y método mediante el cual el cristiano sea dirigido y encaminado al verdadero blanco de ordenar convenientemente su vida», y señalarle «una regla general, a la cual él pueda reducir todas sus acciones» (III. vi. 1). Como ovejas del rebaño del Señor «primeramente es necesario que antes de ser santos nos acerquemos a Él, para que derramando su santidad sobre nosotros, podamos seguirle hasta donde dispusiere» (III. vi. 2). Para practicar la justicia, es necesario despojarse de «todos los afectos terrenos para poner todo nuestro corazón en la vida celestial (Col. 3:1-2)» (III. vi. 3), ya que como personas «consagradas y dedicadas a Dios, a fin de que ya no pensemos cosa alguna, ni hablemos, meditemos o hagamos nada que no sea para su gloria» (III. vii. 1). Mediante la negación de sí y la práctica de todas las virtudes –especialmente del amor– la persona creyente debe abandonar primeramente «la soberbia, el amor al fausto, y la jactancia; y luego la avaricia, la intemperancia, la superfluidad, las delicadezas, y los demás vicios que nacen del amor de nosotros mismos» (III. vii. 2). Así pues, se nos manda que en el ejercicio de la humildad reconozcamos todos los bienes y dones que vemos en los demás, y que «por ellos estimemos y honremos a aquellos que los poseen» (III. vii. 4).

La persona creyente no debe desear ni esperar otra forma de prosperidad que la que viene como bendición de Dios, aceptando igualmente la adversidad y contemplando en ella «la clemencia de Dios», viendo en las tragedias e infortunios «un regalo verdaderamente paternal». Así que, sin desesperarse, y más bien sobrellevando toda aflicción con paciencia, entenderá que cualquier cosa que le pase «ha sido ordenada por la mano de Dios, y la recibirá con el corazón en paz, sin resistir obstinadamente al mandamiento de Aquel en cuyas manos se puso una vez a sí mismo y cuanto tenía» (III. vii. 10). Indiscutiblemente, la más alta expresión del discipulado cristiano consiste en «llevar la cruz». Por tanto, al atravesar por diversos sufrimientos, confirmará la comunión y compañerismo de Cristo y será perfeccionado en su fe, viniendo finalmente a sobrellevar todas las aflicciones con gratitud y gozo espiritual (III. viii. 11).

Calvino también nos anima a que, a lo largo del peregrinaje sobre la tierra, meditemos constantemente sobre la vida futura. Dicho ejercicio nos permitirá vivir sin un amor excesivo por este mundo. Sin embargo, al mismo tiempo deberemos mantener una profunda gratitud por la vida terrenal, alcanzando constates progresos en la escuela de Cristo, entre tanto que con gran regocijo aguardamos la final resurrección sin temor a la muerte. «Éste es ciertamente, nuestro único consuelo» (III. ix. 6). Finalmente, Calvino indica que la persona creyente puede encontrar «placer y satisfacción» (III. x. 2) en el uso legítimo de lo bello, placentero y bueno de esta vida que Dios creó para nuestro bien. La norma, sin embargo, consiste en usar de ellas con gratitud y moderación, siguiendo nuestra vocación y sin sobrepasar sus límites (III. x. 6).

La prístina sabiduría y profunda reverencia que se encuentran a lo largo de esta piadosa enseñanza residen en su estricto apego a la instrucción bíblica. En este sentido, Calvino en realidad no excedió los alcances más notables de su época. Sin embargo, y para gran sorpresa nuestra, cuando leemos sus propuestas contra el trasfondo y dentro del contexto de su *praxis* pastoral y social, y a la luz de nuestras preocupaciones como creyentes latinos, descubrimos el valor del proyecto calviniano de llevar a cabo la *praxis* reformadora del evangelio.

Contra lo que enseñan algunas interpretaciones de su teología, Calvino manifestó un constante esfuerzo para no empantanarse en los elementos individualistas de la religión. Primero que nada, en su obra existe una constante insistencia sobre el hecho de que la orientación de la vida cristiana no está en dirección hacia el creyente mismo, sino hacia Dios en primer lugar y, luego, hacia el prójimo. Para él, la vida cristiana consiste esencialmente en una experiencia comunitaria de la fe, puesto que Cristo nos «ha injertado en su cuerpo» (III. vi. 3), y esto significa que solamente podemos crecer al estar en relación con la comunidad creyente. Así pues, con respecto a los otros seres humanos se nos manda «que los honremos y los tengamos en más que a nosotros mismos, que nos empleemos, en cuanto nos fuere posible, en procurar su derecho con toda lealtad (Ro. 12:10; Flp. 2:3)» (III. vii. 4). Cuando Calvino enfatiza que todos los seres humanos son portadores de la imagen de Dios, encontramos que en el corazón mismo de su teología existe una concepción del ser humano como la *epifanía de Dios*[21], y lo expresa de la siguiente manera:

> Pero aquí la Escritura nos presenta una excelente razón, enseñándonos que no debemos considerar en los hombres más que la imagen de Dios, a la cual debemos toda honra y amor; y singularmente debemos considerarla en los de «la familia de la fe» (Gl. 6:10), en cuanto es en ellos renovada y restaurada por el Espíritu de Cristo.
>
> Por tanto, no podemos negarnos a prestar ayuda a cualquier hombre que se nos presentare necesitado de la misma. Responderéis que es un extraño. El Señor mismo ha impreso en él una marca que nos es familiar, en virtud de la cual nos prohíbe

que menospreciemos a nuestra carne (Is. 58:7). Diréis que es un hombre despreciable y de ningún valor. El Señor demuestra que lo ha honrado con su misma imagen. Si alegáis que no tenéis obligación alguna respecto a él, Dios ha puesto a este hombre en su lugar, a fin de que reconozcamos, favoreciéndole, los grandes beneficios que su Dios nos ha otorgado. Replicaréis que este hombre no merece que nos tomemos el menor trabajo por él; pero la imagen de Dios, que en él debemos contemplar, y por consideración a la cual hemos de cuidar de él, sí merece que arriesguemos cuanto tenemos y a nosotros mismos (III. vii. 6).

Según esta visión, la *praxis* cristiana no consiste meramente en una devoción privada, sino en la liberación radical de nuestro ser a fin de que pueda estar disponible para la comunidad. Se trata, entonces, de una *praxis social*, incluso socialista, que sobrepasa los límites de la piedad individual o la actividad eclesiástica; es decir, se trata de una *praxis del amor*[22].

La justicia de Dios –un concepto vital para la Reforma– en la interpretación que le da Calvino, no solamente es una categoría teológica, sino un empeño ético y social concreto, que se define en términos de la equidad y la justicia distributiva que debe existir entre los seres humanos. Dice Calvino: «. . . la justicia comprende todos los deberes y obligaciones de la equidad, por la que a cada uno se da lo que es suyo» (III. vii. 3). Así pues, y aunque esté amenazado por muchos riesgos y peligros, la justicia debe ser un compromiso definido con un contenido militante a favor de quienes sufren bajo el flagelo de situaciones injustas. «Sufrir persecución por causa de la justicia» no es simplemente un «gran consuelo», sino el *gran honor* que «nos hace el Señor al conferirnos las insignias de los que pelean bajo su bandera». Y Calvino aclara: «Llamo padecer persecución por la justicia no solamente a la que se padece por el evangelio, sino también a la que se sufre por mantener cualquier otra causa justa. Sea por mantener la verdad de Dios contra las mentiras de Satanás, o por tomar la defensa de los buenos y de los inocentes contra los malos y perversos, para que no sean víctima de ninguna injusticia, en cualquier caso incurriremos en el odio e indignación del mundo, por lo que pondremos en peligro nuestra vida, nuestros bienes o nuestro honor» (III. viii. 7).

Es dentro de este «combate» que el tema de «tomar la cruz» adquiere su pleno significado. En opinión de Calvino, el hecho de sufrir por sufrir no tenía lugar en la vida cristiana; pero *sufrir por causa de la justicia* constituía algo muy significativo, porque se trataba de una forma de adiestramiento disciplinado para el ejercicio de la *praxis* histórica. La negación de sí mismo era la condición esencial para que se pudiera llevar a cabo una práctica real y verdaderamente social, y para que actuara como un correctivo contra el predominante individualismo egoísta de su cultura. Esta es la razón por la que Calvino dedicó tanta energía a combatir activamente los vicios individuales. La preocupación por nosotros mismos, explica el reformador, aviva nuestro anhelo de poseer, el hambre de poder, el aumento de la ambición, la búsqueda de todo tipo de gloria mundana. Es decir, «dondequiera que no reina la negación de nosotros mismos, allí, indudablemente, vicios vergonzosos lo manchan todo; y si aún queda algún rastro de virtud se corrompe con el inmoderado deseo y apetito de gloria» (III. vii. 2).

Por lo tanto, para Calvino, la razón para la lucha del cristiano o la cristiana contra su afán de auto-engrandecimiento no es simplemente de carácter místico o pietista, sino intensamente social y práctico. La cura para ese auto-engrandecimiento es teológica y religiosa: «No hay, pues, más remedio, que desarraigar de lo íntimo del corazón esta peste infernal de engrandecerse a sí mismo y de amarse desordenadamente, como lo enseña también la Escritura» (III. vii. 4). La obra regeneradora y transformadora de Dios Es absolutamente necesaria para librarnos del individualismo egolátrico que constituye la médula del actual sistema político y económico global, y para poder dedicarnos al bienestar del prójimo y la solidaridad social.

En la obra de Calvino hay una especial preocupación para desterrar lo que podríamos llamar «vicios económicos». Por ello exhorta en contra la avaricia, la creación de riquezas injustas, la acumulación insensata, la fijación obsesiva en el incremento de la propiedad y las ganancias, y en la posesión de bienes materiales (III. vii. 2, 8). Estos vicios destruyen la trama del tejido social y niegan el propósito de la comunidad humana. En especial porque cuando no están presentes el disfrute moderado de los bienes de la vida y la confianza en el cuidado providencial de nuestro buen Dios, entonces se despeja el camino para «apetecer crédito y honores, a buscar dignidades, a aumentar las riquezas, a conseguir todas aquellas vanidades que nos parecen aptas para la pompa y la magnificencia, tenemos una intemperancia rabiosa y un apetito desmesurado» (III. vii. 8). Y una vez que la codicia y la apropiación de bienes y riquezas asumen el control en las relaciones sociales, entonces solamente existimos para miseria y «daño del prójimo» (III. vii. 9).

Sin embargo, incluso esta enseñanza sobre los vicios individuales necesitamos entenderla a la luz de los términos y acentos del carácter colectivo de la práctica pastoral de Calvino respecto a la organización de la sociedad para el ejercicio de sus actividades económicas. Es decir, un sistema maliciosamente diseñado y artificialmente construido para entronizar la codicia y la satisfacción de la avaricia, o que esté centrado en la acumulación de la riqueza en pocas manos sustentado por la explotación del pueblo, en esencia será impío e inaceptable para el reformador. De ahí que Calvino apele al principio cristiano de la mayordomía, porque Aquel que nos encargó la abstinencia, la sobriedad, la frugalidad y la modestia, y que detesta todo exceso, soberbia, ostentación y vanidad, «no aprueba otra dispensación de bienes y hacienda que la regulada por la caridad» (III. x. 5). Así pues, el amor ha de entenderse social y estructuralmente:

. . . todos cuanto bienes y mercedes hemos recibido de Dios, nos han sido entregados con la condición de que contribuyamos al bien común de la Iglesia; y por tanto, que el uso legítimo de todos estos bienes lleva consigo comunicarlos amistosa y liberalmente con nuestro prójimo. Ninguna regla más cierta y más sólida podría imaginarse para mantener esta comunicación, que cuando se nos dice que todos los bienes que tenemos nos los ha dado Dios en depósito, y que los ha puesto en nuestras manos con la condición de que usemos de ellos en beneficio de nuestros hermanos. Y aún va más allá la Escritura. Compara las gracias y dones de cada uno a las propiedades de los diversos miembros del cuerpo humano. Ningún miembro tiene su facultad correspondiente en beneficio suyo, sino para el servicio de los otros miembros, y no saca de ello más provecho que el general, que repercute en todos los demás miembros del cuerpo. De esta manera el fiel debe poner al servicio de sus hermanos todas sus facultades; no pensando en sí mismo, sino buscando el bien común de la Iglesia (1 Co. 12:12). Por tanto, al hacer bien a nuestros hermanos y mostrarnos humanitarios, tendremos presente esta regla: que de todo cuanto el Señor nos ha comunicado con lo que podemos ayudar a nuestros hermanos, somos dispensadores; que estamos obligados a dar cuenta de cómo lo hemos realizado; que no hay otra manera de dispensar debidamente lo que Dios ha puesto en nuestras manos, que atenerse a la regla de la caridad. De ahí resultará que no solamente juntaremos al cuidado de nuestra propia utilidad la diligencia en hacer bien a nuestro prójimo, sino que incluso, subordinaremos nuestro provecho al de los demás (III. vii. 5).

De esta cita, podemos de inmediato extraer algunas observaciones que nos ayudarán a entender la *praxis* social que Calvino proponía. Primero, Calvino no habla en términos simplemente privados o individualistas, sino que tiene en mente un cuadro colectivo, un conglomerado social. Y como ya explicamos anteriormente, aunque en estas citas se menciona específicamente a la iglesia, el reformador tiene también en mente la composición medieval de la sociedad donde cada ciudadano es al mismo tiempo miembro de la Iglesia y *vice versa*[23]. Segundo, en el orden de este conglomerado, la justa distribución de los bienes y beneficios ocupa un lugar constitutivo central. Tercero, los intereses del individuo se subordinan consistentemente al los del bien común. Cuarto, ningún individuo tiene el derecho de reclamar beneficios para satisfacer solamente sus intereses privados. Quinto, la idea misma de la propiedad privada se pone en tela de juicio por medio del concepto cristiano de la mayordomía, ya que la propiedad última y absoluta de los bienes terrenos pertenece exclusivamente a Dios. Esto cuestiona radicalmente cualquier pretensión de derecho privado. La norma y condición para este sistema es el beneficio del prójimo, la necesidad ajena[24]. Sexto, se espera que cada miembro contribuya al bien común de acuerdo con sus dones y capacidades. Séptimo, la regla del amor –o como la hemos llamado aquí, la *praxis* del amor– ha de determinar las formas y estructuras específicas por medio de las cuales se ha de instrumentar este proyecto. Octavo, Calvino discute este problema en el contexto de lo que llama «La suma de la vida cristiana», y que entiende de acuerdo al subtítulo explicativo: «La negación de nosotros mismos». En otras palabras, su visión corresponde a la esencia misma del evangelio y presupone la obra de regeneración y santificación que consiste en la mortificación (o negación de nosotros mismos) y la vivificación (que ha de corresponder a la construcción de este tipo de sociedad humana)[25].

Así pues, para Calvino, la negación de nosotros mismos cobra pleno sentido cuando es un camino que conduce al servicio de otras personas, y esto demanda la reforma de la sociedad de acuerdo a un modelo más humano orientado por valores sociales y comunitarios. De esta manera, el evangelio y la transformación de la sociedad para moldearla conforme a un orden más justo, son una y la misma cosa. Para Calvino, la doctrina (la *verdad*) y la obediencia (la *praxis*), juntas constituyen forman la túnica sin costura del evangelio. La teoría y la práctica deben ser una sola pieza si han de representar legítimamente la teología bíblica y la Iglesia de la Reforma (ya sea en la Ginebra del siglo XVI, o en el continente americano del XXI). En opinión de Rousas Rushdoony, claramente Calvino se dio cuenta, de que «el concepto de la justificación por la fe conduce inevitablemente a la reconstrucción radical de la sociedad conforme lo demandan los términos de dicha fe, la cual tiene amplias implicaciones para la totalidad de la vida»[26]. Precisamente esta es la interpretación reformada del evangelio que las congregaciones evangélicas hispanas de este continente necesitan a fin de encender nuevamente su fiel misión cristiana en un contexto de miseria, despojo y sufrimiento para los pobres que constituyen el grueso de su membresía y la inmensa mayoría de la población de sus países.

Un resumen a manera de conclusión programática

La labor para reclamar y reapropiarse de la herencia y pensamiento teológico calviniano (y que ya se ha iniciado en otras latitudes), es una tarea impostergable de las comunidades de fe que pueblan el panorama hispano/latino. Al ámbito de esta enorme tarea pertenece el intento de re-lectura de la doctrina de Calvino que hemos hecho en estas páginas. Juzgada a través de ojos latinoamericanos e hispanos, la enseñanza del reformador se puede resumir siguiendo los enunciados de los capítulos de la *Institución de la religión cristiana* que están dedicados al tema.

1. *Sobre la vida del cristiano. Argumentos de la Escritura que nos exhortan a ella.* En esta sección, la vida cristiana se concibe como una gran categoría práctico-epistemológica encaminada al recto enten-

dimiento del evangelio. Las distorsiones, traiciones y desobediencias al evangelio por parte de las iglesias, al menos parcialmente se han debido a su inhabilidad para relacionar la doctrina con la práctica, la teoría con la *praxis*. La teología de Calvino surgió como un gran proyecto, eficaz y paradigmático, para revertir esta tendencia. Colocó nuevamente la demanda de la obediencia concreta como medio para llegar a la comprensión legítima de la enseñanza de Jesucristo.

Al colocar la «exigencia ética infinita» como prioridad para el entendimiento de los asuntos divinos, Calvino anticipó la exigencia de la teología latinoamericana para que la *praxis* (durante siglos negada por la religión dominante) fuera restaurada a su debido lugar. Al hacerlo así, junto con los demás reformadores desencadenó la más extensa restauración de la misión evangélica e histórica que ha conocido el cristianismo. La Sagrada Escritura, usada y potenciada por el Espíritu Santo, contiene el poder que desemboca en la fiel puesta en práctica de la vida cristiana. En ella reside el mandato generador de la obediencia evangélica que constituye nuestra *praxis*.

2. *La suma de la vida cristiana: la renuncia a nosotros mismos.* En esta porción de la enseñanza calviniana Hallamos la comprensión esencial de la doctrina en términos dialécticos. Es decir, primero es necesario desmantelar el individualismo egocéntrico que obstruye el acceso a una vida dedicada a la gloria de Dios y al bien del prójimo. Esta categoría se ha de entender como la liberación de los cristianos y cristianas para expresar el carácter socio-transformador del evangelio. Sólo así será posible vivir una vida dirigida hacia el bien de las demás personas en una *praxis* social de amor solidario. La abnegación o abatimiento del ego no es una virtud mística dirigida hacia una vida de contemplación, sino una disciplina dinámica que genera la expresión vigorosa y militante del compromiso por la justicia.

3. *Sufrir pacientemente la cruz es una parte de la negación de nosotros mismos.* El enfoque de Calvino en la cruz como expresión máxima del discipulado cristiano es realista. Las aflicciones y sufrimientos experimentados pasivamente o asumidos deliberadamente reciben un tratamiento cristológico. Son elementos inevitables de una práctica social que con fidelidad asume los riesgos que constantemente nos asaltan en el conflicto revolucionario en pro de la justicia evan-

gélica. Esto está orgánica e inseparablemente asociado a la lucha por la justicia en favor del débil e inocente y en contra del malvado y el opresor.

4. *La meditación de la vida futura.* Aquí la reflexión sobre el futuro *no* funciona como en la piedad pasiva, es decir, como una espiritualización escapista e inmovilizadora. Al contrario, más bien opera proporcionando una doble perspectiva que informa y alimenta la lucha activa en favor de la transformación de la sociedad de acuerdo con la Palabra de Dios. En otras palabras, primero provee el consuelo y la fortaleza que son tan necesarios y reales para una vida enteramente entregada a la transformación evangélica del mundo y la sociedad. Produce la esperanza que constituye la fuerza de la espiritualidad en medio del conflicto. En segundo lugar opera en calidad de incentivo «utópico» que mantiene vivo el anhelo de reformar el presente y, al mismo tiempo, provee la visión del sentido y la meta de dicha transformación. Es en este elemento que reside la eficacia del espíritu indestructible para la reforma permanente, porque le proporciona su dinámica a la tarea de estar «siempre reformándose», que caracteriza a la tradición reformada.

Este aspecto de la teología de Juan Calvino funciona como el principio que dinamiza la esperanza con una fuerza movilizadora. En la vivencia de la reforma esto se experimenta en el sentido de que la expectativa escatológica es la que genera la visión para la transformación del presente. Sin pertenecer a los milenialismos entusiastas ni a los misticismos escapistas, la meditación en la vida futura es genuinamente escatológica y obtiene del futuro de Dios la fuerza para su actuación presente. Esta doctrina calviniana se parece a lo que José Míguez Bonino llama «el potencial utópico-genético de la esperanza cristiana» que alimenta las transformaciones más eficaces de la historia[27].

Por otro lado, el lenguaje de Calvino en esta doctrina es intensamente reverente y devocional. Para él, la piedad es esencial para obtener un entendimiento de la vida cristiana en el mundo, y es indispensable para lograr una *praxis* fiel al evangelio. Es decir, desde la perspectiva calviniana, y de manera muy correcta, la devoción cristiana no es un ejercicio privado, ni una contemplación pasiva, sino una espiritualidad activa y militante. Este tipo de espiritualidad constituye el alma de la vibrante práctica social cristiana. Lamentablemente, esa espiritualidad está ausente en buena parte del cristianismo protestante y las iglesias evangélicas actuales. Esta doctrina, pues, puede ser fuente de la acción transformadora y reformadora que Dios exige de las iglesias evangélicas en un mundo donde la opresión y explotación hacen estragos entre los más débiles y desprotegidos.

---

[1] Catherine Keller, "Omnipotence and Preemption", en *The American Empire and the Commonwealth of God: A Political, Economic, Religious Statement* (Louisville-Londres: Westminster John Knox Press, 2006), pp. 130-133.

[2] Justo L. González, "Foreword," en José David Rodríguez y Loida I. Martell-Otero, eds. *Teología en conjunto: A Collaborative Hispanic Protestant Theology* (Louisville: Westminster-John Knox Press, 1997), p. xi.

[3] André Biéler, *L'humanisme social de Calvin* (Ginebra: Labor et Fides, 1961), p. 34.

[4] John W. de Gruchy, *Liberating Reformed Theology: A South African Contribution to an Ecumenical Debate* (Grand Rapids: Wm. B. Eerdmans, 1991), pp. 140-141.

[5] Nicholas Wolterstorff, *Until Justice and Peace Embrace* (Grand Rapids: Wm. B. Eerdmans, 1983), p. ix.

[6] C. René Padilla, "Imperial Globalization and Integral Mission," *The Princeton Seminary Bulletin* XXVII, no. 1 Nueva Serie (2006): 10.

[7] *Ibid.* p. 11.

[8] David Stoll, *Is Latin America Turning Protestant?: The Politics of Evangelical Growth* (Berkeley: University of California Press, 1990), pp. 135-179; *David Stoll, Fishers of Men or Founders of Empire?: The Wycliffe Bible Translators in Latin America* (Londres: Zed Press, 1982), passim. Cf. David Martin, *Tongues of Fire: The Explosion of Protestantism in Latin America* (Oxford: Basil Blackwell, 1990).

[9] Se recomienda consultar Hans-Georg Gadamer, *Truth and Method,* trad. Sheed y Ward, 1975 (Nueva York: Crossroad, 1988); Gadamer, *Philosophical Hermeneutics,* trad. y ed. David E. Linge (Berkeley: University of California Press, 1976); Gadamer, *Reason in an Age of Science,* trad. Frederick G. Lawrence (Cambridge: M.I.T. Press, 1981); Paul Riccoeur, Interpretation Theory: Discourse and the Surplus of Meaning* (Fort Worth: Texas Christian University Press, 1976); Ricoeur, *Hermeneutics and the Human Sciences: Essays on Language, Action, and Interpretation,* ed., trad. e introd. John B. Thompson (Cambridge: University of Cambridge Press, y París: Editions de la Maison des Sciences de l'Homme, 1981).

[10] Gadamer, Truth and Method, pp. 269-271; Emerich Coreth, *Cuestiones fundamentales de hermenéutica,* trad. Manuel Blanch (Barcelona: Herder, 1972), p. 97.

[11] Para esto puede consultarse Bruce J. Malina, "The Social Sciences and Biblical Interpretation," en Norman K. Gottwald, ed., *The Bible and Liberation: Political and Social Hermeneutics* (Maryknoll, NY: Orbis Books, 1983), p. 12; Kuno Fuessel, "The Materialist Reading of the Bible," en Gottwald, Ibid., p. 141; y Neftalí Vélez, "La lectura bíblica en las CEBs," *Revista de Interpretación Bíblica Latinoamericana* 1 (1989): 15.

[12]Gilbert Vincent, "La rationalité Herméneutique du discourse théologique de Calvin." *Archives des Sciences Sociales des Religions* 63, 32e anée, no. 1 (Ene.-Mar., 1987): 135.

[13]Vincent, *Exigence éthique et interprétation dans l'oeuvre de Calvin* (Ginebra: Labor et Fides, 1984), pp. 24, 27.

[14]Compárese, por ejemplo, la exégesis de Mateo 19:17 que hace Tomás de Aquino en la Summa Theologica, 3 tomos, trad. Fathers of the English Dominican Province (Nueva York: Benzinger Brothers, 1947), I, 1ª, q. 6, a. 3, con la de Juan Calvino en *Calvin's Commentaries,* tomo XVI: *Commentary on a Harmony of the Evangelists, Matthew, Mark, and Luke,* vol. I , ed. Calvin Translation Society, trad. William Pringle (Grand Rapids: Baker Book House, reimp. 1989), pp. 393-395; cf. *Inst.* I. xiii, 13; III. xviii, 9. Cf. Vincent, *Exigénce éthique,* pp. 27-29.

[15]Eliseo Pérez Álvarez, "La ética calvinista," en *Calvino vivo: libro conmemorativo del 450 aniversario de la Reforma en Ginebra* (México: El Faro, 1987), p. 183.

[16]David Willis, "The Social Context of the 1536 Edition of Calvin's *Insitutes"* (Fotocopia mecanografiada de la contribución del autor al "Calvin Symposium," McGill University. Montreal, 30 de Septiembre a 3 de Octubre de 1986), p. 1.

[17]*Ibid.* p. 9.

[18]William C. Innes, *Social Concern in Calvin's Geneva* (Allison Park, PA: Pickwick Publications, 1983), p. 295.

[19]W. Fred Graham, *The Constructive Revolutionary: John Calvin and his Socio-Economic Impact* (Richmond: John Knox Press, 1971), p. 25.

[20]Robert D. Knudsen, "Calvinism as a Cultural Force," en W. Standford Reid, ed., *John Calvin: His Influence in the Western World* (Grand Rapids: Zondervan, 1982), p. 13.

[21]Gustavo Gutiérrez desarrolla esta idea en su capítulo sobre el encuentro de Dios en la historia, *A Theology of Liberation: History, Politics and Salvation,* trad. Caridad Inda y John Eagleson (Maryknoll, NY: Orbis Booka, 1973), pp. 190-203. Posteriormente la expuso más ampliamente en *La fuerza histórica de los pobres* (Salamanca: Sígueme, 1982), *passim.*

[22]Uso el término «socialista» –respecto a la orientación de Calvino sobre la organización de la comunidad humana– en un sentido más bien extenso. Así pues, el término no debe cargarse con los sobretonos de la teoría marxista. Aunque la preocupación «social» que está presente en la obra de Calvino no constituye un programa sistemático para la organización de la sociedad, ya anticipa algunos de los principios incorporados en algunas experiencias socialistas posteriores.

[23]Compárese la siguiente afirmación: «Calvino no pudo haber concebido en el siglo XVI lo que hoy damos por sentado en el siglo XX: un estado y una sociedad seculares. Su ideal para Ginebra lo constituía una iglesia que era, cuando menos, coextensiva con la sociedad». John H. Leith, *John Calvin's Doctrine of the Christian Life* (Louisville: Westminster - John Knox Press, 1989), p. 217.

[24]Aunque en I»II.vii.3 Calvino entiende que la justicia distributiva incluye la garantía y protección de la propiedad privada, en otra parte dice más específicamente que corresponde al gobierno civil el deber de evitar que se viole la paz pública, por lo que también tiene la responsabilidad de ver que «cada uno posea lo que es suyo» (IV.xx.3). Es evidente que Calvino no es ningún revolucionario

radical que abogue por la abolición de la propiedad privada. Sin embargo, los principios enunciados en III.vii.5, que al presente comentamos, se mantienen en pie. Es decir, que, en último análisis, solamente Dios es el dueño supremo de todos los bienes y que, por lo tanto, el individuo no tiene la última palabra en este asunto. En todo caso, correspondería al gobierno civil dictaminar sobre el status de la propiedad privada en una situación histórica dada. Es también importante tener en cuenta que un sistema socialista de propiedad no necesariamente conduce a la abolición de la «propiedad personal», que debe distinguirse de la «propiedad privada» que se refiere exclusivamente a los medios de producción en el sentido marxista estricto. Cf. André Biéler, *La pensée économique et sociale de Calvin* (Ginebra: Librairie de l'Université - Georg et Cie., 1959), pp. 378-382. Este experto considera que Calvino sustenta tres principios básicos sobre esta cuestión: 1) el Estado debe garantizar la propiedad privada; 2) pero la propiedad privada debe orientarse al servicio de la comunidad; y, 3) el Estado debe garantizar a cada quien su parte en la distribución de los frutos de la propiedad. Biéler también mantiene una distinción muy interesante y una correlación vital entre «el misterio del pobre» y el «ministerio del rico» por medio de la cual apunta hacia la solución que Calvino propone para este problema.

[25] Cf. III. iii. 8: «Es preciso ahora explicar el tercer punto, puesto que hemos dicho que el arrepentimiento consistía en dos partes: en la mortificación de la carne y la vivificación del espíritu. Esto, aunque un poco simple y vulgarmente de acuerdo con la capacidad y mentalidad del pueblo, lo exponen con toda claridad los profetas cuando dicen: 'Apártate del mal, y haz el bien» (Sal. 34:14). Y: «Lavaos y limpiaos; quitad la iniquidad de vuestras obras de delante de mis ojos; dejad de hacer lo malo; aprended a hacer el bien; buscad el juicio, restituid al agraviado . . . (Is.1:16-17)'».

[26] Rousas Rushdoony, *Politics of Guilt and Pity* (Nutley, NJ: The Craig Press, 1970), p. 291.

[27] José Míguez Bonino, *Toward a Christian Political Ethics* (Filadelfia: Fortress Press, 1983), p. 92.